思享家的星辰笔记

浙江高校网络思想教育的"七色光"

主 编 丁 晓
副主编 陆 莹 巴楚洁 颜育众

浙江工商大学 出版社
ZHEJIANG GONGSHANG UNIVERSITY PRESS
·杭州·

图书在版编目（CIP）数据

思享家的星辰笔记 ：浙江高校网络思想教育的"七
色光" / 丁晓主编 . -- 杭州 ：浙江工商大学出版社，
2025. 8. -- ISBN 978-7-5178-6666-4

Ⅰ . G645.5

中国国家版本馆 CIP 数据核字第 20251E41Z2 号

思享家的星辰笔记：浙江高校网络思想教育的"七色光"

SIXIANGJIA DE XINGCHEN BIJI: ZHEJIANG GAOXIAO WANGLUO SIXIANG

JIAOYU DE "QISEGUANG"

主　编　丁　晓

副主编　陆　莹　巴楚洁　颜育众

责任编辑	王黎明
封面设计	冯冬杰　赵恩饶　许心奕
责任校对	沈黎鹏
责任印制	屈　皓
出版发行	浙江工商大学出版社
	（杭州市教工路 198 号　邮政编码 310012）
	（E-mail：zjgsupress@163.com）
	（网址：http://www.zjgsupress.com）
	电话：0571-88904980，88831806（传真）
排　　版	大千时代（杭州）文化传媒有限公司
印　　刷	浙江海虹彩色印务有限公司
开　　本	787mm×1092mm　1/16
印　　张	22.5
字　　数	391 千
版印次	2025 年 8 月第 1 版　2025 年 8 月第 1 次印刷
书　　号	ISBN 978-7-5178-6666-4
定　　价	78.00 元

2020 年 6 月 3 日，"浙江高校网络思政中心"微信公众号正式上线。

本书所收录的 124 篇文章，皆选自 2024 年 1 月 1 日至 12 月 31 日"浙江高校网络思政中心"微信公众号推送文章。这些文章经过我们精心挑选和整合，生动展现了浙江高校在网络思想政治教育方面的探索与实践。

"浙群"故事，精彩呈现。

目　录

第一篇　思想启航站

篇首语

书记校长谈

信仰的力量

第二篇　时光印记册

篇首语

日常志

心情站

第三篇　学研成长路

篇首语

实务进阶集

提升研习汇

第四篇　风华艺韵集

篇首语

风华掠影

风采撷英

第五篇　星光璀璨录

篇首语

队伍赋能

特色品牌

第六篇　最难忘的事

篇首语

大赛记忆

铭心一刻

第七篇 韶华光影簿

篇首语

岁月更替里的家国情怀

四季流转中的校园美学

青春进行时的仪式现场

后 记

思想
启航站

篇首语

"智慧之光，犹如夜空繁星，虽远犹明，引领着探索者前行。"在这个信息如潮般涌动的时代，思想的火花跃动不息，犹如夜空中最亮的星辰，以其独特的光芒引领着我们前行。"思想启航站"不仅汇聚了高校书记与校长的深刻洞见，系统展现了高校思想政治工作理论与实践的结合，更是汇集了浙江11个地市的青春宣讲，如同一幅绚丽的精神图谱，勾勒出新时代青年对信仰的独特理解与生动实践。这既是一场直击心灵的触动之旅，也是一次思想碰撞的盛宴，照亮了青年学子在成长道路上追寻真理、探索未来的思想之路，更为辅导员队伍建设提供了宝贵的指导与启示，助力他们成为新时代思想政治教育的坚实力量。

在"书记校长谈"中，10位来自不同高校的书记或校长不仅提出了关于辅导员队伍建设的深刻见解，还通过自身的丰富经历和深邃智慧，对教育工作者的职业精神与情怀进行了深情的阐述，为我们描绘了一幅幅生动的思想画卷。浙江财经大学党委书记、校长魏江教授那句"情怀就是几十年如一日，不求名利，不求'帽子'，不求职称，不求感恩，用心做事"，不仅是对辅导员工作的深情呼唤，更是对所有教育工作者的一份沉甸甸的嘱托。浙江理工大学党委书记赵全军提到的辅导员"要修炼铸魂育人政治担当、要修炼履职尽责育人本领、要修炼新质思政工作能力",成为新时代"硬核"辅导员,不仅为辅导员指明了发展方向,更为他们注入了强大的精神动力。

在下半部分"信仰的力量"中,"浙群"辅导员"青春宣讲"的脚步遍及浙江省11个地市,悉心探寻独特的地域精神,用心聆听历史的深沉脉动,把深刻的思想讲鲜活,把朴实的道理讲透彻,把平凡的故事讲动情,让文化意蕴和精神价值在新时代语境中熠熠闪光。14位浙江高校师生宣讲员将浙江大地的精神谱系故事娓娓道来:从杭州钱塘江畔的数字化改革浪潮,到宁波北仑港的实干笃定的企业家精神;从金华陈望道故居的教育家智慧启迪,到嘉兴南湖红船旁的初心坚守……每一个故事都承载着对信仰的执着追求与深情颂扬,让读者在品味文字的同时,深刻感受信仰的力量。信仰跨越时空,却又历久弥新。

字字箴言,句句入心,这些饱含深情与智慧的话语,正于细微处启迪思想之光,在点滴间铸就信仰之基。让我们带着这份感动与启迪,跟随"思想启航站"的指引,在思想的道路上不断追寻、不断探索,共同点亮前行的明灯。

书记校长谈

"硬核"辅导员的三项修炼

辅导员要具备"为人真诚正气，处事严谨大气，形象阳光朝气"三种气质。

辅导员要善于给予学生高情绪价值，用独有的方法创造高育人价值。

赵全军，浙江理工大学党委书记，管理学博士，研究员，硕士生导师。

辅导员在"新时代立德树人工程"中担负重要职责，浙江理工大学在辅导员队伍建设中要求每一位辅导员要做好三项修炼，争做新时代"硬核"辅导员，努力成为学生成长成才的人生导师和健康生活的知心朋友，有效推进大学生思想政治工作。

一、要修炼铸魂育人政治担当

辅导员是高校深入推进"新时代立德树人工程"的骨干力量，肩负着为党育人、为国育才的重要使命。做好辅导员工作，首先要有鲜明的政治立场，回答好"培养什么人、怎样培养人和为谁培养人"这三个根本问题。这就要求辅导员必须多积尺寸之功，学精悟透用好马克思主义这个看家本领，把习近平新时代中国特色社会主义思想转化为坚定信念、锤炼品格和指导实践、推动工作的强大力量，坚持学思用贯通、知信行统一，塑造"真诚正气"的气质，教育引导广大学生成为有浩然正气、自强之心、笃行之志的时代新人。

二、要修炼履职尽责育人本领

辅导员工作的专业性很强，不仅需要聚焦主责主业，学会统筹协调，善于借势借力，锤炼"严谨大气"的气质，更需要积极践行"一线工作法"，经常"串门"进寝室、进教室、进实验室，想学生所想，急学生所急，办学生所盼。辅导员工作还是一份用生命影响生命的育人事业，需要用温度培养学生、用温暖赋能学生、用温情感召学生。辅导员工作非常辛苦，原因就在于它不仅仅是体力劳动和脑力劳动的简单叠加，更是一项需要投入大量情绪劳动和情感劳动的神圣职业。辅导员职业的魅力，源自其发自内心的师者情怀，在于那种能触及、感染并激发学生的力量。眼里有光、心中有爱是辅导员的从业法宝，用心用情、亦师亦友是辅导员的职业航向。

三、要修炼新质思政工作能力

辅导员要用研究方法开展工作，在工作中开展高质量研究，树立"阳光朝气"的形象，以更加灵活的视角研究学生、看懂学生、走进学生。要提高工作科学化水平，以新质生产力发展推动新质思政工作能力提升，将先进工作经验转化为学生工作品牌，充分发挥浙江省高校"新辅导员100问"等思政工作精品项目的示范作用，积极培育一批针对性强、适用性广、能有效破解学生工作难题的辅导员工作室，用"精品思维"实现教育理论与育人实践的同向同行，推动思想政治工作在传承中创新、在创新中发展。

铸魂育人，责任重大；履职尽责，使命光荣。作为新时代的辅导员，我们不仅要做好三项修炼，争做"硬核"辅导员，更要始终坚持以生为本，将思想政治教育工作做到学生心坎里。让我们以坚定的政治担当、过硬的育人本领和新质的工作能力，为培养担当民族复兴大任的时代新人贡献力量！

何以卓越？锻造全面过硬的辅导员队伍

"以学生成长为中心"在浙江工商大学不只是一句口号，要真正"从行政回归思政"，才能"让每一位商大学子都得到更多关爱"，让学生真切感受到"再没有比家更温暖的港湾，没有比同窗之间更真挚的友情"。

郁建兴，浙江工商大学党委书记，博士，教授。

辅导员队伍的建设并非一蹴而就，而是一个系统工程，它要求我们在理论与实践的交汇点上不断深耕细作。锻造全面过硬的辅导员队伍，提升认知是前提和关键。建设的效果应当通过育人的实际成效得到显著体现。浙江工商大学秉承"四个坚持"的指导思想，全面推进辅导员队伍的建设工作。

一、坚持政治铸魂，成为学生成长路上的"引路人"

辅导员要讲政治、能扛活、善创新、重实干、严自律，牢记为党育人、为国育才的初心使命，成为学生思想政治更加成熟的"引路人"。辅导员要加强政治能力建设。作为实施"红色根脉强基工程"，落实立德树人根本任务的骨干力量，辅导员要坚持以生为本，围绕学生、关照学生、服务学生，做学生可信、可敬、可靠的身边人。辅导员要带领学生学习贯彻习近平新时代中国特色社会主义思想，推动党的最新理论成果进课堂、进教材、进头脑，成为学校"大思政"工作体系中的关键一环，保障学校思政育人体系持续筑强。

二、坚持守牢底线，切实维护安全稳定

辅导员要统筹发展和安全，把学生生命健康放在首位，切实维护学生身心健康和校园安全稳定。辅导员要

真正"走到学生中去",这样才能发现真问题、解决真问题。做学生工作要有情怀,真正从学生的角度出发去看待事情,善于找准学生情感的"触发点"和思想的"共鸣点",把管理与育人有机结合,把解决思想问题同解决学习生活、就业创业等实际问题有机结合,把思想政治工作与人文关怀、心理疏导有机结合,使思想政治工作"有情有义"。只有这样,才能真正为学生排忧解难,做承托学生的最后救助者。

三、坚持耕耘长线,推动关爱学生机制落地走心

辅导员需要创新推动关爱学生机制的建设与落地,让"以学生成长为中心"不只是一句口号。浙江工商大学创新"诉说与倾听"师生餐叙、谈心谈话、走亲连心、朋辈相约系列活动,形成 360 度全景关爱机制,构建面向未来大学师生交流新模式新生态。辅导员要努力当好学生全面成长成才的"领航员",帮助他们做好学习规划、职业规划,成为全面发展的人。要注意加强自身的学习和培训,努力掌握相关领域的专业知识和技能,用科学理论指导实践,不断拓展思想政治教育途径,通过灵活有效的方式增强思政工作的亲和力、感染力和向心力。这些工作不会每一项都能在短期内直接落地见效,却是陪伴学生成长成才最长情、最必需的"基本功"。

四、坚持推动高线,提炼出有效的制度机制、工作品牌

辅导员要帮助学生"开启新的超越之旅",推动学生培养方案升级为学生成长方案,让每一位学生都能找到"从优秀到卓越"的成长路径。思想政治工作归根结底是做人的工作,是释疑解惑的过程,辅导员要用大情怀、大担当,不断学习、总结和突破,提炼出有效的制度机制、工作品牌,在年复一年的积累中练就学生工作的"好本领"。辅导员只有具有较高的理论素养、职业素养,树牢风险意识和底线思维,才能在工作中得心应手,成为学生向上而生、卓越成长的引领者。

浙江工商大学在辅导员队伍建设中,坚持落实立德树人根本任务,秉承"让每一位商大学子都得到更多关爱"的教育理念,守好学校人才培养的底线、长线和高线,政治铸魂,担当使命,善作善成,强力推动"一号育人工程",不断追求队伍的卓越品质,为培养新时代社会主义建设者和接班人贡献深远的力量,从而在更高层次上实现教育的价值与使命!

优秀辅导员成长的四"要"素

海洋大学的立德树人工作，重点在于培养学生的爱国激情、海洋深情、专业热情。培养这三个"情"，就需要辅导员这支队伍成为领航员、风向标、压舱石。

理论决定思想，思想决定情操，情操就是辅导员工作最大的工作动力。

严小军，浙江海洋大学党委书记，研究员，博士生导师。

建好建强辅导员队伍，需要构建"党委统一领导、部门有效协同、校院联动推进"的工作格局。如何成长为一名优秀的辅导员？浙江海洋大学在辅导员队伍建设的理论与实践探索中，提炼出"高站位""深情怀""大担当"和"远志向"四个核心要素。

一、要有"高站位"，辅导员要旗帜鲜明讲政治

作为政治辅导员，核心要求就是旗帜鲜明讲政治。要高举习近平新时代中国特色社会主义思想伟大旗帜，用"四个意识"导航，"四个自信"强基，"两个维护"铸魂，坚定拥护"两个确立"，在思想上政治上行动上自觉与以习近平同志为核心的党中央保持高度一致，自觉维护党中央权威，引导广大学生听党话、跟党走，切实履行好我们肩负的思想引领、舆论引导、理论服务等职责使命。

二、要有"深情怀"，辅导员要树立立德树人的高尚情操

辅导员这份工作，只有从内心去热爱它，才能真正拉近与学生的距离，真正成为大学生的人生导师和知心朋友。做一名辅导员，特别是一名优秀的辅导员，离不开崇高的情怀与境界。唯有热爱，方能有情；唯有热爱，

才能上下求索，在繁杂的工作中找到规律，不断精进；唯有热爱，才能转化成无穷的工作动力，化繁为简、结点成线，既能提高工作效能，也能促进师生间的同频共振。

三、要有"大担当"，辅导员要有主动作为的使命意识

作为学校思政工作的骨干力量，辅导员更应该率先担当、敢于担当，有所作为、善于作为，始终牢记使命和担当，以辅导员的九大工作职责为切入点，俯下身子，沉下心去，深入到学生中去，充分发挥"最后一公里"的优势，切实将大学生思想政治工作落到实处，见到实效。

四、要有"远志向"，辅导员要不断提升自己的职业技能

辅导员不仅需要政治强，还需要专业强、业务强，要始终有目标地增强自己的职业本领，积累自己在某一方面的特长，争取在学生工作中成为行家里手，追求卓越。在做好学生管理服务工作的同时，也要加强自身的职业生涯规划，树立个人成长的目标，在履职尽责的同时，也成就自身的职业发展与成长。

在教育的辽阔天地中，辅导员队伍如同一座桥梁，连接着知识的传授与人格的塑造，承载着青年学生成长成才的重要使命。我们应当以更高的历史站位、更宽的教育视野、更深的育人情怀，持续深化辅导员队伍建设，铸就一支能够引领时代潮流、担当民族复兴大任的辅导员队伍，为培养一代又一代有理想、有本领、有担当的新青年，贡献教育工作者的智慧和力量。

做一名有情怀的辅导员

什么叫有情怀？情怀就是几十年如一日，不求名利，不求"帽子"，不求职称，不求感恩，用心做事。

什么是好老师？判断好老师的标准，关键在于学生对他的敬爱与喜爱，而非获得荣誉的数量。

魏江，浙江财经大学党委书记、校长，教授，国家级领军人才。

在新时代的教育事业中，思政教育扮演着至关重要的角色。它不仅是高校教育的灵魂，更是引导学生树立正确世界观、人生观和价值观的关键所在。作为辅导员，我们肩负着传承和发扬思政教育的重要使命。浙江财经大学对于思政教育有三点深刻的理解和实践建议。

一、思想政治教育要润物无声地渗透到每一个环节

作为辅导员，深刻理解思想政治教育的重要性至关重要。要让思政教育润物无声地渗透到学生培养的每一个环节，特别是在思政课课堂上。辅导员团队承担着思政课的教学任务。讲授思政课，不能仅仅停留在念读文件或课本的层面，而应该投入心血，精心准备。

辅导员团队可以成立一个课程研究小组，深入研究1978—2024年间中国经济发展的历史，探讨在这一时期中国经济发展的背后，党的领导是如何发挥作用的。通过真实的例子，让学生看到浙江省是如何从一个经济排名在全国第十五六位的省份，逐步发展成为高质量发展建设共同富裕示范区的；研究金融家、企业家、投资家是怎么为强国建设作贡献和奉献的。同时，辅导员能够深入研究中国的高校是如何培养出人才、怎样使中国的大学成为世界上发展最快的大学。通过这样的研究，可

以使辅导员更全面地理解高等教育与国家发展之间的紧密联系，并将这些知识融入教学中，激发学生的爱国情怀和责任感。

二、要做一名有情怀的辅导员

情怀就是几十年如一日，不求名利，不求"帽子"，不求职称，不求感恩，用心做事。辅导员要致力于打造一系列具有影响力的品牌项目，帮助青年学生答疑解惑，助力学生成长成才，致力于培养一批又一批心怀"国之大者"的青年学子。这份情怀的影响力是如此之大，以至于即使身在海外的学子，也会因为辅导员的一通电话、一封邮件或一条微信，毅然回国参加相关活动。

相信在不久的将来，会涌现出越来越多的优秀辅导员，他们将赢得学生、老师、家长以及社会的广泛赞誉，成为大家心目中有情怀的辅导员。

三、"大先生"要始终胸怀"国之大者"

"大先生"就是始终胸怀"国之大者"，以一种使命感和责任感引领学生灵魂、影响学生做人做事的师者。学校里要有"把培养一流人才作为科研首要成果"的好学者、"以应有之责任心上好每一堂课"的好教师以及"做好高质量服务无愧大学老师称号"的好员工。辅导员办公室的门始终要向学生敞开，学生随时可以走进你的办公室讨论工作、学习、生活的事。当学生有问题的时候，全天 24 小时里，辅导员都应带着一种使命感和责任感切切实实地帮助学生解决问题。唯有如此，才能真正成为学生喜欢、信赖并且时常想念的好老师。

思想政治教育是一场润物无声的德育工程，它要求辅导员以高尚的情怀、深厚的学识和不懈的努力，去影响和塑造每一位学生的心灵。每一位辅导员都应当立志成为"大先生"、好老师，用自己的实际行动去诠释教育的真谛，去照亮学生的成长之路。

辅导员职业发展的破局之道

专业化与职业化是辅导员发展的双引擎，是提升高校思政工作质效的关键。
前移至课堂，下沉到寝室，上升为理论，成长为导师。

章清，浙江树人学院
原党委书记，教育部思想
政治工作创新中心（浙江
树人学院）主任，教授，
硕士生导师。

全国高校辅导员中仅有约 30% 的人对自身职业路径
有清晰规划，超半数坦言面临"身份定位模糊、专业成
长动力不足、职业发展通道狭窄"等现实困境。如何破
解这一困局？浙江树人学院立足实践，聚焦"明晰思路、
构建通路、拓宽道路"三大维度，探索破题之道。

一、明晰工作思路：专业化、职业化、专家化

2014 年，《高等学校辅导员职业能力标准（暂行）》
提出要推动高校辅导员队伍专业化、职业化发展；2016 年，
习近平总书记提出要坚持把立德树人作为中心环节，把
思想政治工作贯穿教育教学全过程，实现全程育人、全
方位育人；党的二十大报告指出，"全党要把青年工作
作为战略性工作来抓，用党的科学理论武装青年，用党
的初心使命感召青年，做青年朋友的知心人、青年工作
的热心人、青年群众的引路人"，总书记的重要讲话精
神及相关文件的推出，都已经很明确地指出了辅导员要
明晰自身发展的思路，形成一个体系，持续地按专业化、
职业化的方向去发展。

专业化与职业化是辅导员发展的双引擎，是提升高
校思政工作质效的关键。浙江省教育厅每年都会谋划全
省高校思政工作队伍建设系列活动。各个高校也可以根
据校情来开展辅导员职业能力提升的相关培训及活动，
提供顺畅的晋级渠道，再进行专业化的建设和培养，对

照九大职责，让每一位辅导员都有自己侧重的专业领域，并实现可持续发展，进而发展成为专家化辅导员。如此，每一位辅导员都能拥有广阔的职业发展空间，更加高效地实现立德树人的目标。

二、构建工作通路：学科归属、培训培养、晋升通道

构建辅导员专业化、职业化发展通路，创造一个良好的生态环境和向上晋升通道。首先要让每一个辅导员都有学科归属，就是以思政学科为核心，交叉融合计算机、心理健康、教育学、社会学、管理学等不同专业，实现辅导员知识结构的拓展，以学科建设为支点完善高校辅导员队伍专业培养路径。其次要加强培训培养。浙江省教育厅积极落实国家相关政策，出台了《关于推进浙江省高校一流辅导员队伍建设的实施意见》，全方位立体式推动高校辅导员队伍高质量发展。各校可按照初级、中级、高级辅导员开展适配度更高的培训与发展，提升辅导员的职业素养。最后要打通学历、职称晋升通道。教育部思政司提出要强化政策保障，探索构建符合辅导员队伍特点的职业发展体系和岗位晋升制度。浙江省教育厅联合浙江省人力资源和社会保障厅出台了《关于进一步深化高校教师职称评价改革的指导意见》，为辅导员的职业化发展提供了政策支持。各高校也要按照省教育厅要求，不断优化辅导员的选聘培养和职称晋升机制，确保辅导员队伍的专业化、职业化发展。

三、拓宽工作道路：前移至课堂、下沉到寝室、上升为理论、成长为导师

辅导员的发展不仅依赖政策的支持，更需要自身的不断努力，正所谓"打铁还需自身硬"。我对我们学校的辅导员提出了四点要求："前移至课堂，下沉到寝室，上升为理论，成长为导师。"要把职业作为事业来坚守，把事业作为专业来研究，做青年学生的知心人、热心人和引路人。辅导员要注重发展内驱力，主动更新知识体系和思维方式。多读书、多学习、多思考，古人有"学之愈深，知之愈明，信之愈坚，行之愈笃"的见解；辅导员要不断改进工作策略，形成系统的工作经验和方法，通过参加各类交流培训和撰写工作案例，拓宽工作视野，掌握工作方法，提升综合素养；辅导员要开展有组织的研究，正所谓"一个好汉三个帮"，通过组团式学习和研究可以取长补短，互相搭台，能让理论研究更深入，能让团队力量更凝聚，能让工作效能更提升。

辅导员的专业化和职业化发展，是新时代高校思想政治教育工作的重要组成部分。通过理念的明晰、政策的支持和自身的努力，辅导员队伍必将在新时代焕发新的生机，成为学生成长道路上的坚实后盾。

辅导员队伍建设的"三力"与"三位"

善于用政治的"望远镜"登高望远，用政治的"显微镜"见微知著，才能做到领会不偏差、落实不走样。

倡导思政工作研究化、思政研究工作化，让辅导员在九大职责领域内精耕细作，既不断成长为精通一域的"专业人"，又不断成长为善于解决实际难题的"多面手"。

赵敏，温州大学校长、党委副书记，浙江省特级专家，教授，博士生导师。

立德树人是教育的根本任务，"三全育人"是衡量高校工作成效的根本标准。辅导员是学生事务工作的组织者、实施者和指导者，是"大思政"育人格局中的关键一环，需要持续提升政治力、学习力、实践力，不断提高站位、练就段位、守好本位，努力培养更多堪当民族复兴重任的时代新人。温州大学以"三位"为目标，以"三力"为支撑，持续加强辅导员队伍建设，致力于打造一支高素质、专业化的辅导员团队。

一、提升政治力，担当使命明方向，不断提高站位

政治力是辅导员最重要、最根本、最关键的能力。高校辅导员作为开展大学生思想政治教育的骨干力量，在大学生形成正确的政治意识、践行正确的政治行为的过程中发挥着重要的教育引导作用，需要不断提高政治判断力、政治领悟力、政治执行力。政治判断力是开展政治性工作的价值尺度，只有带头坚定理想信念，才能更好地引导青年学生科学把握形势变化、精准识别现象本质、清醒明辨行为是非、有效抵御风险挑战。政治领悟力是解决复杂性工作的思想武器，只有深入学习贯彻习近平新时代中国特色社会主义思想，才能帮助青年学生把好理想信念的总开关，更好践行社会主义核心价值

观。政治执行力是在实践性工作中锤炼的政治能力，只有坚决维护党中央权威和集中统一领导，善于用政治的"望远镜"登高望远，用政治的"显微镜"见微知著，才能做到领会不偏差、落实不走样。

二、强化学习力，聚焦素养促成长，不断练就段位

学习本领是辅导员必须具备的第一位本领。要牢固树立终身学习理念，提升学习的前瞻性、动态性、持续性，积极构筑马克思主义理论、教育学、心理学等多学科综合知识体系，持续提升辅导员工作专业化和职业化水平，从而适应复杂多变的工作环境。要通过读书分享、联学联讲、专题研讨、辅导员思享会等形式，探索辅导员"新上岗—成长型—专家型"的进阶式、全周期培养模式。深入实施"一流辅导员"成长"十大工程"，持续开展辅导员"揭榜挂帅"项目申报、"辅导员文化节"等活动，倡导思政工作研究化、思政研究工作化，让辅导员在九大职责领域内精耕细作，既不断成长为精通一域的"专业人"，又不断成长为善于解决实际难题的"多面手"。

三、锤炼实践力，融入大局强发展，不断守好本位

辅导员要遵循思想政治工作规律、教书育人规律和学生成长规律，主动融入"大思政"格局和"三全育人"体系。要明辨"可为"与"不为"，明晰"何谓"与"何为"，明确"所为"与"作为"，不断将个人贡献基本变量转化为实现立德树人根本任务的最大增量。要大力推进"数智助航工程"，打造"智慧思政魔方"，定制学生综合成长画像，为辅导员"精准思政"提供数据和平台支撑。依托"幸福同心圆"等高校思政精品项目，大力实施"明心护航工程"，深化"明心茶叙"建设，创新茶叙内容方式，努力把青年学生所关心的每一件"关键小事"办成"暖心大事"。持续完善《辅导员工作考核办法》，优化院系测评、学生测评、日常工作测评、职能部门测评等考核方式，推进以考促思、以考促进，打造辅导员队伍硬核发展新样态。

在育人征途上，我们将坚定不移地以贯彻立德树人为根本任务，以全面育人的宏伟蓝图为指导，深刻塑造一支政治坚定、学习先进、实践过硬的辅导员队伍，以更加坚定的信念、更加务实的作风、更加创新的举措，推动辅导员队伍建设迈向新的高峰。

高校思想政治教育工作的"三四五"法则

思想性和政治性是发展性学生工作的内核；主体性是发展性学生工作的基石；全面性是发展性学生工作的表现。

朱坚，台州学院党委书记，全国普通高校毕业生就业创业指导委员会委员，教授。

新时代高校学生工作要以学生发展为目标，在将育人工作全程化的过程中，着力做好学生思想发展、身心发展、学业发展、能力发展、职业发展五个方面的提升。辅导员更是要切实担负起促进学生全面发展、引领学生工作队伍发展的角色重任。台州学院通过坚持"三个导向"方法论，实施"四大举措"育人策略，以及围绕"五个维度"深化学生发展性成长，为构建高水平育人体系奠定了坚实基础。

一、"三个导向"为舵，掌握学生工作方法论

发展性学生工作就是要促进学生在自由的环境中扩大碰撞和启发，在貌似无序中寻有序，将纪律当作手段，把管理变为治理。

辅导员在实际工作中必须坚持问题导向、目标导向和实效导向。要把解决矛盾放在首位，瞄准问题靶心，对症下药，并在解决问题中寻求自我发展，形成鲜明特色；要在整体上把握、密切协同地确立目标，有效处理好长期目标和短期目标的相互关系、个体目标与集体目标的共生关系、自身发展与学生成长的统一关系；要总结工作的内在规律，形成长效机制，做好隐性成果的持续积累，持之以恒"破茧成蝶"。

二、"四大举措"为径，打造高水平育人矩阵

做好发展性学生工作，基础在于拥有一支品德高尚、充满热情、业务精湛的高素质队伍。学校要注重辅导员、班主任队伍的选配，明确岗位责任，理顺两者关系，有力保证学生思想政治工作落到实处；要强化职业培训，搭建专业平台，实施素质能力提升工程，深化辅导员"学习日"、工作室、导师制等工作成效，依托"青马工程""骨干训练营"等载体，不断强化学生骨干的主体性、创新性和引领性；要优化考核方案，坚持定量与定性考核相结合、目标与过程考核相结合、师生与组织评定相结合的原则，注重实效，推动良性发展；要注重辅导员人文关怀，落实"双线晋升"和"三单政策"，畅通发展通道，建立"工作有条件、干事有平台、待遇有保障、发展有空间"的长效机制。

三、"五个维度"为纲，助力学生发展性成长

发展性学生工作要求突出学生发展的全面性，追求促成学生在思想、身心、学业、能力、职业五个方面的内涵式发展。在实际工作中，辅导员要以和谐公寓、文明校园建设促进学生素养养成，以发展性家校合作打造联动育人机制；要全面开展"启心花开"系列讲座、"启心有约"主题沙龙、"启心向阳"朋辈活动，提高学生的自助与助人能力，促进身心和谐发展；要努力创造一切发展的机遇，最大限度地满足学生对知识的渴求，最有效地提升学生的学业发展；要充分尊重学生的主体地位和作用，强化对学生的个性化教育、多层次指导和多元化评价；要架构科学的职业发展教育体系，引导大学生进行职业规划，主动适应社会发展变化，不断提升就业竞争力和职业发展能力。

在新时代高等教育的广阔背景下，高校学生工作的内涵和外延正经历着持续而深刻的扩展，对辅导员队伍的专业化水平提出了更高的要求。因此，辅导员团队需致力于深化理论研究和加强实践探索，以构建更加科学和系统的育人模式，推动学生全面而和谐地发展。

新时代辅导员的"三重使命"

数字化转型背景下，辅导员要以"精准"为要，有效驾驭数字技术，以数字赋能，依托浙江高校网络思政中心和学校"金色年华"等平台做好学生工作，解决学生工作的难点、堵点和痛点。

王振洪，金华职业技术大学党委书记，享受国务院政府特殊津贴专家，教育学博士，研究员，硕士生导师。

辅导员是开展学生思想政治工作的重要力量，肩负着引领学生思想、服务成长成才的重要使命。辅导员既是教育者，又是服务者，在学校人才培养过程中发挥着不可替代的重要作用。金华职业技术大学在辅导员队伍建设的道路上，深刻认识"角色定位"，精准把握"育人之道"，坚定扛起"职责担当"，为学校的人才培养贡献卓越力量。

一、辅导员要把握核心，打造系统育人之环

辅导员需要深入理解并把握大思政育人体系的核心，明确育人的方向、内涵、主体、载体和任务。通过系统思考和整体规划，确保育人工作精准对接学生的成长需求，形成科学、规范且高效的育人机制。学校探索形成了以"三升三专三化"为特色的辅导员队伍建设模式，即构建辅导员队伍职级晋升、职称晋升、职务晋升的"三升"通道，实施辅导员队伍专业型、专才型、专家型的"三专"培养，推进辅导员队伍多样化培养、品牌化建设、差异化评价的"三化"建设，为辅导员的系统育人提供了有力保障，也为培养造就一支政治素质高、业务能力强、育人成效显著的一流辅导员队伍提供了有力支撑。

二、辅导员要创新方法，深耕实践育人之道

辅导员应不断研究学生工作的规律，采取"研究型"和"融入式"的工作方式，积极探索并创新育人方法。通过激发学生的内生动力，辅导员能够细化工作举措，提升育人工作的温度和力度，使学生在实践中不断学习、成长和进步。学校为此搭建了辅导员发展研究平台，建立了涵盖心理育人、劳动育人、资助育人等方面的 15 个辅导员工作室，每周开展"金禾"工程主题沙龙。通过改造 20 间学生社区架空层，为辅导员工作室提供专属工作空间，并配套建设经费，鼓励辅导员深入参与工作室建设，为学生提供针对性的思想政治教育和个性化的指导，真正将理论与实践深度融合。

三、辅导员要提升素养，夯实引领育人之基

辅导员在面对繁杂工作的时候，需保持定力与毅力，耐得住寂寞，受得了清贫，经得起非议，守得牢底线，全心全意投入到学生的成长过程中。辅导员应将"为学、为事、为人"三者紧密结合，不仅在知识上启迪学生，更在技能和品格上引领学生，成为学生成长道路上不可或缺的引路人。学校定期开展"金禾"工程辅导员分层分类培训，建立"教研室＋辅导员专项工作组"，进一步鼓励辅导员在学生思政工作中推行课程化设计来强化辅导员思想引领力。辅导员应依托学校的国家级众创空间"丽泽空间"、国家级职业生涯咨询特色工作室"四叶草生涯咨询工作室"、省级高校心理健康教育标准化示范高校等平台，不断提升个人素养，努力成为职业生涯规划、心理健康教育、实践育人等领域的专家型辅导员。

辅导员队伍的建设与发展，是实现高等教育人才培养目标的重要环节。通过把握核心、创新方法、提升素养，为辅导员队伍赋予更加明确的发展方向和更加坚实的实践基础。

打造硬核队伍　培育时代新人

　　辅导员的工作对象是独一无二的个体，这就需要辅导员具备追求极致的工匠精神和美好的人文情怀。要抓住改革创新机遇，结合工科类职业技术大学的办学特色，培养赓续"机电基因"的高素质技术技能型人才。

汤兆武，浙江机电职业技术大学党委书记，兼任中国职业技术教育学会副会长、中国职业技术教育学会高职分会会长，教授。

　　党的二十届三中全会指出，教育、科技、人才是中国式现代化的基础性、战略性支撑。高校作为科技第一生产力、人才第一资源、创新第一动力的集中交汇点，承担着为党育人、为国育才的重要使命。浙江机电职业技术大学认真贯彻落实浙江省委关于"三支队伍"建设的决策部署，把辅导员队伍建设作为教师队伍和管理队伍建设的重要一环，全力打造一支理论有高度、思想有深度、实践有力度、工作有温度的辅导员队伍，为建设高水平职业技术大学提供坚实的人才保障。

一、聚焦"铸魂育人"，锻造硬核队伍

　　一是在"深化"中强信念。作为与学生接触最多、对学生影响最大的群体之一，辅导员要把学习贯彻习近平新时代中国特色社会主义思想作为首要政治任务，要自觉地先学一步、深学一层，及时对标对表、紧跟紧随，做到日积月累、学深悟透。辅导员应更加深刻体会到新时代育人工作责任重大、使命光荣，自觉涵养真挚教育情怀，真正把为学、为事、为人统一起来。二是在"内化"中强品格。作为思政工作者，辅导员不仅仅要了解学生的心事，还要了解国事、天下事，不断拓宽视野、提升格局。辅导员要以更高的政治觉悟和工作本领做好立德树人工作，用党的创新理论武装学生，用党的初心使命感召学生，做学生的知心人、引路人、筑梦人。三是在"转

化"中强行动。全面推动新思想进教材、进课堂、进头脑，在实践中引导广大青年学生实干担当、冲锋在前，不断提升"政治三力"。始终坚持"围绕学生、关照学生、服务学生"的工作理念，切实增强学生工作中的"聚合力、吸引力、亲和力"，做好学生成长成才的人生导师和健康生活的知心朋友。

二、聚焦"一专多能"，练就过硬本领

一是抓"系统培训"强本领。学校将辅导员培训纳入师资队伍和干部队伍培训整体规划，建立"国家级—省级—校级"多层次、全覆盖的培训体系，系统提升辅导员队伍的理论素养、政策水平和综合素质。二是抓"岗位练兵"强本领。学校每年组织评选优秀案例、优秀论文、精品项目，举办辅导员素质能力大赛，对标省赛赛制，分为两个阶段五个环节，对辅导员素质能力进行系统考核、全面提升和多维锻炼。要求辅导员树立终身学习的意识，不断给自己"充电"，做到既授人以鱼，又授人以渔。三是建"成长共同体"强本领。建立学习实践共同体，围绕学生日常教育管理中的实际问题、典型案例，开展共同学习和实践项目研究。建立实务研讨共同体，根据辅导员工作特点和研究兴趣，组建辅导员专业化发展研究团队，明确团队研究方向。定期评选"辅导员年度人物""优秀辅导员"，激发"头雁"效应。

三、聚焦"全面提升"，助力师生发展

一是深化团队培育，提升育人成效。以辅导员工作室、名师工作室建设为重要工作抓手，通过项目立项、经费扶持、安排培训进修等方式，支持其开展理论研究与实践探索。鼓励辅导员在职攻读博士学位，给予脱产支持、学费报销和学位奖励，最高可补助 30 万元。二是强化数字赋能，提高服务精度。与时俱进适应数字化和智能化的新环境，充分发挥数字时代的"数据算力"与精准思政的"思政引力"，用好浙江省高校智慧思政平台和学校全学程数字化管理等信息化平台，高质量做好学生的思想引领和管理服务工作。三是用活新兴媒体，拓宽工作渠道。用短视频、直播、微课堂等青年人特有的话语体系风格，传递党的温暖，传播党的声音；用公众号、抖音、视频号等青年学生感兴趣的新媒体平台，借助图文并茂、更亲和、更生动的新媒体传播方式弘扬主旋律、传递正能量，提升思政工作的效果。

学校将紧紧围绕为党育人、为国育才的使命，不断深化辅导员队伍建设，努力打造一支政治坚定、业务精湛、作风优良、充满活力的辅导员队伍。愿我们的工作如春风化雨，润物无声，滋养每一位学子的心田，共同绘制出一幅和谐、温暖、充满希望的教育画卷。

做好学生工作唯有爱和榜样

辅导员是高校思想政治工作的重要力量，辅导员工作是学习践行教育家精神的重要体现，辅导员队伍建设是学校贯彻落实浙江省委"三支队伍"建设精神的重要内容。

杜兰晓，浙江旅游职业学院院长、党委副书记，教育部全国旅游职业教育教学指导委员会委员兼旅行服务类专委会主任，博士，教授，硕士生导师。

辅导员队伍在践行"培养什么人、怎样培养人、为谁培养人"中责任重大、使命光荣。做好学生工作唯有坚持"爱和榜样"的理念。爱，即热爱——要热爱国家、热爱学校、热爱学生、热爱事业。榜样，即引领——成为学生学习生活成长的榜样，并能培养榜样的学生（团队）。浙江旅游职业学院对于如何做好辅导员工作，提出了要努力实现四个"跃升"。

一、砥砺初心使命，实现从明理到导行的跃升

习近平总书记在全国高校思想政治工作会议上强调："教师是人类灵魂的工程师，承担着神圣使命。传道者自己首先要明道、信道。高校教师要坚持教育者先受教育，努力成为先进思想文化的传播者、党执政的坚定支持者，更好担起学生健康成长指导者和引路人的责任。"辅导员是高校思想政治工作的重要力量，辅导员工作是学习践行教育家精神的重要体现，辅导员队伍建设是学校贯彻落实浙江省委"三支队伍"建设精神的重要内容。传道者首先自己要能明道并且信道。辅导员不仅要了解九大职责的深层要求，更要深究辅导员的初心为何，要学会求真之道、求善之道、求美之道，进而建立对辅导员工作的终身信仰和执着热爱。学校通过开展辅导员研修计划、阳光思政大讲堂、副书记思政示范课等多样化举措，持续强化辅导员政治素养，深化榜样引领作用。

二、坚持守正创新，实现从做完到做好的跃升

做完与做好虽仅一字之差，但反映出来的工作方式方法和目标追求是差距很大的。新质生产力的视角下，辅导员工作不再是简单的管理与服务，它正演变为一场深刻的数智革命。数据驱动、智能算法与创新模式的融合，为我们提供了前所未有的精准度和个性化思政教育的可能性。辅导员需深刻理解：数智赋能并非对传统方式的简单替代，而是对学生思政教育现代化路径的深度探索，是对学生个体成长的全面响应与支持。辅导员要成为青年学生首选的倾诉知心人、求助热心人、成长引路人，应努力做到"眼中有光""心中有数""手中有招"，不仅要把工作"做完"，还要追求卓越，高质量"做好"工作。学校每年评选"最美思政工作者"，将辅导员单列，旨在表彰奖励有担当、敢作为的优秀辅导员，提升辅导员的工作获得感。

三、找准角色定位，实现从外行到内行的跃升

辅导员要奋力成长为思政教育的行家里手，需要磨炼"七十二般变化"，不断打磨专业技能，进得了寝室、跑得了警局、聊得来心理、讲得了政策、解得了难题。"蒙惠者虽知其然，而未必知其所以然也。"辅导员既要埋头干事也要抬头看路，既要脚踏实地也要仰望星空，积极融入时代大势，在"专"字上下功夫，坚定不移走专业化、专家化职业发展道路，做好职业生涯规划，加强理论与实践研究，将自身兴趣、特长与学生工作、个人成长有机结合，探索既适合自身发展又切实可行的职业发展道路，实现从"事务型"辅导员向"导师型、专家型"辅导员的角色转变。学校投入充足建设资金，建设"学工助手""每天运动1小时"等智慧化应用平台，显著提升辅导员工作效能，充分利用科技手段赋能辅导员队伍成长。

四、心怀"国之大者"，实现从小我到大我的跃升

思想政治工作是一项非常严肃、严谨的工作，同时也是非常需要有温度的工作。要围绕学生、关爱学生、服务学生、陪伴学生，做学生健康成长的引路人，做饱含家国情怀的辅导员，切实把学生的成长当作自身工作最大的成就感和获得感，融"小我"于"大我"。只有把工作置于中华民族伟大复兴的历史进程和中国式现代化的具体实践中，胸怀"国之大者"，才不会因事繁而畏难、因事小而自轻。在思政教育一线的辅导员要锤炼品格，努力成为塑造学生品质、品德、品味的"大先生"；要牢记使命，努力成为学生成长成才的指路明灯，守望学生向上向善、蓬勃生长。做政治强、情怀深、思维新、视野广、自律严、

人格正的新时代思政教育工作者。学校在党建引领、条件保障、科学考评等方面下功夫、出实招，着力打造一支高素质专业化职业化辅导员队伍。

辅导员队伍不仅是学生成长的引路人，更是他们心灵温暖的守护者。在新时代的征程上，我们将不忘初心、牢记使命，以更加坚定的政治信仰、更加专业的职业素养、更加深厚的教育情怀，为学生的全面发展和健康成长提供有力保障，愿我们的关爱如影随形，成为学生们最宝贵的记忆，共同见证他们绽放青春、实现梦想的辉煌时刻。

信仰的力量

数字潮涌　智启未来

以数字化为棱镜折射杭州精神，因其承载着这座千年古都从运河桨声到云端算力的文明嬗变。创作源于杭州独特的文化基因——南宋临安的市井智慧曾以活字印刷催动文脉流转，今日的数字浪潮如古运河般重新织就城市肌理。选择数字化视角，既因"城市大脑"延续了良渚先民治水的系统思维，又因"医保一码"暗合了胡庆余堂"戒欺"的民生匠心。数字化并非割裂传统的工具，而是让历史骨血在硅基世界里重生。这既是对"弄潮儿向涛头立"精神的当代诠释，更昭示着杭州以数字为舟楫，在历史长河中勇立潮头的永恒追求。

杭州，这座历史悠久而又充满活力的城市，其数字化浪潮正以独特的魅力，重塑着我们的生活。从"一卡通行"的便捷到"一码走遍全城"的智慧，杭州不仅在细微处改变着市民的日常，更在宏大叙事中引领着数字生活的潮流。"城市大脑"这个智慧中枢，用精密的算法和强大的数据处理能力，让城市治理更加高效、交通更加流畅、公共服务更加温暖人心。

"杭州医保码"，是数字生活的缩影。以前，我们去医院看病，手里总是攥满市民卡、医保卡、病历本……挂号、缴费、取药，每一个环节都是一场小小的"战役"。但如今，"一码"解决了所有问题——只需轻点手机屏幕，就能享受从预约挂号到费用结算，再到药品配送的一站式服务，一个全新的就医时代已经到来。

"数字人"的引入，更是将杭州的数字化发展推向了一个新的高度。它们不仅在杭州亚运会等大型活动中提供服务，更在日常的城市管理和服务中扮演着重要角色。杭州，正以不可阻挡的发展势头，向世界展示着数字时代的无限魅力和巨大潜力。

在杭州，数字技术已成为当今文化创新的发展引擎，从3A（高成本、高体量、高质量）游戏、文博场馆到文创产品，你可以体会到数字化为文化带来的无限可能。

诞生在杭州艺创小镇的《黑神话：悟空》，实现了虚拟与现实、数字与艺术、游戏与文旅的"双向奔赴"，成为火爆全球的国产3A游戏。

在浙江自然博物院，MR（Mixed Reality，混合现实）眼镜再现了贺兰山岩画拓片的制作工艺，通过交互体验，观看、参与文物的"前世今生"，让"沉睡千年的史诗"动起来；在京杭大运河博物馆，通过"运河大脑""运河星谱"和"运河万物墙"三大数字化展项的深入整合与消化，电子屏上点线相互串联。手指一点，那些历史的碎片被拾起，跃进现实。在浙大城市学院数字文化创新研究院，身处五面屏幕环绕空间，在沉浸式体验舱里欣赏莫奈《睡莲》的立体与延伸，通过动态的多媒体数字技术，让文化活了起来。杭州正运用数字技术推动内容创新，激发中华优秀传统文化的内生活力，让文化在创新性发展中焕发时代光彩！

在这个智能城市的脉搏中，数字化教育的浪潮也奔涌而来。在浙江大学，师生们在"智云课堂"里高频互动，学生们可以在任何一个时间进入任何一个教室里，去听任何一个老师的任何一门课程。在中国美术学院，"乡村艺课"让更多优质资源突破时空、联通城乡、跨越山海。该项目已辐射全国 21 个省份、397 个县市、869 个乡村学校，惠及百万余人。在浙江农林大学，"'浙里'成长"教育生态系统聚焦学生在校成长的全过程、学习生活的全方位、教育培养的全智治，校园数字化从探索逐渐变为现实。

时代的车轮滚滚向前，我们从马力时代跨入电力时代，如今已进入算力时代。"今天的数字化就是 100 年前的电气化。"在电气化的时代，中国曾经沉睡；而在数字化的时代，我们必将引领潮流！

（宣讲人：浙江理工大学　张永杰）

数字潮涌　智启未来——杭州篇

"甬"立潮头　青创未来

在宁波的千年文脉中，甬城的"商"，既沉淀着"书藏古今"的文化底蕴，又激荡着"港通天下"的开放锋芒。从河埠码头到东方大港的华丽蜕变，从实业兴邦到科技突围的跨越式发展，当三江口的晨雾再次唤起南宋市舶司的历史记忆，这里的每一刻都镌刻着宁波企业家敢闯敢拼的精神基因。他们以创新为帆，以担当为锚，在时代浪潮中破局而立，让宁波精神有了血肉与温度。我们试图以数字的温度与人物的光芒，串联起历史、当下与未来，让时代的弄潮儿们看见：这座城市的灵魂，正是一代代开拓者用热血与智慧书写的时代答卷。

在 2024 年的中国国际大学生创新大赛中，浙江高校青年学子们怀揣炽热的创作激情与无尽的创造潜力，勇敢地站在闪耀的舞台上，讲述着对创新的执着追求、对梦想的坚定信念和对未来的无限憧憬。

宁波大学的"星耀曙光"项目，成功研发出以碳基量子点为原料的薄膜，以四大核心技术成功突破国外技术封锁，勇夺金牌，成为本次大赛的一大亮点。他们的成功，源于宁波这座城市文化底蕴的深厚滋养，更是独特的企业家精神的生动诠释。宁波的企业家精神，不仅是这座城市经济繁荣的基石，更是激励着一代又一代年轻人不断创新的精神灯塔。

企业家精神在于"勇于创新，敢于突破"。从早期的海上贸易，到近代的实业兴起，再到现代科技创新，宁波企业家始终走在时代前列，用实际行动诠释了"创新是引领发展的第一动力"。

永新光学，用微小的镜片托举起了九天揽月的梦想。由其承制的国内首台太空显微实验仪成功入驻中国空间站，为"嫦娥"三号、四号量身打造多款光学镜头，不断打破国际技术壁垒，以"永新出品"为代表的国产高端光学仪器在世界成功"出圈"，成功实现了从"中国制造"到"中国创造"的华丽转身。

企业家精神在于"坚韧不拔，勇于担当"。在创业和守业的道路上，一大批宁波企业家热心教育事业、践行社会责任，将企业的发展同国家富强、民族复兴、人民幸福紧紧连在了一起。

2000 万，是包玉刚带头捐资建校的拳拳之心；5000 万，是爱乡楷模赵安中支援宁波大学的惠泽善举；8 亿，是代代宁波企业家慷慨解囊、共襄义举的真挚情怀。这些数字的背后，是宁波企业们以身为范、薪火相传的爱国心，是他们心系家乡、情牵教育的桑梓情。

这份奉献与担当，让宁波的教育事业焕发出勃勃生机，激励着更多年轻人奋发向上。

企业家精神在于"开放合作，共赢未来"。在全球化的今天，宁波企业家们深知，只有拥抱世界，才能走得更远。他们勇于打破地域限制，通过资源共享和优势互补，实现共同发展。

宁波舟山港，从一方河埠码头，到世界最大港口，企业家精神在这里画下了一幅现代化港口蓝图。舟山金塘岛，曾是一片荒芜的盐碱地，2004年，舟山甬舟集装箱码头有限公司的创立，改变了这个荒岛的命运，掀开了浙江港口一体化发展的新篇章。货物吞吐量连续15年位居全球第一，集装箱吞吐量稳居全球第三。从河埠码头到东方大港的蜕变，是一代代海港人解放思想、不懈进取和企业家精神"以开放促发展"理念的生动诠释。

宁波的企业家精神，是这座城市最宝贵的财富，它凝聚着创新、坚韧、担当、开放与合作的力量。在新时代的征程上，让我们以更加创新的思维引领未来，以更加坚定的信念挺膺担当，以更加开放的姿态拥抱世界！

（宣讲人：宁波大学　谢格）

"甬"立潮头　青创未来——宁波篇

一支笔写出"四千"精神

当改革春风初拂大地时，温州人已背着塞满纽扣、打火机的行囊，用脚板丈量出中国最早的民间商贸版图，一代代温州人用汗水与智慧书写出"走遍千山万水、说尽千言万语、想尽千方百计、吃尽千辛万苦"的迁徙史诗。从家庭作坊摇曳的煤油灯，到智能工厂跳动的数据流，"四千"精神始终如一：它不因时代变迁褪色，反而在迭代中升华。这正是温州精神最滚烫的注脚：在绝境中开新路，在平凡中铸传奇。

　　我手中的这支笔，是从我的家乡温州龙湾带来的，我同时带来的，还有这支笔背后的温州人关于"四千"精神的故事。

　　时间回到1977年，正值国家恢复高考之际，市场对圆珠笔的需求大增。在温州的深山中，一群怀揣致富梦的人，开始尝试以家庭为单位，组织小规模的制笔作坊，我的奶奶就是其中之一。简陋的吃饭桌上，铺满了杂乱的小零件，制笔生意就这样做了起来。奶奶说："为了赚钱，我们在小桌板前一坐就是一整天，腰酸背痛就不说了，手指碰到尖尖的毛刺，一个不小心就会流血。为了赶工期，就算晚上点着煤油灯也得继续干。"奶奶这辈怀着梦的人"吃尽千辛万苦"，在最朴素的条件下，用勤劳与坚持铺就了走出大山的致富路。我小时候，奶奶就告诉我：温州人的骨子里，没有翻不过的山，没有过不去的坎。

　　乘着改革开放的东风，时间来到20世纪80年代。1983年，"四千"精神第一次见诸报纸，刊于《浙南日报》。父亲这一代温州人以"四千"精神为指引，克服重重困难，创造性地构建了"温州模式"。在父亲的记忆里，创业路满是荆棘。缺技术，就"想尽千方百计"去大城市的制笔厂偷偷学艺；缺设备，"走遍千山万水"去淘到能用的二手注塑机；缺销路，"吃尽千辛万苦"，披星戴月、走南闯北；缺人才，就"说尽千言万语"把人招来。在温州龙湾，"白天当老板、晚上睡地板"是常有的事。凭借"走遍千山万水、说尽千言万语、想尽千方百计、吃尽千辛万苦"的"四千"精神，温州制笔产业一炮而红。2005年，温州制笔工业总产值突破30亿元，温州龙湾喜获"中国制笔之都"的称号。

　　如今，在温州高教园区这片学术与创新的沃土上，与制笔产业紧密相关的研发项目遍地开花，可降解笔杆材料、纤维笔头、成品笔匹配技术等层出不穷，推动了温州制笔业的转型升级。

　　在温州高新技术产业开发区，一台台先进的自动装笔机有条不紊地忙碌着，每一台机器都配备了尖端的传感器与智能控制系统——从笔杆到笔芯，再到笔帽，每一个动作都那么流畅精准，新质生产力的浪潮正席卷整个生产线。

教育与产业的深度融合正引领着新一轮的转型升级浪潮。这里不仅是高等教育的聚集地，也是科技创新的孵化器，两者相互赋能，共同推动了温州企业向更加绿色、智能、个性化的方向发展。

一笔绘出的"四千"精神，不仅镌刻在温州人奋斗的征途中，更照亮了产教融合、科技引领的辉煌前景，激励着我们在新时代的浪潮中，以创新的火花点燃变革的引擎，以行动的力量铸就梦想的航标，开辟独属于我们的时代新篇章。

（宣讲人：浙江育英职业技术学院　章文龙）

一支笔写出"四千"精神——温州篇

红船劈波行　党建聚人心

　　嘉兴，是红船破浪的起点，是伟大建党精神生根的沃土。从南湖的点滴星火到街巷的万家灯火，从老党员的铿锵步履到新生代的信仰接力，这座城市将红色基因熔铸为基层治理的血脉。在社区街巷，在企业车间，在校园内外，嘉兴的每一处都镌刻着建党精神的脉搏，每一处都涌动着初心与使命的共振。当红船精神扎根于泥土，信仰便有了生长的力量。嘉兴的基层党建以创新之钥激活治理效能，让百年初心在办实事、解难题中迸发时代强音。唯有让精神扎根，方能听见时代最嘹亮的回声。

　　100多年前，在南湖的一艘小游船上，中国共产党人举起了革命的火炬，孕育了中华民族不朽的红船精神。红船精神，就是"开天辟地、敢为人先的首创精神，坚定理想、百折不挠的奋斗精神，立党为公、忠诚为民的奉献精神"。这一精神，不仅是中国共产党的建党精神，也是我们党不断发展壮大的精神支柱。今天，伟大建党精神在嘉禾大地上，以党建领航之力，续写着新时代的辉煌篇章。

　　红船定风雨，燎原星火起。"浙样"探索的路子在嘉兴越走越宽。党组织"搭台"、党员"作为"、群众"受益"的新格局，打通了基层党组织和党员联系服务群众的"最后一公里"。

　　在嘉兴的街头巷尾，随处可见这样一群"红马甲"，每天演绎着平凡而温暖的网格故事。75岁的退休老党员沈珍寿是"红马甲"的一员，作为嘉兴南湖区的"联户党员"，小区门口的窨井堵了，他第一时间反映并督促疏通；居民们反映房子挨着马路噪声太大，老沈积极协调，为大家安装了隔音板。

　　在这里，"网格连心、组团服务"，不仅仅是口号，更是行动。全面开展小区党建，大力推动社区党组织体系向下延伸，让每一寸土地都有党组织的精心守护，每一户人家都有党员的贴心服务。

　　红船逐浪开，精神聚人心。"浙样"开阔的步子在嘉兴越迈越大。党建"软实力"激发城市建设"新动力"。嘉兴点燃"红色引擎"赋能行业高质量发展，培育出红色物业、红色工地、"温暖嘉"红色城建驿站等品牌，把党的组织优势转化为发展优势，让"红色因子"涌动在城市每个角落。

　　桐乡市丰子恺艺术中心是嘉兴城市文化的新地标，这个11万平方米的工程在当时面临着诸多技术挑战。项目临时党支部书记蔡会平坚持把支部建在项目上，把党旗插在工地上，整合管理、建设、技术等力量组建了"创新工作室"，发挥党员力量，带头攻关，借鉴国内外的技术积累和实践经验，擦亮"风雅桐乡"的最美底色。

红船劈波行，党建筑高地。"浙样"嘹亮的调子在嘉兴越唱越响。"明州故地，嘉禾烟雨，薪火相传越百年……"嘉兴大学，这所中国革命红船起航地的高校，在建设发展中始终深植伟大建党精神和红船精神，坚持讲好中国故事，传播中国声音。

嘉兴大学文法学院党委大力弘扬伟大建党精神、红船精神，以原创话剧《初心》创演为抓手，充分发挥红色文化资源，入选"全国党建工作标杆院系"。学院师生创作的"初心"系列话剧通过线上线下形成传播矩阵，受众达3亿多人次，扛起红船旁红色学府使命担当，助力中国红色故事和浙江文化故事更好地走向全国、走向世界。

从建党圣地到党建高地，从嘉兴南湖的星星点点到神州大地的星火燎原，伟大建党精神跨越时空、历久弥新。我们要继续弘扬伟大建党精神、赓续红色血脉，迈进新征程、奋进新时代！

（宣讲人：浙江传媒学院　冯柳琴、张赫）

红船劈波行　党建聚人心——嘉兴篇

笔墨新韵"最江南"

　　湖州的精神，藏在每一支湖笔的锋毫里。笔尖凝聚的不仅是匠人的"精、纯、美"，更是湖州人刚柔并济的处世哲学，也是湖州这座城市千年文脉的活态缩影。湖笔的坚韧笔杆与柔软笔锋，恰似这座城市在历史长河中既守正笃行又创新求变的品格。它不仅是书写工具，更是一把打开江南文化基因的钥匙，让湖州精神的厚重与灵动跃然纸上。通过"人、物、城"的交织，让湖笔从历史符号升华为时代注脚，既展现文化自信的根系，也勾勒出精神共富的脉络。笔锋流转间，湖州的筋骨与魂魄，悄然浸润人心。

　　这里是湖笔的发源地——湖州善琏的湖笔小镇。这支笔蕴含着湖州人的奋斗哲学，既有坚韧有力的刚，也有智慧留白的柔，正如刚柔并济的湖笔，精致、厚重、充满张力，承载使命，不断书写奋斗故事。

　　在湖笔小镇东街口的石牌坊上，有一副楹联："湖颖三义书写笔都千古文章，管城四德描绘善琏万代诗篇。""三义"即精、纯、美，制笔跟做人一样，至精至纯至美，才能做出好笔，这是流传 2000 余年的湖笔精神之所在。

　　千年湖笔"精"耕细作，以斗笔书写文化强省的奋斗篇。

　　每个人心中都有一个江湖，而在湖笔制作这片江湖中，王晓华老师一坐就是一辈子。

　　王晓华在采访中提到："我们最宝贵的就是我们的一个'板凳精神'，每一天的工作就是粘在凳子上的。"50 年如一日，120 多道工序，一丝一毫地挑选，一辈子做好一支笔。

　　千年湖笔炉火"纯"青，以妙笔赓续文脉传承的创新篇。

　　守正才能不迷失方向，创新才能把握时代。当千年传统湖笔文化与年轻"95 后"返乡大学生相遇，一个守正创新的故事就此展开。大学生吴钰毕业之后，毅然返乡，潜心沉淀、钻研工艺，直播湖笔非遗文化，让湖笔频频"出圈"。"笔二代"用传承与创新撬出传统文化传播的广度与深度。以笔为媒，以节会友，深挖湖笔文化的深层价值，探索更多"文化搭台、发展唱戏"的新路径。

　　千年湖笔"美"育人心，以工笔绘就精神惠民的共富篇。

　　一支湖笔，一刀元书纸，一瓶墨汁，一册智永《真草千字文》字帖，在中国美术学院成了大学新生开学典礼上一份独特的礼物，已经传承了 10 余年。在这里求学 6 年的裘雪莹老师正是用这份礼物在校园、在社区、在乡村书写着新时代的笔墨新韵。

　　我们常说，一座城，因为有了历史才显厚重；一个国家，因为有了文脉才有了根基。

在湖州，我们可以看见美丽中国；而在善琏，我们感受到了一支湖笔的千年文脉传承。国家之魂，文以化之，文以铸之。习近平总书记强调"有文化自信的民族，才能立得住、站得稳、行得远"。毛笔在一代代人的书写中，继承中华传统文化的同时写出了时代新笔墨。

（宣讲人：浙江树人学院　严伟伟）

笔墨新韵"最江南"——湖州篇

平安浙江　"枫"华正茂

　　"枫桥经验"根植于绍兴的市井巷陌，以"小事不出村，矛盾不上交"的朴素理念，成为解读绍兴文化基因的重要切口。"枫桥经验"并非简单的矛盾调解手段，而是一种以对话消弭对立、以协作凝聚共识的治理哲学，既呼应了绍兴人"以和为贵"的处世之道，也彰显了传统智慧在现代社会治理中的生命力。当这种治理模式从田间巷陌延伸至校园，绍兴精神得以在代际传递中焕发新意，既守护了书卷间的安宁，也为社会治理现代化提供了更具前瞻性的注解。

　　绍兴，这座古越之地，不仅以其悠久的历史、深厚的文化底蕴著称，更以其独特的社会治理经验——"枫桥经验"闻名遐迩。"枫桥经验"如同田间地头那股清新的风，吹散了矛盾与纷争的阴霾，让平安的种子根植于这片古老的土地，更跨越地域，成为推动平安浙江治理创新的重要灵感源泉。

　　时针拨回到60多年前，枫桥镇面临着治安复杂、矛盾频发的挑战。然而，枫桥人没有退缩，他们以村头老槐树下的清茶为引，以一句句温暖的吴语为桥，让邻里争端化为无形。"和事佬"调解小组就这样诞生，他们逐渐探索出了一条"小事不出村，大事不出镇，矛盾不上交"的基层治理新路子，不仅抚平邻里间细碎的矛盾波澜，更在无声处编织起村民间紧密的情感纽带。这面枫桥旗帜就此飘扬。

　　一甲子悠悠岁月，"枫桥经验"以其蓬勃的生命力，从乡村治理走向城市社区治理，从社会治安拓展到经济、政治、文化、社会、生态等领域，成为平安浙江建设的生动实践和鲜活典范。干部们深入基层，将办公桌搬到田间地头，与农民面对面共商农事纠纷；换上工装走进工厂车间，与工人肩并肩化解运营难题；在社区楼栋间，与居民心贴心解决急难愁盼。

　　宁波"小娘舅握握团"、舟山"东海渔嫂"、义乌"洋娘舅"……这些由"枫桥经验"启发而生的创新实践，如同繁星点点，不仅照亮了平安浙江建设的道路，更在细微之处讲述着一个个关于稳定、关于和谐、关于发展的动人故事。

　　"枫桥经验"亦如涓涓细流，持续为浙江"平安校园"建设注入新的活力。"枫桥式"校警合作服务站——校警驿站应运而生，实现了校园风险前端感知、隐患前端防范、纠纷前端化解、事件前端处置，让安全触手可及。

　　在校警驿站，校园、公安等多方资源深度融合，紧握校园安全生命线，平安校园新生态正悄然形成；普法教育、安全培训、疏散演练……社会安全"大课堂"让学生在实践中学习，在体验中成长；不用走出校园，同学们就能完成户籍、出入境、交管等民生业务的线上线下办理，真正实现"让数据多跑路，让学生少跑腿"。"枫桥经验"的智慧之光，正在校园治理现代化的实践中熠熠生辉，以人文关怀为核心的校园安全文化在这里得到了诠释与升华。

　　"枫桥经验"从小镇萌芽，在新时代的伟大征程中逐渐从乡村智慧成长为国家基层治理的瑰宝。面对翻涌的时代浪潮，我们更应将这一历久弥新的基层治理"金名片"继续发扬光大，共同绘就更加共建共享、共生共荣的美好新"枫"景。

（宣讲人：浙江工业大学之江学院　毛如君）

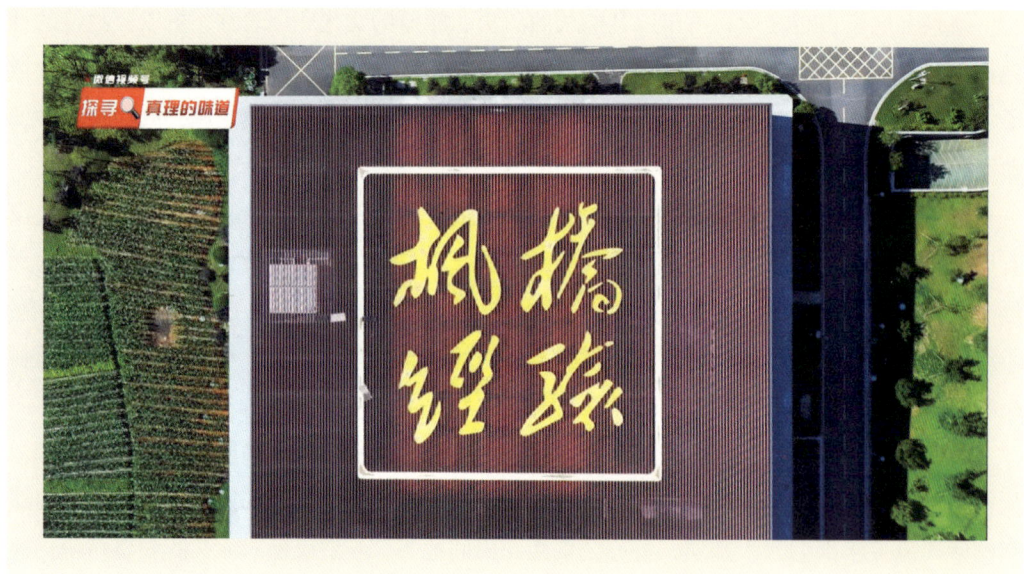

平安浙江　"枫"华正茂——绍兴篇

行走的教育家

在金华城北的分水塘村，陈望道故居的青瓦白墙间流淌着"真理的味道"。陈望道以笔墨为犁铧，在混沌中开垦出思想的沃土。教育家精神，始于"真理育人"的薪火相传，于务实中见远见，于奉献中显坚韧。在全球化与数字化的今天，教育家精神需要这样一种既扎根泥土又仰望星空的表达：它让"树木树人"的古老誓言，在新时代焕发出跨越山海的生机，也让一座城市的灵魂，始终闪耀着教育赋予的理性之光与人性之暖。

2024 年 8 月，中共中央、国务院出台《关于弘扬教育家精神加强新时代高素质专业化教师队伍建设的意见》。2024 年 9 月，习近平总书记在全国教育大会上要求"实施教育家精神铸魂强师行动"，点亮了我们迈向教育家之路的"领航灯"。

今天，站在陈望道故居，我深切感受到真理的力量在这里薪火相传。它不仅照亮了过去，也指引着我们在教育的征途上继续探索真理、传递信仰、立德树人。

李校堃，温州医科大学校长，2024 年"最美教师"。这位中国工程院院士经常这么说："其实这些年我就做了两件事，教书育人、潜心科研。"

2021 年 3 月，李校堃突发脑出血被送进了医院抢救室。醒来后他的第一句话是："快给我抽血，（我的血）可以当作科研样本分析……"短短的一句话，诠释了他对科研事业的无限热爱与执着追求。

学校每年的第一封录取通知书，无论远近，李校堃都会亲自当"邮递员"。尽管平时工作很忙，他总是抽出时间，给青年学生们上思政课，把家国情怀、教育家精神和科学家精神传递给年轻人。

李校堃用自己的行动证明，真正的教育家，不仅在科研上勇攀高峰，更在育人上倾注心血，以生命影响生命，以科研之光照亮学生的未来之路。

陈立群，浙江师范大学 1977 级校友，躬耕教坛 40 多年。退休后，他毅然来到距离家乡 1400 公里的贵州山区国家级贫困县，踏上了教育扶贫路。

"大山可以挡住你的视线，但是不能挡住你的梦想，不能挡住你的斗志。"每次家访，他总是身着西装和皮鞋，行走在台江县的村寨，用这种形象向乡亲们传达：他们的孩子也可以拥有同样的未来。

陈立群经常说："教育家精神的内涵要落实在每一位教师每一天的每一个教学行动中。"2020 年，台江中学 1047 名学生参加高考，829 人考取本科，上线率从原来的 10%

提升到 79%。一年约定，八年坚守，他用双脚丈量教育的广度，用心灵感知知识的深度，用奉献诠释师德的高度。

我们的身边，还有这样一群人——24 年如一日，跨越 1500 公里，开出了火红的凤凰花，那就是"浙江师范大学研究生支教团"。

"用一年不长的时间做一件终生难忘的事"，支教团从最初的 3 名成员发展到现在的 314 人，他们从"浙里"走进大山，连接了梦想与希望。2018 年，作为支教团的一员，我在离开龙州时，学生塞给我一张字条："小时候，我觉得长大就是为了去打工。但现在，我想成为像你一样的老师。请你一定在大学等我来。"

我知道，这就是教育的力量，是希望的传承，让我们一代又一代的"浙师人"更加坚定了选择教师这份职业的信念。

教育家精神是信念，是"'钉'住一件事，一锤一锤敲"的铿锵誓词；教育家精神是行动，是"一生只为一事来"的无言承诺；教育家精神是奉献，是"树木树人，岁岁年年"的不变坚守。让我们一起做教育的"追光者"，在未来教育家之路上奋蹄扬鞭！

（宣讲人：浙江师范大学　叶可）

行走的教育家——金华篇

村歌唱响致富路

大陈村的故事，是泥土里长出的诗。以"共唱"为根，从一碗面里打捞情感的暖意；以"共富"为脉，用歌声串联起糍粑的甜、剧场的亮、钱袋的鼓；以"共美"为魂，借中国美术学院师生的画笔，让斑驳老墙与潮玩设计相拥。母亲的手擀面裹着游子的思念，汪衍君笔下的音符串起全村人的心跳，村歌从灶台唱进北京人民大会堂，让孝道化作行动，让艺术点燃共富的火种。这里没有宏大的口号，只有灶火旁的笑语、糍粑摊前的吆喝、实景剧里的鼓点——每一帧都是衢州人"以文铸魂、以文兴业"的鲜活注解。

说起衢州，咱衢城美食是"金招牌"，今天我要向大家推荐的是一碗吃着香、唱着响的"大陈面"。

共唱：一碗面唱出孝爱故事

滑韧筋道的面条，配上外焦里嫩的荷包蛋……这碗飘香的鸡蛋面，在江山大陈村村民的心中，是妈妈的味道，是传承的孝道。

"妈妈的慈爱游子的祝愿，浓缩进芳香可口的大陈面……"2007年，时任村支书的汪衍君感念这份孝道，带着村民自编自演自唱，一首全村人都会唱的歌曲——《妈妈的那碗大陈面》，唤醒了每个人心中对母亲的那份爱与思念。全村共唱一首歌，"大陈面"成了乡亲们"心灵深处的旋律"，唱没了邻里纠纷，唱出了和美乡风，唱成了"最美村庄"。

共富：一首歌唱响富村强音

渐渐地，村歌成了当地的治村"法宝"：开会有人迟到，罚唱村歌一曲；谁家里有喜事，村干部带头唱歌祝福。这首歌，不仅把村民聚在了一起，更把村民的心连在了一起。借助村歌带来的热度，大陈村开辟出一条"产村人文"融合发展的路子，打出一套农旅融合的组合拳。傅大妈做糍粑已有30多年，她告诉我，从来没想过一首歌就把自家生意给唱好了。据说，她曾创造了3天卖出1万元的佳绩。

歌声中，大陈村的集体经济转亏为盈，从昔日的负债经营到如今收入翻番，村民们的钱袋子越来越鼓了。

歌声中，实景剧《你好江山》、村歌剧《大陈见面》先后诞生，大伙白天劳作，晚上演出，只为讲好大陈故事。如今，江山已有200多首村歌，村民们唱着歌，把山区的发展劣势转化为共富优势，人心越来越齐，口袋越来越鼓。

共美：一堂课奏响和美心声

"大陈在心，人人风景，人人楼台庭园，人人相爱相亲……"村歌声声向振兴，从江山唱到了北京人民大会堂，也唱进了中国美术学院学生业余党校的课堂里。嘹亮的村歌和摇滚的乐曲燃情共嗨，燃爆全场。带着这份热烈和真挚，中国美术学院的师生来到大陈，将中国传统绘画的精髓与现代设计理念相结合，为大陈村的美丽乡村建设注入了新的生命力。远处，青山如黛，近处，溪水潺潺，师生们将这里发生的精彩蝶变用画笔描绘成册，让每一件文创都讲述着大陈村的故事，实实在在地让村子"潮"了一把。传统与现代的灵动结合，谱写出"乡土学院"的和美心声。

一碗面，谱写出一首歌，唱富了一个村，唱美了一片天。村歌的故事，是"艺术乡建""文艺赋能"的生动体现，是浙江文化魅力独特、底蕴深厚的精彩缩影。站在新的历史起点上，我们更应坚定文化自信，为浙江打造新时代文化高地贡献青春力量！

（宣讲人：中国美术学院　吴诗倩）

村歌唱响致富路——衢州篇

守根蚂蚁岛 筑梦新洋田

蚂蚁岛精神，作为舟山这座群岛城市的文化地标，承载着海洋文明的韧性与开拓的基因，蚂蚁岛恰是其中一簇尤为璀璨的星火——它浓缩了舟山人骨子里的硬气、脚踏实地的创业热忱、在逆境中破浪前行的集体智慧。蚂蚁岛精神的价值，在于它不仅是舟山的文化符号，更是一套可复制、可迭代的行动哲学。蚂蚁岛精神恰如一根锚链，当将其嵌入乡村振兴的肌理时，便能在传统与现代的碰撞中，书写属于新时代的"山海答卷"。

2024年1月，我来到杭州市淳安县界首乡，挂职洋田村第一书记。

从高校来到乡村，从讲台走到田间，两种角色重叠于洋田的乡土之上，也解锁了我新的人生体验。

我和农村是熟悉的。我出生在浙江舟山的一个小岛——蚂蚁岛，那里诞生过"小小蚂蚁赛苏联"的传奇，更有着"还要继续发扬光大"的蚂蚁岛精神。

在洋田当"主理人"的日子，总会让我想起奶奶讲的故事，那些故事里有着老一辈的骄傲青春，闪烁着蚂蚁岛精神的实践光辉，也映照着我踏实前行的路。

这精神里的底色是"艰苦创业"。铁杵能磨成针，草绳能搓成船吗？蚂蚁岛人说：能。蚂蚁岛的创业故事要从几艘大捕船讲起。为了改变渔村一穷二白的面貌，全岛妇女搓了6万公斤的草绳换钱购船。大捕船下海了，妇女们的手上多了连针都扎不透的血痂。

而我现在也切实体会到了创业之苦。洋田村交通不便，为了让农特产品走出大山，我当起了销售员、外卖员和讲解员。一次次的高速通勤，一次次的送货路线规划，我感触颇深，经历过创业之难，才更能体会收获之喜。

这精神里的支柱是"敢啃骨头"。

蚂蚁岛妇女筑塘的故事家喻户晓。悬水小岛想发展，就得向滩涂要土地。男人们都在海上捕鱼，筑塘的师傅又请不起，于是妇女们不分昼夜用双手筑起了一条长达1300米的海塘，围海造田450多亩。我的奶奶、外婆都在这支队伍中，那年的她们，刚满20岁。

洋田也有难啃的骨头——一直以来，村集体增收困难是阻碍洋田发展的难题，我们更是想尽千方百计去激发经济增长点。

今年，我们盘活村内的共富大棚，顺应时节种下西瓜、玉米、辣椒等作物；由帮扶资金支持的5G智慧菇房也即将落地，让乡亲们的日子越过越好，是我们干事创业的源源不竭的动力。

这精神里的指向是"勇争一流"。

草绳换了船，还得有人去征服大海。

蚂蚁岛是全国第一个全面实现渔船机帆化的渔区。住在我家隔壁的阿婆林妙珠就曾是机帆船的"老轨"。

老轨，是舟山方言，意思是轮机长，干的都是脏活累活。

"阿拉蚂蚁人的骨头都很硬"，正是带着"勇争一流"的雄心壮志，我们征服了这片大海。

洋田村的雄心壮志是不甘于人后。因为天赋不佳，为了跟上界首乡沿湖沿线村的发展，我们更要努力奔跑。

今年（2024 年）暑假，我的学生来村实践，在村里当起了"新农人"，洋田的美丽风景也随着直播镜头成为夏日的绿色心情。校地联建让洋田成为实践、竞赛的练兵场，更增添了青春活力。

时代各有不同，青春一脉相承。驻村已有半年，正是刻在骨子里的蚂蚁岛精神，激励着我守好红色根脉，在赓续传承中书写青春担当。我辈已整装待发，扬帆再起航！

（宣讲人：浙大城市学院　陈浩哲）

守根蚂蚁岛　筑梦新洋田——舟山篇

垦荒正青春　奋斗正当时

在东海浩渺的波涛中，大陈岛如一颗历经风雨的明珠，承载着台州精神的筋骨与血脉，镌刻着一部跨越60余年的垦荒史诗——从荒芜礁石到生态绿洲，从孤岛寂寥到文旅兴盛。垦荒人与海浪搏斗、与时光赛跑的身影，是"艰苦创业、开拓创新、无私奉献"精神最生动的诠释。习近平总书记的深情牵挂与三代垦荒人的接力耕耘，让这座岛成为台州精神最炽热的表达。垦荒精神，从未老去；台州人的血脉里，永远奔腾着向海而生的勇气。

60多年前，467名青年登上解放不久的大陈岛，开启了一段当代垦荒传奇。习近平总书记曾经一次登岛、两次回信。让总书记深情牵挂的这座岛上藏着什么精神"宝藏"呢？

80多岁的高阿莲老人，是一名老垦荒队员，尽管已迈入耄耋之年，她依然坚守海岛。1960年，16岁的她作为第三批垦荒队员上岛，在队伍里年纪最小。她跟几十头猪同吃同住，睡上下铺。猪仔爱拱床，半夜经常把她拱下来，她摔在满是猪粪的地上。到了春夏，蚊蝇轮番进攻，像"疯了"一样扑向她。困难就像海浪，一个接一个，朝这群年轻人打来。但他们选择把自己站成风浪里最坚硬的礁石，记录着每一次与自然抗争的胜利，以"敢教日月换新天"的气概，让大陈岛焕发出新的生机与活力。

在艰苦创业中谋生存，以高阿莲为代表的第一代垦荒人交出了"荒岛"变"明珠"的满意答卷。

"垦二代"王海强是台州市劳动模范，守护大陈岛的光明20余年。王海强儿时对垦荒精神的耳濡目染，让吃苦耐劳的思想深深扎根在他的心里。19岁的他放弃了留在城市工作的机会，一心扑在大陈岛的电力建设上。以前岛上只要台风一来，就会停电，王海强晒着太阳立杆子，吹着海风爬线杆，穿破了上百双胶鞋，走遍了大陈岛的家家户户，被岛民称为"活电图"。如今，王海强参与打造的全国岛礁碳中和示范样板，实现了生态环境改善、能源结构优化，推动了大陈岛的可持续发展。

在开拓创新中求发展，以王海强为代表的第二代垦荒人交出了发展转型的时代答卷。

王秋怡从小听着垦荒故事长大，毕业后她选择成为一名大陈岛红色宣讲员。每年，她都要给一批又一批游客讲述垦荒故事。在王秋怡心中，垦荒精神不是符号，而是一个个鲜活的、真实发生在岛上的故事——那是面对12级台风，垦荒队员手牵着手，救援受困的队友；那是下水不久的"勇敢号"机帆船，在大浪中停机的惊心回忆；那是几代垦荒人，养黄鱼、建风电、搞文旅的曲折探索……在王秋怡生动而深情的讲述中，那些垦荒故事，被赋予了新的时代意义。

在无私奉献中赓续传承，以王秋怡为代表的第三代垦荒人交出了精神赓续的青春答卷。

海岛上的奋力耕耘，成为一批批年轻人弥足珍贵的精神财富。浙江财经大学口述史调研团用采访、录音、手记等方式记录下了垦荒精神背后的故事，在传承与实践中实现了自我成长和蜕变。他们不仅是故事的搜集者，更是垦荒精神的传承者。在他们的口述下，越来越多的人了解到那段关于艰苦奋斗、勇于开拓的垦荒岁月，垦荒精神在更多人心中生根发芽。在新时代的征程上，我们要以信仰之光汇聚青春力量，书写属于自己的垦荒传奇！

（宣讲人：浙江财经大学　奚旖旎、李政男　台州学院　林航均）

垦荒正青春　奋斗正当时——台州篇

经纬织梦　培根铸魂

　　景宁畲族自治县建县 40 周年之际，习近平总书记给浙江省丽水市景宁畲族自治县各族干部群众回信，信中提到"继续弘扬优良传统，增进民族团结，发挥独特优势，积极推进民族地区高质量发展和共同富裕"。景宁的每一寸土地都在诉说"石榴籽"般紧拥的誓言。而这份誓言，正被一群执笔为桥的浙江高校辅导员赋予了新的温度。2024 年 7 月，"浙群"辅导员赴景宁把书画拍卖所得的善款捐赠给了景宁畲族自治县东坑镇中心学校。他们在跋山涉水的家访中播撒希望的种子，在欢声笑语的课堂中传递真理的力量，让民族交融的血脉在琅琅书声中悄然生长。

　　我的故事要从那封信说起。2024 年 6 月 25 日，景宁收到了一封特殊的信。信中，习近平总书记希望景宁畲族自治县各族干部群众"继续弘扬优良传统，增强民族团结，发挥独特优势，积极推进民族地区高质量发展和共同富裕，在中国式现代化进程中谱写畲乡景宁发展新篇章"。作为全国唯一一个畲族自治县，景宁已经从昔日的"出门爬山头、点灯用煤油、晚上捂被头"的国家级贫困县，成功跻身全国 120 个民族自治县的前列。

　　景宁的发展，离不开教育的助力，更离不开每一位走出畲乡的"逐梦人"、扎根畲乡的"织梦人"、助力畲乡的"圆梦人"。

　　第一个故事的主人公叫雷雨恬，一位从小喜欢用画笔记录生活的畲族姑娘。她画山边的大树、溪水；画村里的建筑、服饰；画菜场的鸡鸭、鱼干……她用画笔编织着梦想和未来。终于，她从全国 2000 多名考生中脱颖而出，被清华大学美术学院录取，成为景宁在 2016 年后又一位考入清华大学的学生。每年 9 月，在景宁有 90% 的学生像雨恬一样走出畲乡，迈进大学。在他们的背后，是一代又一代"织梦人"的悉心呵护。

　　第二个故事的主人公叫陈文健，一位"95 后"乡村教师。

　　2023 年，作为"中国大学生自强之星"的他，成功入选"马云乡村教师计划"。2014年填报高考志愿时，他义无反顾地选择了丽水学院的"定向师范"专业，立志回乡教书。4 年后，他主动选择到景宁最偏远的山区学校，全校只有 23 名学生。今年，当回城的机会再次出现在他面前，他依然选择留在乡村。

　　三次抉择，六年坚守，他成为景宁教育事业中的"织梦人"。其实，像陈文健这样的故事还有很多，是他们绘就了景宁教育最扎实的底色。

　　第三个故事的主人公是一群人，很幸运，我就是其中一员。我们有一个共同的名字——

"浙群"辅导员。

我和我的小伙伴们以爱之名，公益助学，设立了"'浙群'辅导员奖助学金"。在这段充满爱的旅程中，我们把先进的教学理念从浙水之滨带到祖国的西南边陲，再到天山脚下，在欢声笑语的课堂中，为孩子们种下了求知的种子。

今天，我们也把这份爱带到了景宁。"我是来自马坑镇中心小学的钟舒悦，我最大的梦想就是走出景宁这个山区县，考上大学，去看看外面的世界。""看看外面的世界"，这是山区孩子们心底最简单的愿望，也是"浙群"辅导员的初心和热忱。

"一年又比一年好，各族人人得保障……"这首景宁山歌唱出了畲乡人民红火的日子，也唱出了国家昌盛、民族团结。让我们像石榴籽一样紧紧地抱在一起，奋力书写中国式教育现代化发展新篇章！

（宣讲人：浙江旅游职业学院　林昕玥）

经纬织梦　培根铸魂——丽水篇

时光 印记册

第二篇

篇首语

在时光的褶皱里，教育正以最柔软的姿势将理论的经纬与情感的丝线交织成生命拔节的纹路。当思想政治教育从宏阔的命题沉降为宿舍走廊的灯光、咨询室氤氲的茶香，那些被称作"日常"的碎片便显露出育人的本质——它不仅是价值观的传递，更是心灵与心灵在晨雾中的相互洇染。辅导员如同掌灯人，左手提着制度的刻度尺丈量成长轨迹，右手握着精神的显微镜透析青春沟壑，在琐碎与崇高之间走出独特的育人舞步。

翻开"时光印记册"，每一页都跳动着辅导员们忙碌而充实的工作节奏。他们在《忙！忙！忙！辅导员寒假生活大揭秘》的琐碎日程里萃取出教育的纯度，将假期生活转化为与学生共成长的万花筒。返乡动态里的定位坐标，朋友圈深夜分享的歌曲链接，都成为解码青春心事的莫尔斯密码。这份"寒假日志"里藏着教育的另一种时区；当《沉浸式军训 与青春撞个满怀》中青春的号角吹响，他们用拉歌比赛的声浪焊接集体记忆，将迷彩服上的盐渍锻造成了成长的勋章——那些被晒伤的脖颈和磨破的作战靴，终将凝成青春独有的色彩；夏日炎炎，辅导员们带领学生走出象牙塔，在《盛夏田野方程式，看见青春最美的样子》中，他们的足迹跨越千山万水，从江南水乡延伸至云贵高原，将实践的触角伸展至更广阔的天地，用画笔记录乡土之美，以镜头捕捉生活之真，共同见证了青春的多彩篇章，也一同收获了成长的丰硕之果；晨光初染校园窗棂时，辅导员们早已为新手"小白"备好独特的开学礼——没有枯燥的说教，只有各种花式妙招，朋辈引领、奥运精神、行走的思政课……《在知与味中书写青春序章》让新生们在实践中感悟理论的魅力，于行走间领略知识的力量，轻松领悟大学学习的精髓；当视角转向心灵的剧场，《破茧：青年心灵的逐光蜕变》的聚光灯下，曾困于茧房、迷失方向的少年们此刻化身自己人生的编剧，以舞台为镜，照见真实的自我，演绎成长的酸甜苦辣。谢幕掌声响起时，辅导员们退至幕布阴影之中，看年轻灵魂在舞台上完成自我救赎的成人礼。

当我们将镜头推至教育发生的最小单元，这些被时光揉皱的碎片，在浙江高校辅导员的育人图谱里，构成了最鲜活的育人密码，让每个看似平凡的工作瞬间，都成为青年成长的时空坐标系。那些凝固在字里行间的育人时刻——整理毕业生作品时沾在指尖的金箔、心理剧后台突然握紧的颤抖的双手、模拟面试后隔空击掌的笑纹……都在无数青春轨迹中裂变生长。多年后的雨夜，当某个身影站在相似的灯下展开时光札记，他们会忽然懂得：教育最深的浪漫，是有人愿以岁月为火，点燃另一群生命奔赴山海的炬光。

—

日常志

—

"浙里"一起过新年，龙行龘龘

当灯笼在檐角晕染第一抹红，当饺子在沸水中舒展成银元宝，浙江高校的迎新长卷正以温情为笔，绘就千般年味。那些留守校园的年轻身影，在师长们织就的暖意中，将异乡年过成了故乡节。此刻，让我们循着饺香墨韵，触摸这些氤氲着书卷气的中国年。

求是园的年味交响

求是园的年味，是理性与温情的二重奏。当实验室的灯光暂时暗下，食堂的烟火气悄然升腾时，师生们围坐一桌，将饺子皮擀成圆月的形状，馅料里裹着对新年的期许。午餐会上，同学们分享着家乡的年俗故事，笑声与饭香交织成温暖的画面；年夜饭桌前，留校学子用画笔勾勒春节的轮廓，将年味定格在宣纸上，让传统文化在艺术的笔触中焕发新生。理性与温情交织，科学与人文共鸣，共同谱写出了一曲属于浙大人的新春乐章。

——浙江大学

浙江大学春节关怀活动

"留家庄"的龙纹密码

"留家庄"开庄的刹那，年俗化作可触摸的温暖。春联的墨香在红纸上晕染，饺子褶皱里包裹着匠心与祝福。2024 年春节，浙江工业大学的校园褪去了平日的钢铁气息，生长出紫藤绕梁的江南韵致。留校学子们用巧手捏出一个个精致的饺子，仿佛在雕琢一件件精美的工艺品；手中的画笔勾勒出龙年的图腾，将传统年味与现代创意完美融合。当科技与传统碰撞，年味便有了金属的冷冽与麦芽糖的绵长，既有工科人的严谨，也有江南水乡的柔情。

——浙江工业大学

山海共绘的民族画卷

象山港的咸风裹着 30 个民族的祝祷，亚运沙排馆的细沙铭记着几十种语言的脚印。维吾尔族的彩裙掠过非遗鱼拓，藏族学子的哈达轻抚海洋文化，多语种"福"字在红纸上绽放成石榴籽的模样。这是跨越山海的团圆，更是文明交融的盛典。当东海浪花亲吻哈萨克族少年的马靴，当维吾尔族姑娘手中的年糕被赋予团圆的情意，中华民族共同体意识，正以最柔软的姿势融入新春的肌理。

——宁波大学

师道年轮里的五洲春

四百双手揉捏的不只是面团，更是对未来的期许与梦想。留学生的饺子褶里藏着跨文化的教育密码，他们将家乡的味道包进馅料，也将对中华文化的理解融入指尖。当游园会的灯笼照亮五大洲的面庞，这时的年夜饭早已熬成一锅文明交融的浓汤。那些在年货节挑选毛笔的异国学子，或许正在触摸《论语》的温度——他们用双手传递的不只是年味，更是文化交融的温暖与力量。

——浙江师范大学

白袍未染先着红

校园里弥漫的不只是书香，还有医者初心的温度。学生们执起相机的手，即将托起守护生命的重任；为居民定格的笑靥，预演着未来诊室里的温暖与关怀。当社区全家福遇上医学誓言，这个春节的温度，比任何教科书都更贴近生命的脉动，那些尚未别上的医学生胸牌，已浸透守护生命的滚烫。这一刻，青春与仁心交织，让春节的团圆成为医者初心的生动注脚，将温暖与责任写进年轻的篇章。

——温州医科大学

百草熬煮的中国结

千年岐黄的智慧回响在年味中悄然流淌，留学生们剪出的窗花里，阴阳鱼游动成吉祥的图腾；舞狮跃动的轨迹，暗合着传统养生的气韵。当养生茶汤泛起立春的涟漪，中医药文化正以年轻的方式续写传承。古筝弦震颤的《春节序曲》，与《黄帝内经》的千年脉动交织成独特的年味。针灸铜人仿佛也在对联前微笑，见证传统与现代的世纪对话。2024年春节，百草香气与青春活力交融，古老的中医药文化在新时代焕发出勃勃生机。

——浙江中医药大学

浙江中医药大学留校师生迎新春年夜饭联欢会

暮色中的校园，灯笼串成不熄的星河。实验室的数据、画了一半的图纸、未完成的论文，此刻都化作守岁的烛火。当零点钟声惊起图书馆顶的宿鸟，那些被知识浸润的年味，终将酿成照亮学术长路的星光。这个春节，浙江高校用人文温度融化知识的坚冰，让龙纹年韵在青春血脉中永恒奔涌——毕竟教育的终极浪漫，便是将每个寻常日子，都过成文明传承的盛典。

忙！忙！忙！辅导员寒假生活大揭秘

　　辅导员的二十四节气里，永远有温暖的螺旋在旋转，一端系着千里之外的平安符，一端连着校园的梧桐树。这或许就是属于他们的冬日辩证法：在守护与陪伴的天平上，永远悬着名为责任的温柔砝码。用二十四小时在线串联起天南海北的坐标，以深夜台灯下的自我提升浇筑成长根系，让万家灯火中每一盏温暖的守望都不落空。

　　校园的梧桐枝丫覆上薄霜，辅导员叩响门扉的笃笃声，为留校学子的冬日注入了融融暖意。当印着校徽的福袋悄然落入掌心，当宿管阿姨的保温箱里姜茶微沸，当深夜实验室的灯光被轻轻调亮，那些未曾宣之于口的牵挂，都化作窗棂上消融的冰花，折射出星子般的微光。这场双向奔赴的温暖，让异乡的寒冬终成春天的序章。

——浙江大学竺可桢学院辅导员　段玮茵

　　闭馆铃余音未散，怀中的朱漆礼盒已蓄满暖意——这是独属寒假的通关密语。每叩开一扇门，七种语言的"新年快乐"在星月挂饰与剪纸蛟龙间流转。走廊尽头，备用钥匙串在管理员口袋叮咚作响，从电子邮箱里的三十封未读家书，到保温箱中青花瓷盘盛着的三鲜水饺——只需推开一扇挂着中国结的门。

——宁波诺丁汉大学理工学院辅导员　叶晨

　　深夜的屏幕荧光里，键盘敲击声织就一张温柔的网。竞赛组的云端文档爬满批注，求职群的共享表格跳动着不同色块的简历诊脉，文献综述的思维导图像藤蔓在聊天窗口疯长——每个闪烁的光标后，都藏着一盏为青春导航的灯。保温杯里的咖啡渣已积了半寸厚，而电脑文档中的《寒假成长计划表》仍在生长。当某个雪夜，朋友圈亮起"实验成功"的九宫格时，守夜人终于允许自己沉入短暂的梦乡。

——浙江工业大学食品科学与工程学院辅导员　王璇

　　老茶壶蒸腾的雾气里，实习日志的折页正被轻轻抚平。家长从铁皮盒取出珍藏的照片：急诊室第一次独立值夜班的侧影，社区义诊时攥出褶皱的听诊器，藏在白大褂里未送出的感谢信，还有辅导员带来的考研复试指南，在陈皮普洱的涟漪中悄然重叠。原来最动人的教育叙事，是让两代人的期盼在某个冬夜，共同听见春笋破土的轻响。

——浙江中医药大学第一临床医学院辅导员　朱海蔚

浙江工业大学食品科学与工程
学院辅导员王璇与学生在一起

晨光刺破云层的刹那，图书馆的橡木长桌已落下三枚坐标：保温杯蒸腾的拿铁云雾，笔尖与纸页摩挲的沙沙声，还有被荧光笔吻醒的《存在与时间》。霜花在窗玻璃上结晶成思维导图，冻僵的指尖划过海德格尔的深潭，突然在某段批注旁绽出绿芽——原来真正的寒假时令，藏在哲学辞典的时态裂缝里。闭馆音乐响起的瞬间，忽然读懂了福柯未尽的隐喻：求知者的冬天，本就是一场蓄谋已久的春日暴动。

——浙江师范大学辅导员　张峻峰

深夜的线上会议室仍漂浮着思维导图的残骸，三十七份思政案例正在经历学术淬火——将00后网络热梗锻造成《红色剧本杀案例库》，把乡村振兴见闻熔铸成《行走的思政课地图集》。跨校协作文档的版本号突破2.0时，教育田野里突然裂开新种，当冰层下的科研暗流与育人篝火激烈碰撞，竟在某个黎明前裂变出照亮教育深海的荧光潮汐。

——嘉兴大学材料与纺织工程学院党委副书记　凡欣

当羽绒服裹着江南水汽撞进零下30℃的结界，"南方小土豆"终于学会用睫毛收割冰晶——中央大街的石砖吞咽着糯叽叽的惊叹，松花江的冻土托起雪橇犬的莽撞出场，铁锅炖蒸腾的方言中，冻梨的甜涩与酸菜白肉达成味觉和解。直到某夜抬头撞见漠河极光，才惊觉那些被严寒封印的赤诚，早化作背包里松针味的星空标本，等待在江南梅雨季里长出新的年轮。

——宁波大学辅导员　杨晨曦、范紫婴等

当车辙开始丈量山海经里的归途，变速器跳动的齿比正翻译着季风密码。在江河的絮语与林海的呼吸间，将疲惫交付给呼啸而过的风。这场奔赴不仅是地理坐标的迁徙，更是一次心灵的朝圣。山海为幕，天地作笺，那些关于教育理想的灼灼星光，关于育人艺术的未解命题，都在起伏的胎痕与流转的光影中，熔铸成更坚韧的职业信念，凝练为更清晰的前行轨迹。

——温州职业技术学院智能制造学院辅导员　陈和翔

这些散落在之江大地的教育剪影，终将汇聚成早春的第一股暖流。当辅导员办公室的门把手上再次落满晨露，那些在冬日积蓄的力量，正等待着在新学期破土而出。你看，钱塘潮信从未失信，育人之约永远守候在下一个涨潮时刻。

"浙群"辅导员向"锋"而行

当三月的春风撞响晨钟，"浙群"辅导员们正以步履丈量奉献的经纬。那些镌刻在课桌边的谆谆絮语、凝结在助学岗上的温热掌纹，正化作漫山遍野的映山红，将赤诚的密码写入青春血脉。在这个被雷锋精神点亮的春天，每句轻声叩问都在续写新的寓言，裹挟着晨露与星光，让精神长河奔涌向未来的海。

笔锋染就雷锋色　时光共绘美育卷

当美育与志愿相遇，中国美术学院的师生们以丹青为舟楫，在"美美讲堂"志愿集市中解码奉献基因。执起艺术疗愈工作坊的画笔，既能定格专属志愿笑脸的胶片诗行，亦可触摸雷锋主题文创的温度年轮；铺开十米素宣，与同道共绘精神图腾的长卷，让集体创作的笔触碰撞出星火燎原的暖意。这里每支颜料管都封印着美育的魔法——拓印藏书票镌刻时光经纬，蓝晒工艺凝固春日私语，非遗缠花诉说匠心传承。在这场流动的美育万花筒里，艺术不再是孤高的缪斯，而是扎根泥土的蒲公英，将美的启蒙与善的觉醒播撒成漫山遍野的春天。

——中国美术学院

代码里的精神方程式

当春风翻开雷锋日记的新章，杭州电子科技大学"雷锋兵站"的青年们正以青山为课堂丈量奉献的轨迹。理学院学子踏访金华雷锋文化馆的时光褶皱，将红色基因熔铸成生态保护的现代注脚——社区讲堂里，理论星火点燃童稚眼眸；街巷阡陌间，调研步履编织文明经纬。他们在废弃电池回收站破解环保密码，让公益课堂的种子在童心里萌发成林。当无人机掠过三江六岸，测绘的不仅是青山碳汇图谱，更是用青春热忱重写的雷锋方程式。

——杭州电子科技大学

车辙里的文明刻度

公寓区的晨光里，生活导师穿行在充电桩与楼道转角，将规范停车的叮咛化作春风化雨的实践课——俯身摆正的车轮在水泥地面刻下秩序年轮，指尖点触的安全警示在公告栏晕染成水墨图谱，那些被耐心抚平的违停褶皱间，青年们正读懂责任的注脚。当安全理念在谈笑间抽枝展叶，这场关于文明的温柔注解正在证明：最动人的志愿风景，往往诞生在车轮与晨读声交织的平凡日常里。

——中国计量大学

医道仁心照见人间温度

在听诊器与心跳共振的纬度，温州医科大学的青年们正用医疗公益解码生命的莫尔斯密码。他们搭建的生命动脉里，流动着"生命相'髓'"的造血密码、"搏时急救"的黄金律动——特殊奥林匹克赛场上的微笑处方治愈社交焦虑，孤独症家庭的赋能指南重写命运脚本。从乡村卫生室的血压计到城市献血屋的采血管，每个医疗符号都在编织更辽阔的救赎。当红十字与橄榄枝在公益长卷上相逢，这场关于生命的双向奔赴让医疗公益的星轨永远指向心跳未歇的远方。

——温州医科大学

无痕志愿书写生态诗行

六载春秋编织的生态锦缎上，浙江外国语学院的师生用脚印代替斧凿，将雷锋精神译作山林的密语。自 2018 年起始的"无痕山林"行动册页里，每片落叶都是待破译的绿色密码——登山杖点落的不是足迹，而是水土保持的隐喻；环保袋盛装的不止有垃圾，更是松针与鸟鸣的平仄。当志愿红马甲化作山林的语法校对员，多语种导览牌已在雾霭中亮起温柔的破折号，将人类絮语引向年轮深处，那里正生长着青山与青春的和解方程式。

——浙江外国语学院

水工笔触唤醒运河基因

测深杆轻叩南浔段的水纹，浙江水利水电学院的师生们正以专业仪器为笔，续写大运河的当代注脚。辅导员阎蕾带领的志愿队伍里，测绘仪在驳岸间勾勒水文图谱，吟诵声漫过石拱桥的力学弧度。他们用淤泥采样器解码漕运古碑的密语，让无人机航拍轨迹与清代纤痕重叠成双螺旋；当青蒿丛中的年轻身影与漕碑倒影在波光中叠合，测绘图纸上的等高线正悄然生长——每道涟漪都是水文站写给未来的密码，每粒沉沙都在续写未完结的治水史诗。

——浙江水利水电学院

潮声里的青春和鸣

　　春风掀动雷锋日记的扉页，浙江交通职业技术学院追"锋"诗行正落笔成章。辅导员们引航的三重浪涌里，杭州雷锋纪念馆的老物件在玻璃展柜苏醒，搪瓷杯的茶渍正为年轻瞳孔放映往昔的赤诚年代，主题团日的烛火间，那些关于奉献的微宣讲是萤火撞碎心湖的涟漪。此刻，有人用指纹临摹五十年前的螺丝钉锈迹，有人在志愿承诺墙栽下电子木棉。暮色漫过实训车间的窗棂，那些扶起单车的俯身、照亮夜路的光束，都在为时代罗盘校准方向，等待青春续写新的段落。

——浙江交通职业技术学院

　　从丹青流淌的廊檐到代码跃动的云端，从松针低语的山脊到听诊器震颤的胸膛，无数双手正以笔锋犁开冻土，让星火叩响沉睡的岩层。当万千星火汇聚成奔涌向前的精神长河，这场关于信仰与担当的春风叙事，正为时代答卷烙下最鲜亮的青春钤印。

慕了！大学里的"百变"职业

机床轰鸣刺破黎明，实验数据在晨雾中苏醒，粉笔灰与电焊花共舞——这不是平行时空的蒙太奇，而是象牙塔里的青春躬身写下的劳动叙事诗。当年轻的手掌抚过流水线的震颤，当学术公式化作田垄间的躬行，知识便有了泥土的温度。千万双手托起旋转的世界，而青春在汗水中锻打出金属的质地，于每个平凡的褶皱里，绽放出时代的光。

小帮厨

白褂与厨师帽在蒸汽中相遇，年轻的指节揉进面团绵密的呼吸，油锅翻涌的金色浪花溅湿了工学徽章——浙江工业大学的学子正以掌心的温度破解后勤密码，穿梭于蒸汽缭绕的后厨腹地。当学术思维与发酵面粉的古老智慧碰撞，那些被葱花点缀的清晨与沾满面粉的黄昏，终将成为青春年轮里发光的盐粒，而劳动正以最朴素的形态，在年轻生命的褶皱中析出结晶。

——浙江工业大学

捕鱼达人

当晨曦穿透薄雾，初阳湖泛起粼粼波光。浙江师范大学的学子化身渔者，以竹篙为笔，在镜面般的水域挥毫泼墨。撒网、收网、捞鱼、称鱼一气呵成，鳙鱼摆尾溅起银珠，白鲢跃入竹筐画出弧线。食堂后厨的铁锅翻腾间，蒸炸煎煮奏成舌尖的圆舞曲。年轻的手掌抚过渔网的纹路，在指腹烙下与土地对话的印记，这堂没有黑板的劳动课正将青春与大地缝合成发光的鳞片。

——浙江师范大学

园艺师

当春阳染红杜鹃，浙江理工大学的学子以锄为笔，在校园褶皱处书写花语。指尖抚过泥土的肌理，丈量根系与土地的距离，从苗圃里打捞沉睡的嫣红，让枝丫驮着春光迁徙。他们将图纸上的线条化作大地的经纬，以砾石做骨，以花叶为韵，在砖石缝隙间绣出斑斓的织锦。当树叶间的绿意在混凝土森林破土，绽放的不止花卉，更是知行合一的年轮。泥土与青春对话间，实验室数据在汗水中生根，五点星火随颤动的花瓣点亮春的纹路。

——浙江理工大学

大鹅饲养员

浙江财经大学的学子化身"大鹅饲养员"，将劳动教育织入羽翼之下。于晨光中俯身配制饲料，在暮色里巡护泥塘，从梳羽饲喂到测量喙掌温度，年轻手掌托起的不只是禽鸟，更是生态课堂鲜活的注脚。当鹅群昂首划过水面，涟漪荡开的不仅是春草香，还有对自然契约的领悟——躬身劳作的汗珠坠入泥土，浇灌出和谐共生的青藤，让象牙塔的砖石浸透生灵的温度。

——浙江财经大学

电焊师

温州大学电气工程专业的学子执起焊枪作秀笔，在雪弗板上刺出星芒。锡丝熔作银露，烙铁尖游走如篆刻，将"廉在我心"烙成电路图的心跳。焊点凝结为誓言，铜线编织成光的脉络。四百次精准焊接后，电流唤醒灯板，光斑如星河倾泻。飞溅的火星映亮年轻的眉睫，烙铁的灼热里沉淀工艺尊严——这堂用焊锡书写的劳动课，让代码与汗水共振，使专业信仰在闪烁的 LED 屏中淬炼成钢。

——温州大学

桑蚕养殖师

蚕匾盛满月光，湖州师范学院的学子正在青桑脉络里触摸千年蚕语。少年们以温湿度计为星盘，守护从蚁蚕到银茧的生命史诗。头眠二眠的时光抽丝剥茧，采撷带露的碧玉桑叶，当春蚕攀缘蔟枝吐露银丝，竹匾盛满的不止莹白茧，更沉淀着千年丝路密码——古籍里的缫丝声，此刻在年轻掌纹里复现。实验室的荧光中，蚕茧化作透亮的图腾，让文化不再是泛黄书页里的标本，而是萦绕在指尖生生不息的温度。

——湖州师范学院

种薯农夫

褪去白袍执起锄头，杭州医学院的师生在"百草园"翻垦健康密码。将食堂余香酿成生态秘方，以酵素浇灌薯苗，看实验室数据在垄沟间抽穗。用指尖丈量株距如同把脉，泥土中正孕育着药食同源的奥义——当紫薯撑破泥土，晨曦里师生弯腰收割的不只是橙红的块茎，更是预防医学的鲜活注脚。汗水滴落处，酵素甘薯裹挟着理论落地生根的脆响，在白衣天使的微笑里长出大地的年轮。

——杭州医学院

插秧农民

谷雨浸润后的寀卢水田漾着铜镜般的光，浙江广厦建设职业技术大学的学子褪去鞋袜，躬身如笔，以指尖丈量株距行距，将翠色秧苗刺入春泥，每列青禾都是写给大地的五线谱。白鹭掠过时，少年们用审计思维解析稻田的平仄，借工程视角丈量阡陌的经纬，汗珠坠入水面，漾开的不只是涟漪，更有"寀卢经验"的智慧年轮。当现代专业嫁接传统农事，插秧便成了振兴乡村的密码，未来沉甸甸的稻穗里，将结出项目管理与"三农"发展的共生哲学。

——浙江广厦建设职业技术大学

浙江高校劳动教育剪影

咖啡师

浙江旅游职业学院的师生以咖啡勺为指挥棒，在五月奏出了香醇交响乐。咖啡豆在烘焙机中旋舞，香气破壳而出，研磨声似前奏轻吟。拉花钢杯倾斜成45度角，奶泡与浓缩咖啡跳起探戈，每杯都是味蕾的地理课，泡沫在瓷杯中漾开经纬。品鉴台上，虹吸壶蒸腾着劳动美学的云雾，当焦糖香漫过鼻尖，那些称量克数的严谨、控制水温的执念，都化作青年匠人递给世界的风味手札。

——浙江旅游职业学院

当知识褪去纸页的苍白，在汗水中淬炼出金属的质感；当公式跃出课本，在泥土里长成沉甸甸的稻穗，象牙塔里的青春便有了更辽阔的坐标系。那些沾满机油、面粉与青草汁的掌纹，正编织着新时代的劳动叙事诗——在机床震颤的节拍里，在蚕匾层叠的银丝间，在焊枪迸溅的星火中，千万种劳动形态绽放出同一种光芒：那是知行合一的觉醒，是专业信仰的落地生根，更是"Z世代"用躬身姿态写给未来的铿锵诗行。

令人心动的 offer！辅导员带你驰骋职场

盛夏蝉鸣融入了毕业倒计时，简历不是苍白履历的陈列馆，而是叩开梦想的烫金请柬。当"浙群"辅导员手握星火：用数据重构成长故事，以细节点亮个人闪光点，同质化模板将褪去锋芒，让独特的叙事在 offer 雨中闪闪发亮。

智慧空间：当科技赋能求职之路

浙江工业大学的"职业生涯成长驿站 2.0"修炼数字时代的炼金术：在"代码熔炉"中，AI 面试官化作智能棱镜，将青涩的字节折射成职业光谱。从简历雕琢到场景实战，从智能诊断到真人特训，云端生成的不仅是面试评分，更是通向未来职场的星际坐标图。职场竞争力，就从这里开始指数级裂变！

——浙江工业大学

表达美学：面试特训的破茧之道

浙江理工大学以对话为刻刀，在求职教育的璞玉上雕琢人文之光——从破冰话术到博弈策略，从即兴问答到压力测试，导师团以行业密码为弦，调校出独属于每个人的应答韵律，用淬炼过的思想棱镜折射理想光谱，让面试这场双向奔赴的成长仪式，最终成为通向星辰大海的辽阔叙事。

——浙江理工大学

衣冠礼遇：细节铸就职场首印象

当青涩的棱角遇见"杭电爱心战袍"，杭州电子科技大学的学子在剪裁中舒展为鎏金锋芒。职美生涯工作室用笔挺的西服构建起温暖的结界，智能租借为每个奔赴职场的他／她亮起绿灯。这不是简单的衣物传递，而是用一针一线编织的无形铠甲让困窘的叹息褪去。昂首推开门的那刻，西装衬里涌动的不仅是杭电的校徽纹路，更是破茧者与未来缔约的星轨密钥。

——杭州电子科技大学

场景革命：全真模拟的沉浸体验

中国计量大学将求职试炼场化作成长的舞台——无领导小组面试的思维涟漪激荡成决策风暴，与职场 HR 博弈的沙漏打磨出自我的棱角。当晨光掠过沙盘推演的轨迹，那些在模拟面试中淬炼过的目光，终将刺破求职迷雾，以精准的姿态，在职业疆域刻下独属青春的等高线，让面试这场成长的淬火，成为扬帆时第一缕鼓满理想的信风。

——中国计量大学

云端赋能：解码新媒体时代的职场基因

当温医大带岗主播的指尖在直播间划出信息银河，当用人单位的岗位说明被翻译成青春能读懂的诗行，这不是单向的信息传递，而是用数字光缆编织的认知桥梁，那些曾执柳叶刀的手，正在弹幕雨中寻找职业航标。连手术室窗外的玉兰都懂得——每场云端对话都是让白大褂与梦想在春风里精准邂逅的育苗场。

——温州医科大学

寰宇之桥：跨文化交际能力锻造

浙江财经大学为求职者搭建了一座会呼吸的语言剧场。这里没有枯燥的语法牢笼，只有由专任教师、校友 HR、留学生组成的坚实团队，他们化作发音雕刻师，在环绕声场中打磨每个元音的棱角，校准跨语境对话的微光。当第七次推开那扇玻璃门，曾卡在喉间的犹豫已淬炼成随语言韵律自然舒展的第二肌肤——让每个年轻的身影，有勇气去叩响世界的原声门铃。

——浙江财经大学

双向奔赴：校企协同的精准匹配

杭州医学院为求职季铺就了双向奔赴的栈道。企业需求化作导航灯，毕业生简历如萤火汇聚，在"校企直通车"的玻璃穹顶下精准辉映。访企专列载着"白大褂"穿梭于生物实验室与医疗产业园之间，学生感受制药车间的呼吸频率，耳畔收录 HR 讲述的岗位生长年轮。这里没有海投的茫然，只有双向校准的星光。

——杭州医学院

成长陪伴：职业生涯的终身导航

湖州师范学院在象牙塔外种下一片"职伴森林"——十一位辅导员驻守"职路港湾"，用十年经验沉淀的星图沙盘，为每个迷茫坐标标注航向。团体辅导是解忧茶馆，焦虑在碧螺春茶叶的舒展中析出勇气结晶；个体咨询室化身精神工坊，将实习经历凝成适配个性的年轮密码。那些被"职伴"丝线串联的成长刻度，已在江南烟雨里舒展为成长备忘录。

——湖州师范学院

从 AI 实验室到文化咨询室，从云端直播间到企业生产线，"浙群"辅导员们用智慧与情怀编织成经纬纵横的成长网络，托举起了无数青年的职场梦想。当青春与机遇相遇，当准备与时机碰撞，那些令人心动的 offer，终将化作人生新篇的精彩注脚。

独家记忆："浙群"毕业生的青春表白

六月的阳光在北回归线淬火，论文扉页的墨痕在风中舒展成候鸟的尾羽，学士帽抛出的弧线割开云层，漏下实验室未眠的星屑与阶梯教室的晨霜。我们站在时间的驿站，将长椅泅开的树影、窗棂沉淀的月光，折叠成永不褪色的拓片。此去山河表里，那些未拆封的雨季与晨曦，终会在新世界的褶皱里，生长成青铜色的年轮。

求是星辰刻新章

骊歌未歇，启真湖畔的晨光中，2023届学子身负"海纳江河"的基因启航。时任校长杜江峰以三重火炬照亮前路：以自强穿透迷雾，以辩证破译危局，以终身精进攀登不息。求是鹰振翅时，有人以实验室的星轨解码生命密钥，有人以丝路风沙编织山河经纬，这并非离别，而是浙大人带着光年之外的星光，以终身学习的姿态，在人类文明的坐标轴上镌刻新的刻度。

——浙江大学

以美为刃，破界而生

金穗垂肩的呼号声中，"为艺术战"化作觉醒的刻痕。毕业生代表陈添在社会美育中领悟：艺术须扎根生活沃土，让人文关怀抽枝散叶。时任院长高世名掷地有声："不做画框里的艺术家，要做开物成务的践行者。"当数字乐章奏响多维时空，当绣穗化作丈量世界的标尺，艺术之战便不仅是笔墨纵横，更是以美的锋芒劈开现实壁垒，在人间烟火中重构美的维度。

——中国美术学院

淬火青春正当时

当二十一名退伍学子列成阵列，迷彩烙印的不仅是军旅荣光，更淬炼出知行合一的骨骼。校长蔡荣根赠予破局密钥："常念'一二'方得从容，须知天大事皆成昨日尘。"这群宁大人以四枚青春勋章作为大学生活的落款——实验室里的筑梦者，乡村振兴路上的践行者，深夜图书馆的乐学者，运动场上的跃动者。且看他们将军魂熔铸为时代锋芒，在热辣滚烫的人间正道上，踏出繁花与星斗同辉的征途。

——宁波大学

毫厘匠心量星河

当《绽放青春》的旋律漫过图书馆台阶，四载光阴已沉淀为掌心的温度。校党委书记徐江荣点燃信念的火种："莫让抱怨浇熄心灯，积极才是破晓的晨光。"这群赤子深谙：卓越从不在云端，而在实验室深夜未熄的灯火里，在食堂阿姨递来"前程似锦"餐盒的笑纹中。此去山高水长，且以平凡岁月为薪柴，以毫厘匠心丈量星河。

——中国计量大学

中国计量大学毕业典礼现场

光影织梦，无畏远征

从《摘星少年》到《绘梦少年》，时光将稚气淬成星光。他们在虚拟宇宙点燃火箭，用霓虹布料裁切未来，青春与科技共舞成诗。校党委书记韦国潭寄语："以奋进为墨，在时代长卷书写青年担当。"这群传媒人始终相信：镜头不仅记录奇幻，更应捕捉市井温度；声波不止传递故事，更要叩击心灵回响。当毕业钟声漫过梧桐，所有未抵达的远方，已在少年奔跑的掌心悄然生长。

——浙江传媒学院

十年成木，年轮有歌

当种子卡载着十年之约沉入时光胶囊，雷姗杉老师的赠礼便有了生命的印记，毕业生徐金辉以油画凝固青春脉络，将《树人群像》镌刻为校史年轮。校长李鲁细数年轮密码——向下扎根的静默，向上生长的韧性，向外舒展的年轮，向内沉淀的密语。这群被春风吻过的种子，终会在某个清晨破土，以枝丫为弦，弹奏出与归燕共鸣的生命赋格。

——浙江树人学院

浙江树人学院毕业典礼现场

根系深扎处，灯火有回响

快门定格的笑颜里，《梦》的尾韵仍在走廊生长。数字档案"我们这四年"封存了实验室星屑与梧桐絮语的对话。时任校党委书记洪庆华在最后一课埋下三粒火种：以人民立场为锚，以客观视角为镜，以终身学习为拓荒镐。当毕业生携带记忆远行，终会读懂幸福真谛如年轮般静默沉淀，在某个春夜，让所有被岁月浸润的根系，都绽放成他人窗前的灯火。

——浙大城市学院

迷彩淬火铸旗魂

当退役与毕业相遇，信仰已熔铸为生命的经纬。国旗护卫队接过赤色火炬，掌纹与旗面褶皱共振出同一频率。校长李贤政点亮三重灯塔：以初心为锚，以乐观为帆，以知行合一的罗盘破浪。此刻，毕业生与护旗新苗在国歌声中完成精神接驳，当晨光再次漫过旗杆，所有脚印都将成为大地上的金线，绣出属于奋斗者的图卷。

——浙江商业职业技术学院

有人将回忆折成纸船放逐长河，有人把笑泪叠成手写信的折痕。不必追逐月光，我们曾用路灯在柏油路上写过银河；无须预设远方，青春本就是一场野生的拓荒。当所有故事在时光的褶皱里沉淀，那些共享过的晨昏终将凝成琥珀，而四年前初遇的蝉鸣，永远是标记初心的坐标原点。

盛夏田野方程式，看见青春最美的样子

蝉鸣撕开暑气的帷幕，行囊里塞满赤诚与好奇，"浙群"青年走向沸腾的乡野。田垄是青春的坐标轴，汗水在调研笔记上洇出墨痕，镜头定格晒谷场飞扬的草帽，指尖丈量青瓷裂纹里的千年月光。当书本理论撞进泥土的褶皱，当科技代码爬上百年古树，这场属于夏日的田野实验正在求解——青春该以怎样的函数，在社会实践的坐标系里画出最优弧线。

廿四载车轮与脚印：50 元拓印的生存算法

50 元，15 天，北上的列车载着少年奔向未知。他们在夜市路灯下支起二手书摊，用吉他弹唱换一顿晚餐；在人才市场躬身递简历，把尊严磨成生存的韧劲。当最后一枚硬币换成返程车票时，背包里已装满比金钱更珍贵的故事。那些汗湿的 T 恤上，拓印着城市最真实的纹理。

——浙江师范大学"生存实践团"

乡间艺术的解构之旅

废弃陶窑的裂缝里开出壁画，旧渔网被编织成星空装置。学生们举着颜料盘穿行于古村，把祠堂飞檐的弧度拓印成文创丝巾，用无人机感受青石巷的呼吸节拍。当游客循着扎染路标找到倡隆村时，晒谷场上的现代舞正与晒秋竹匾共舞——艺术像春雨，悄悄渗进每条砖缝，唤醒了沉睡的村庄记忆。

——宁波大学"艺韵·乡潮'甬'动"小分队

青春代码里的茶香新韵

在湖州百年茶馆的斑驳木桌旁，青年们用咖啡拉花般的细腻，将桑基鱼塘的农耕密码融进新式茶饮。老茶客的紫砂壶与电子测温仪同台对谈，返乡日志化作数据流汇入云端。他们用青春版快闪店架起时光桥——当第一缕茶香钻进 3D 打印的茶具时，千年农耕智慧终于触到了未来的指尖。

——浙江理工大学"引力密码"实践团

浙江理工大学"引力密码"实践团

红旅药香织就乡村振兴经纬

孩子们踮脚嗅着晒药场的甘苦，把桂枝扎成星星，将党参埋进陶罐。青年们教老人用艾草驱寒，却在纪念馆听见更滚烫的故事：游击队员用鱼腥草止血，炊事班拿甘草当糖。当药香漫过纪念碑的裂痕，那些躺在《本草纲目》里的字符，忽然在红土地上有了体温。

——浙江中医药大学"追光计划"实践团

打破黑暗　听见声音

指尖划过屏幕，盲人女孩的睫毛忽然颤动——电影里的海浪正通过声音漫过她的掌心。青年们把台词化作触觉密码，教老人用电子琴键"摸"出彩虹。当皮影戏的背景音乐第一次穿透黑暗，那些被折叠在角落的生命，终于被青春的温暖舒展成星光。

——浙江传媒学院"基层服务实践团"

数字绣笔绘活苗史

当黔东南的雾霭浸润绣针，当绣娘的丝线绕过枫香染的二十四道蓝，青年们在苗绣的星图中穿行：银丝化作电子绘笔的轨迹，迁徙传说变成动画在屏幕上流淌。从深山到橱窗，从竹楼到展馆，"非遗"不再是凝固的史诗。苗绣不再困于深山衣襟，它正乘着东西部协作的翅膀，在都市里讲述新的图腾故事。

——浙江树人学院"西苗东秀"实践团

五色花语浇灌成长星群

孩子们围成圈，把"隐私部位"贴纸郑重贴在玩偶衫上，志愿者举起绘本解开"我从哪里来"的谜题，让懵懂的提问化作自信的宣言。当小女孩举起自绘的"身体亮红灯"时，性教育不再是锁在抽屉里的秘密，而是成长路上最明亮的铠甲。

——衢州学院"五色花"志愿服务团

古法新味：青创力量激活"鲜"经济

青年们在豆腐坊里当学徒，把清水鱼炖成诗。青年们钻进后厨记录老师傅的抖锅弧线，又将分子料理技法偷偷揉进糍粑。当开化酱鸭遇上直播镜头，当廿八都铜锣糕"穿"上文创礼盒，深山里的炊烟终于飘向都市餐桌——美食振兴的密码，藏在祖孙三代共舀的那勺辣椒酱里。

——浙江旅游职业学院"助力山区共富"开化分队

青蓝接力：千年龙窑的共富叙事

指尖抚过龙泉青瓷的冰裂纹，青年们在博物馆库房解码"雨过天青"的釉色秘密。他们记录下老师傅拉坯时手腕的弧度，也调研起直播间里青瓷茶杯的点击量。当千年窑火映亮电商数据屏，那些曾锁在展柜里的瓷器，正化作乡村振兴的青色脉搏。

——浙江金融职业学院"一抹天青话共富"实践团

当青年河长遇见数字化治水

古运河的晨雾里，采样瓶在指间摇晃，刻度线丈量着年轮沉淀的盐霜。无人机掠过石拱桥，老船工指着波纹说："这水见过隋唐的粮船。"当检测数据与捣衣声重叠，青年们把水质报告折成纸船，放流时，每艘船都载着两千年的月光，驶向柳枝轻点的碧波深处。

——浙江同济科技职业学院"逐水而行"团队

当最后一缕暑气散入星河，田埂间的方程式已解出答案。麦穗低垂处，藏着青年用脚步丈量的土地密码；萤火明灭间，跃动着科技与乡愁碰撞的微光。这场盛夏的奔赴没有终点，所有在泥土里扎根的思考，终将长成托举乡村明天的年轮。

沉浸式军训　与青春撞个满怀

晨光穿透薄雾，露珠在迷彩服上折射出细碎光芒。雨后的操场上，墨绿色的身影跃动其间，在夏日的尾声构筑成流动的风景线——2023级的同学们正在用汗水和坚持丈量成长之路，将大学第一课刻进青春的肌理。当口号声撞碎晨露，年轻的眼眸里浮动着破茧的微光。

画笔与迷彩共舞

迷彩服下的身影，既是战士，也是艺术家。站军姿时捕捉光影变幻，战术训练后速写本上跃动着刚劲的线条。当夕阳为操场镀上金边，有人将军姿剪影化作水墨意境，有人将迷彩纹样拓印在油画布上——每一次落笔，都是对青春的深情告白；每一抹色彩皆为成长的注脚。在这里，军训成为一幅流动的艺术画卷，青春的色彩在画布上肆意绽放。

——中国美术学院

中国美术学院学生绘画的军训现场

晨光里的成长

当晨光在浙江师范大学的操场上织就金线，数千个年轻的身影已踏碎草尖银霜，军靴与大地碰撞的声响里沉淀着未来粉笔触击黑板的韵律。帽檐下闪烁的不仅是汗珠，更是师者眼底应有的坚毅。这场迷彩与青春的和鸣，将纪律铸成教鞭，把坚韧揉作师魂，当暮色漫过观礼台，迷彩服褶皱里蛰伏的已不仅是星辰，更有未来教室里即将绽放的三千桃李。

——浙江师范大学

赤心向党　步履铿锵

绿茵场上激荡的青春誓言与建党日的时代强音同频共振。为献礼中国共产党 103 周年华诞，同学们将军训场转化为赤诚课堂——踏响正步丈量信仰的深度，昂首摆臂勾勒理想的弧度，浸透迷彩服的汗水折射着青春光谱。当"听党指挥"的呐喊穿透云霄，挺拔的军姿化作无声宣言，年轻脸庞上滚落的不仅是汗水，更是炽热的忠诚。我心向党，挺膺担当，这是他们的誓言，也是他们的行动。

——浙江工商大学

毫米之间的青春

在中国计量大学，迷彩服是丈量成长之路的标尺，下颌微收的弧度调整着青春的轨迹，指尖紧贴裤缝的力度藏着对极致的追求。当方阵踏过操场，扬起的尘雾在阳光下化作跃动的量尺，细数汗珠里沉淀的倔强与执着。毫米在此刻并非枷锁，而是丈量蜕变之路的刻度，当青春与毫厘较劲，中国精度的脊梁正破土新生。

——中国计量大学

迷彩织就的仁心经纬

烈日把年轻的身影烙在滚烫的操场，绷得笔直的后背藏着未来穿白大褂的挺拔，正步砸地的闷响是丈量成长之路的鼓点，像时光在雕刻医者的韧劲。汗珠顺着晒红的脖颈滚落，在迷彩服上渍出盐霜的年轮，一圈圈标记着从稚气到坚毅的蜕变。当晚风掀起汗湿的衣角，那些晒脱皮的肩膀正把"大医精诚"四个字，一针一线绣进青春的底色。

——浙江中医药大学

淬锋为光　师心初绽

迷彩褶皱拓印着师者最初的刻度——十四个昼夜的淬炼里，每滴汗水都在浇筑师者风范，每次摆臂都在校准育人航向。烈日下的坚持将青涩熔铸成韧性的标尺，定格的目光丈量着未来讲台的尺度，掌心渗出的汗珠折射出师者独有的温润微芒。待铿锵号角惊飞白鹭，那些被汗水反复校准的脊梁弧度，终将把青春的锋芒打磨成教室窗前那束温润的光。

——杭州师范大学

生命守护者的迷彩宣言

当暮色浸染操场时，迷彩斑驳与白大褂的素净悄然交融，正步踏出的节奏与心跳同频，军姿铸就的轨迹丈量着守护生命的垂直度。沙场扬尘与星夜露水交替晕染，将铿锵步履谱成仁心启航的前奏。这场迷彩与白袍的碰撞，早已将医者仁心刻进青春的脉络，如同暮色里渐次亮起的灯火，终将变成生命的守望。

——杭州医学院

汗水折射着星芒，呐喊震颤云翳。当迷彩纹路在坚守里洇成水墨，当军靴踏步声化作时光的鼓点，军训的淬炼已悄然将青涩熔铸成钢。此刻的操场是流动的史诗，盐霜镌刻的年轮、绷直的脊梁、摆臂掀起的风，都在诉说着生命拔节的脆响。那些与青春撞个满怀的年轻灵魂，正带着淬火成钢的锋芒，将此刻的星光别在衣襟，奔赴永不停歇的黎明。

"暑"你贴心　关爱无限

七月流火漫过红砖教学楼，蝉鸣织就金箔般的暑色。当柏油路蒸腾起热浪，实验室、图书馆与宿舍楼里，始终跃动着"浙群"辅导员的身影。他们带着解暑凉茶敲开自习室的门，捧着防蚊香囊走进实验室，在烈日下构筑起温情的绿洲，将盛夏变成清风的形状，为留校学子镌刻独特的成长印记。

清凉入夏　甜润人心

蝉鸣穿透自习室的纱窗，40℃的酷暑里，浙江师范大学的辅导员托着切开的冰镇西瓜穿行于书架间。刀锋轻叩瓜皮的脆响在图书馆走廊绽开，沁甜的汁水浸润着考研笔记的墨痕。当冰镇西瓜与滚烫理想在七月碰撞，25℃的关怀消融了暑气，为伏案的身影注入甘泉。这场"蓄谋已久"的甜蜜奇袭，终将让所有滚烫的理想结成盛夏最甜的果实。

——浙江师范大学

夏日不打烊　守护伴成长

当热浪在玻璃窗上蜿蜒成河，中国计量大学的辅导员们带着"量大"专属福袋穿过实验楼。小风扇搅碎焦虑，薄荷糖冰镇浮躁，蒸汽眼罩熨平倦意，清凉湿巾拭去夏日的黏腻。夜幕垂落时，寝室里亮起星子般的台灯：畅谈职业蓝图，调试心灵频率，测量成长刻度。那些藏在福袋里的星河，正托起每颗追光的心跳，在夏夜里跳一支清甜的舞。

——中国计量大学

林荫沁凉处　守护正葱茏

在浙江农林大学，晨光掠过生态园的香樟树梢，冰镇酸梅汤在玻璃罐里晃出涟漪，安全提示化作叶脉书签，防诈二维码印在年轮木片上。当暴雨预警变成遮阳伞下的笑谈，当实验数据与蝉鸣在暮色中共振，在这个所有生命都向上生长的夏天，那些藏在枝叶间的叮咛，正为测绘仪前的身影，撑起永不褪色的绿荫。

——浙江农林大学

浙江高校暖心慰问暑期留校学生

青春放映厅　关怀永不散场

暮色漫进剪辑室的窗，辅导员抱着"成长盲盒"敲开寝室门：职业锦囊里藏着前辈的手写信，创业地图标注着星光驿站，焦虑被塞进解压玩偶的棉花心脏。心理咨询化作树洞，在午夜为伏案的身影点亮柔光。当西部计划的镜头与实习日志在云端交织，这座永不打烊的青春放映厅，正将整个夏天的炽热心跳，谱写成奔赴上海的乐章。

——浙江传媒学院

不惧风雨　因为有我们

台风"格美"在卫星云图里卷起灰绿的旋涡时，杭州医学院的辅导员正抱着零食袋穿过走廊。当实习故事从病历本跳到台风夜的寝室，当防护指南化作便利贴粘在床头，此刻所有风雨都被挡在白大褂之外，那些逆风而来的絮语已织成隐形防护网——让所有在雨夜里发烫的理想，都能听见清晨阳光破晓的声音。

——杭州医学院

青春账本里的星光储蓄

牛奶注满清晨的元气，咖啡续写深夜的章节，面包烘焙着时光的麦香，当晨光撬开杭商院图书馆的百叶窗，那些藏在加油包里的祝福，正在考研笔记的折页里酿成蜜糖。蝉鸣与翻书声在八月交织，所有伏案计算的青春，终将在某个秋晨的扉页上，化作录取通知书里沙沙作响的星霜。

——浙江工商大学杭州商学院

夏日的清凉方程式

烈日炙烤实训场，绿豆汤漾起涟漪，酸梅汁在玻璃罐里摇晃着。当防暑指南化作绿荫下的絮语，当蝉鸣与机床声在黄昏共鸣，那些被夏风加密的关怀信号，正为每个湿透的背影编译专属清凉码。被汗水浸润的青春，会在九月清晨凝成梧桐叶尖最透亮的晨光。

——浙江机电职业技术大学

在这里，留住家乡味

辣酱在油锅中滋滋作响时，留学生的掌心正揉搓着跨越大陆的面团。沾满面粉的双手，把乡愁变成了炸饺的褶皱与粽叶的棱角。当异国香料与东方蒸汽在厨房相拥，那些藏在面团里的故乡密码，正被烤箱的暖光缓缓破译——所有思念都将在咬下第一口时，融成舌尖的温暖。

——杭州职业技术大学

所有被夏日体温焐热的关怀，都在蝉蜕空壳里完成最后一次光合反应。那些借给青春的荫凉，将化作破土而出的新绿，那是盛夏写给金秋的密信，是用年轮封印的永恒回甘。

在知与味中书写青春序章

九月的浙江，桂花香裹着青春的气息扑面而来。2024 级大学新生们背着行囊，踏入了人生的新阶段。迎接他们的不仅是校园的钟声，还有一场场别开生面的始业教育——这里没有刻板的说教，只有浸润心灵的"知"与触动情感的"味"。从百年校史到红船精神，从海洋强国到工匠之魂，浙江高校用创意与温度，为新生们点亮了大学的第一盏灯。

薪火相传：在历史与未来间架桥

走进浙江大学校史馆，6500 名新生跟随学长学姐的脚步，指尖轻触泛黄的档案，耳畔回响着竺可桢老校长的治学箴言。"29 小时的朋辈引领，不仅是知识的传递，更是精神的接力。"一位新生在日记中写道。科技馆里，虚拟现实技术将未来投影在眼前，有人轻声感叹："原来'求是创新'不仅是校训，更是行动的指南。"一百多公里外的宁波大学，奥运冠军的登场让迎新晚会化作热血沸腾的课堂。跳水健将讲述"十年磨一剑"的坚持，短跑运动员分享逆风翻盘的信念。"追这样的'星'，追的是永不言弃的斗志！"新生小林攥紧拳头，眼神灼灼。

红色脉搏：让信仰可触可感

在浙江理工大学的礼堂，8152 名新生共同观看情景剧《听王会悟讲"一大"故事》。灯光暗下，南湖红船的桨声划破时空，1921 年的风雨飘摇与今日青年的赤子之心悄然共鸣。课后，学生们亲手拼装红船模型，指尖沾满木屑，历史却烙进心里。"以前觉得党史遥远，现在明白，红船精神就在我们每一次选择中。"一名学生抚摸着模型，若有所思。而嘉兴大学的"三味课堂"更显匠心：红船话剧演绎开天辟地的豪情，江南丝竹奏响千年古韵，科研故事点燃报国壮志。历史教授指着窗外的南湖笑道："这里的一滴水，曾泛起一个时代的巨浪。"

无界课堂：打破围墙的教育

杭州电子科技大学的直播间里，5000 余名新生及其家长紧盯屏幕。"选课避坑指南""反诈三十六计"……辅导员化身"网红主播"，于弹幕飞滚中答疑解惑。一位母亲感慨："没想到隔着屏幕，还能和孩子一起'上大学'。"浙大城市学院的三千名新生则走出校园，在阿里巴巴园区对话数字未来，在运河畔触摸"非遗"文化。"原来南宋御街的砖瓦里藏着杭州的 DNA ！"学生们举着研学手册，在城市的褶皱里寻找答案。

向海图强，以匠筑梦

浙江海洋大学的始业教育带着咸涩的海风。新生们在浪涛中学习海上急救，于孤岛上挑战野外生存。海洋科学专业的小张站在甲板上，望向无垠的深蓝："课本上的'海洋强国'四个字，此刻有了重量。"在杭州职业技术大学，奥运冠军孙杨伤疤的故事、大国工匠葛小青的"0.01 毫米执着"，让教室沸腾。"技能报国不是口号，是用数控机床雕刻出毫米级的精度。"新生小刘摩挲着手中的工具，眼神笃定。

温情共育：家与校的双向奔赴

温州医科大学的"家长学院"里，坐满了忐忑的父母。心理学家用"风筝理论"比喻亲子关系："线要够结实，风来时才敢放得更高。"一位父亲红着眼眶："终于懂得，放手不是疏远，而是另一种陪伴。"浙江工商大学的开学典礼上，新生们低头书写"第一封家书"。笔尖沙沙，泪水晕染了信纸。"从前总嫌弃爸妈唠叨，现在才懂，那些话是裹着爱的铠甲。"小陈将信纸折成葵花形状，仿佛这样就能把思念寄得更远。

宣誓青春：以使命丈量未来

中国计量大学的宣誓仪式上，四千个声音汇聚成潮："精思国计，细量民生！"校徽在胸前闪烁，如一把无形的尺，丈量着责任的分量。从西部山区走出来的新生李然说："校训告诉我，真正'计量'的不仅是数字，更是社会的温度。"

尾声：在"浙里"，种下未来的光

从西湖的柔波到东海的浪涌，从红船的星火到工匠的炬光，浙江高校以多元的职业教育，为新生们织就了一张成长的网。这里有历史的回响，有未来的召唤，有家的温度，更有国的担当。大学四年，或许会遇见迷茫的雾、坎坷的路，但此刻埋下的火种，终将在某一刻燎原。正如一位辅导员在直播结束时所说："青春最好的模样，不是从未跌倒，而是跌倒后，记得为何出发。"愿每一位学子，在"浙"片土地上，以知为帆，以味为桨，驶向属于自己的星辰大海。

师者如光，微以致远："浙里"的教育逐光人

在浙江高校这片充满活力与希望的教育园地里，有这样一群人，他们以爱为笔，以责任为墨，默默描绘着学生们未来的蓝图。在第40个教师节的温暖氛围中，让我们跟随几位教师，感受他们身上那熠熠生辉的教育家精神。

故事的开篇，让我们先认识一下浙江大学国际教育学院常务副院长王玉芬。她在教育领域深耕26年，收获了无数荣誉，全国首届"最美高校辅导员"、第十届全国高校辅导员年度人物等称号是对她工作的高度认可，2019年在人民大会堂受到习近平总书记的亲切接见，更是无上的荣耀。然而，这些辉煌背后，是她对学生日复一日、无微不至的关怀。

那是2023年冬季的学校跨年晚会，校园里洋溢着节日的欢乐。舞台上，学生主持人正以饱满的热情主持着节目，可王玉芬却注意到，女孩虽面带微笑，却因身着单薄的礼服，在寒风中微微颤抖。没有丝毫犹豫，王玉芬快步走到学生身边，轻轻脱下自己的大衣，披在学生身上。但她发现学生还是冷得发抖，便毫不犹豫地伸出双臂，将学生紧紧护住。这一温暖的举动，就像冬日里的暖阳，不仅温暖了学生的身体，更温暖了学生的心。这件事后来被媒体广泛报道，可王玉芬却只是淡淡地说："这不过是多年学生工作养成的习惯，每个辅导员遇到这种情况，都会这么做的。"

王玉芬的教育生涯，是由3400多个课时、300多个案例、5000余名学生和9300多个日日夜夜交织而成的。尽管岗位和角色不断变化，但她对学生的真心与热情从未改变。她希望成为"经师"与"人师"的完美结合者，用知识开启学生的智慧之门，用爱心滋养他们的心灵。她就像一座默默守护的灯塔，无论风雨如何，始终为学生照亮前行的方向。

在浙江高校的教育队伍中，还有一位坚守初心的追光者——浙江工业大学法学院党委书记毛筱媛。她把辅导员这份工作，视为一生的挚爱，全心全意陪伴着4000余名学生成长。

多年来，毛筱媛面临过无数次职业选择的岔路口。导师多次鼓励她报考博士，走专业教师的道路，这无疑是一条充满机遇和挑战的光明大道；也有不少转岗的机会摆在她面前，每一次选择都可能改变她的职业轨迹。然而，每当面临抉择，毛筱媛总会想起学生们那一张张充满朝气的脸庞，想起自己在思政育人一线与学生们一起度过的点点滴滴。最终，她都坚定地选择留在原地，继续在思政育人的道路上默默耕耘。

"如果未来你们的子女有机会进入工大，我相信，管他们的还是你们的毛老师！"这句温暖的话语，是毛筱媛对每届毕业生的承诺。这份承诺背后，是她对学生们深深的牵挂和对辅导员工作的执着坚守。即使工作角色有所转变，从一线辅导员到学院书记，她对辅

导员工作的热情丝毫未减。她经常和"老辅导员"们一起备课磨课，为新入职的辅导员讲好"第一课"。曾经的"知心大姐姐"，如今成了辅导员们的"加油站"和"答疑点"，用自己的经验和智慧，为年轻的辅导员们指引方向。

毛筱媛深信，"微笑守望，静待花开"就是教育家精神的生动体现。她就像一位耐心的园丁，用心呵护着每一朵"花朵"，期待他们在阳光下绽放最绚烂的光彩。在她的陪伴和引导下，一批又一批的学生茁壮成长，有的走上了重要的工作岗位，成为行业的引领者；有的接过了辅导员的接力棒，继续在教育事业中发光发热。

而浙大城市学院的陈浩哲，同样在教育的道路上书写着属于自己的精彩篇章。作为辅导员，同时也是杭州市农村工作指导员，挂职淳安县界首乡党委委员、洋田村第一书记，他的教育之路充满了别样的风景。

陈浩哲入职后的首次挑战，便是带队前往丽江宁蒗彝族自治县开展社会实践。宁蒗，这个曾经的深度贫困县，也是国家乡村振兴重点帮扶县，在出发前，陈浩哲心里满是忐忑。他想象着那里的贫困景象，思考着如何给学生们带来一次有意义的实践经历。

当他踏入宁蒗，眼前的景象却让他大为震撼。整洁宽敞的街道、整齐的易地搬迁楼房，处处彰显着脱贫攻坚的伟大成果。这一切，就像一本生动的教科书，让陈浩哲灵机一动。他决定就地取材，为当地的孩子们上一堂别开生面的思政课——"脱贫攻坚的伟大成就"。在课堂上，他用质朴的语言讲述着脱贫路上的感人故事，孩子们聚精会神地听着，眼中闪烁着对未来的憧憬。这堂课，不仅让孩子们更加了解乡的变化，也在他们心中种下了希望的种子。而陈浩哲，也用自己的行动，走进了孩子们的内心世界。

如今，在淳安县洋田村挂职的陈浩哲，又迎来了新的使命。暑期，一批学生来到这里参与乡村振兴建设。陈浩哲就像一位贴心的兄长，陪伴着学生们在这片土地上挥洒汗水、收获成长。"小老师，你们在干吗呀，还记得我吗？"时不时地，陈浩哲会接到宁蒗小朋友的电话，那稚嫩的声音，是对他的思念，也是他教育路上最温暖的回响。这些声音激励着他，在教育的道路上不断前行，为更多的学生点亮梦想之光。

"浙群"教师，他们或许身份不同，故事各异，但他们都有着共同的信念——践行教育家精神。他们心有大我、至诚报国，用自己的言行诠释着言为士则、行为世范的道德情操；用启智润心、因材施教的育人智慧，培育着一代又一代的青年学子；以勤学笃行、求是创新的躬耕态度，不断提升自己；怀着乐教爱生、甘于奉献的仁爱之心，关爱着每一位学生；坚持胸怀天下、以文化人的弘道追求，为学生们照亮前行的道路。他们在平凡的岗位上，创造着不平凡的教育奇迹，成为学生们成长路上的引路人，书写着浙江高校思想政治工作的动人篇章，展现着新时代高校辅导员的卓越风采。

浙大城市学院陈浩哲与参与乡村建设的学生交流

逐梦创新路："浙群"师生的热血征程

在浙江的高等教育体系中，创新创业教育已成为人才培养的重要维度。各高校通过项目实践、赛事指导与团队协作，探索出一条将理论教学与解决实际问题相结合的教育路径，不仅培养了学生的专业技能，更塑造了其创新思维与抗压能力。

以实践为基，锤炼创新能力

温州大学彭小媚老师深耕创新创业教育二十余年，其指导的"春蚕破茧"等项目多次获得国家级赛事金奖。她认为，创新的核心在于面对失败时的坚持与突破。无论是"挑战杯"中国大学生创业计划竞赛（简称"挑战杯"）还是中国国际大学生创新大赛，参赛学生需经历反复实验、方案调整甚至被拒的挫折，而这一过程本身比结果更具教育意义。"创新能力并非与生俱来，而是在解决实际问题的过程中逐步积累的。"彭小媚总结道。金华职业技术大学的李翔老师对此深有共鸣，其指导的"光'覆'磁模"项目团队通过上百次实验攻克永磁材料技术难题，印证了"创新是面对走投无路时的锲而不舍"。

理论融合实践，职业教育的新范式

职业教育院校尤为注重专业知识的应用转化。浙江旅游职业学院颜育众老师提出："孵化项目的价值不仅在于成果产出，更在于让学生在失败中学会反思。"其"飨宴中国"项目通过模拟餐饮市场运营，引导学生从进行市场需求分析到方案落地，逐步构建商业思维。金华职业技术大学徐华东老师指导的"焊武帝"项目则聚焦焊接技术创新，学生在备赛过程中不仅提升了专业技能，更通过团队协作与公开答辩实现了个人能力的全面提升。"两年前在讲台上不敢发言的学生，如今已能从容应对专家评审。"徐华东感慨道。

从赛事到育人，构建成长生态

浙江大学周晓馨老师指导团队四次斩获中国国际大学生创新大赛金奖，其"Star Domain Tech"等项目聚焦 5G 通信与卫星互联网技术前沿。她观察到，赛事压力能有效激发学生的自驱力，"当学生意识到创新需立足实际需求而非标新立异时，项目便具备了可持续性。"这一理念与浙江财经大学杨志凯老师的观点不谋而合，其团队以"找准需求，踏实解决实际问题"为座右铭，在"肺清'芯'"项目中成功开发出针对肺部健康监测的智能设备。浙江大学则通过"非遗'剪介'"等项目，注重在团队协作中疏导压力，保持学生的"激活态"，确保创新活力的持续输出。

结语：创新教育的多维价值

浙江高校的实践表明，创新创业教育不仅是技术突破的催化剂，更是人格塑造的重要载体。通过赛事历练、项目打磨与团队协作，学生得以在真实场景中培养抗压能力、批判性思维与社会责任感。正如浙江旅游职业学院颜育众老师所言："育人的意义远大于孵化项目。"这种以学生成长为核心的教育理念，或将为新时代人才培养提供更多启示。

当毕业季遇上黑科技

九月的杭州，桂花香裹挟着秋意漫过校园。对于浙江高校的毕业生而言，这个季节不仅是离别的序章，更是一场与未来的双向奔赴。当"金九银十"的求职季如约而至，一群身怀绝技的辅导员化身"职场摆渡人"，用十八般武艺为学生铺就通往职场的星光大道。

科技赋能，让求职"一键加速"

在浙江工业大学的就业指导中心，"就业信息栈"的电子大屏前总是围满学生。这张看似普通的表格，实则整合了上千家企业的招聘动态：宣讲会时间、岗位需求、网申链接……所有信息实时更新，如同一座数字桥梁，将校园与职场无缝连接。"以前得跑遍各个公告栏，现在点开手机就能查，效率翻倍！"一名计算机专业的学生感慨道。而杭州师范大学的招聘会上，一台造型酷似 ATM 机的"数字求职机"成了新晋网红。毕业生只需刷脸登录，滑动屏幕选择心仪岗位，系统便自动生成电子简历投递至企业 HR 邮箱。全程 15 秒的操作，让传统纸质简历黯然退场。"这简直是社恐福音！"一位腼腆的女生在体验后笑称。更令人称奇的是浙江农林大学的"AI 就业导师"，它能根据学生上传的简历和求职意向，智能推荐匹配岗位，甚至模拟面试场景。一位连续三次面试失败的学生在系统指导下调整了自我介绍结构，最终成功斩获 offer："AI 老师比我更懂怎么展示自己。"

精准服务，打通求职"最后一公里"

如果说科技是求职的加速器，那么辅导员的贴心服务则是照亮前路的灯塔。杭州电子科技大学的宿舍楼下，每周都会停靠一辆特别的"求职大巴"。自动化学院（人工智能学院）的张卫洪老师亲自带队，载着学生直达企业面试现场。"以前找公司得转三趟地铁，现在上车就能闭目养神，路上还能和同学交流经验。"一名学生边说边展示手机里刚拍的集体合照——车上二十余人中，已有半数通过"组团求职"找到了心仪工作。时空限制也被直播技术打破。杭州职业技术大学与浙江机电职业技术大学联合打造的"就业直播间"里，辅导员们化身"带货主播"，对着镜头如数家珍："这位同学精通 Python 和机器学习，实习期间独立开发过用户画像系统……"屏幕另一端的企业 HR 频频互动："请把这位同学的简历推给我们技术部！"一场直播下来，近三成参与学生收到了面试邀约。正如直播间背景板上的标语所言："你的光芒，值得被全世界看见。"

特色突围，让专业与岗位"双向奔赴"

在浙江中医药大学的招聘会上，弥漫的艾草香取代了紧张的氛围。中药识别、对症下药等游园活动让"00后"毕业生们跃跃欲试。"本以为招聘会就是排队交简历，没想到还能亲手称药配方！"一名针灸推拿专业的学生在完成挑战后，顺利与一家中医馆达成签约意向。企业 HR 坦言："这种沉浸式互动比问答面试更能考查专业素养。"而在温州大学，一场"名企小班行"活动正悄然改变就业生态。辅导员陈亮推动学生党支部与吉利、正泰等企业党支部结对共建，让学生提前进入项目组参与研发。"企业导师手把手教我们调试设备，结业时直接拿到了转正 offer。"一名机械工程专业学生回忆道。嘉兴职业技术学院则与代理记账行业协会深度合作，用 RPA 机器人实时抓取财务岗位信息，打造出"校协双选会"的精准对接模式。正如该校现代商贸学院院长所说："我们要做的不是广撒网，而是为每颗珍珠找到专属的宝盒。"

梧桐叶落时，无数年轻的背影拖着行李箱走出校门。他们或许会想起辅导员的叮嘱："求职不是独木桥，而是一片星辰大海。"在浙江这片创新创业的热土上，科技的温度、师长的护航与青春的热望交织成网，托起每一份奔赴职场的勇气。当 offer 如秋叶般翩然而至，故事的终章亦是新篇的序言——以梦为马的人，终将抵达属于自己的远方。

"浙里"寒冬暖意浓：期末季高校暖心护航记

临近期末，图书馆的灯光亮得比往常更久，自习室的座位也变得紧俏起来。在浙江的多所高校里，除了埋头复习的身影，还藏着许多暖心的细节——宿管阿姨的手作零食、食堂里的一杯热茶、宿舍公告栏上的俏皮提醒……这些看似寻常的小事，正悄悄织成一张温暖的网，托住学子们备考的压力。

宿管阿姨的"秘密武器"

浙江大学丹青学院的同学们发现，跨年夜回到宿舍时，桌上多了一串糖葫芦或一团棉花糖。原来是宿管阿姨们趁着节日，亲手做了这些小零食。"看他们复习到深夜，总想让他们甜一甜。"一位阿姨边画板报边笑着说。考试周前，宿舍大厅的黑板上多了许多卡通加油标语，用彩色粉笔写的"逢考必过"旁边，还画了个咧嘴笑的小太阳。

在台州科技职业学院，备考生的作息表成了宿管阿姨们的重点关照对象。热水供应时间延长到半夜一点，公告栏上每天更新提示："明天降温，出门多加件外套""3号楼考场在二楼西侧"——这些手写的便利贴，让学生们调侃道："比天气预报还贴心！"

食堂里的"能量补给站"

浙江中医药大学滨文校区的食堂，最近多了一个保温桶。考试周里，戴着白帽子的阿姨会招呼路过的学生："同学，要不要喝杯桂圆红枣茶？"热腾腾的养生茶装在纸杯里，不少学生边喝边感慨："居然被食堂'卷'到了。"而在杭州电子科技大学，留校过年的学生除夕夜围坐在一起，年夜饭的菜单里有红烧肉、八宝饭，也有辅导员悄悄加的一道"家乡味道"——"不能让想家的孩子觉得孤单"。

书页间藏着的小温暖

温州医科大学的图书馆最近热闹了不少。"鱼跃计划"的志愿者在走廊摆起"暖心超市"，橡皮、暖宝宝、咖啡包成了抢手货。角落里，一场小型读书会正进行着，大三的学长分享着药理学的笔记重点，大一新生听得直点头："比一个人啃书明白多了！"有人抱着领到的"备考暖包"开玩笑："四件套里居然还有蒸汽眼罩，这是要我们'卷'完就睡啊。"

浙江中医药大学
"时令养生茶"
活动

教学楼的走廊上，贴着几张贴满便利贴的展板。学生们写下"求不挂科""希望蒙的全对"，又顺手摘下一枚"超常发挥"徽章别在书包上。一位老师路过时笑道："当年我们考试前只能拜考神，现在他们可是有'实体锦鲤'了。"

压力在画笔下融化

宁波卫生职业技术学院的心理咨询室最近变了个样。原本的沙盘旁多了颜料和画布，十几名学生跟着指导老师把期末的焦虑涂成抽象的画。"这幅乱糟糟的线条是我背不完的知识点，那团蓝色是熬夜后的黑眼圈……"一个女生指着自己的画直乐。而在温州医科大学的草坪上，少数民族同学们围坐成一圈，有人弹起冬不拉，有人教跳民族舞。备考的紧张感随着音乐散开，有学生说："这时候才觉得，考试也不是天大的事。"

让关怀落在细微处

从一杯茶到一次深夜谈心，这些藏在期末季里的温暖，没有宏大的排场，却精准地接住了学生们的真实需求。一位大二学生的话或许道出了许多人的心声："复习到崩溃时，抬头看见宿管阿姨画的加油小人，突然就觉得还能再撑一会儿。"教育的温度，或许正是藏在这些"不经意"的细节里。

心情站

缓解"开学综合征"的"收心养性"秘方

每到开学，各大社交媒体平台就开始热映"纪录片"——《不想开学》。"纪录片"的主角是各路大中小学生，大家共同呼喊的便是"不想开学！"不想开学，其实完全可以理解，毕竟，放假在家和开学之后，生活的方方面面都会有很大不同，这时候，出现一定的不适应也属于正常现象。那么，面对开学前后的巨大变化，我们如何一面不想上学，一面优雅地适应呢？不妨从大学生"开学综合征"的"痛点"入手，寻找"收心养性"秘方！我们的目标是优雅适应！

开学综合征 1：手机不离手，学习之心全没有

典型症状：手机不离手，一离手就焦虑；学习3分钟，玩手机1小时；即使刷到内心空虚，还是控制不住地刷手机。

"收心养性"秘方：理解手机成瘾机制，建立手机使用的健康环境。

"多巴胺"的作用：当人类大脑中分泌多巴胺，人类就会期待"奖赏"，多巴胺的分泌会对我们的注意力进行引导。大脑喜欢新鲜的刺激，"多变的奖赏"不断抓取我们的注意力，让我们不断期待有新的"奖赏"出现。这也是为什么我们如此痴迷于手机与短视频。

主动打造健康环境：当我们认识到大脑有这样的特征，便可以从行为入手，为自己创造健康的手机使用环境。

例如，当大脑需要专注于学习时，把手机放在自己够不到的地方，在物理空间上进行隔离，以小时为单位查看手机。

将手机设置为黑白屏。（保证你瞬间对刷手机失去兴趣）

监测手机使用时间，限制手机使用时长。

开学综合征 2：间歇性踌躇满志，持续性一事无成

典型症状：Flag 常立常倒；上一秒信心满满，下一秒"明天继续"，第二天却再也没有开始过；明知道应该去做，但就是控制不住地追剧、打游戏，一边玩一边负罪感满满。

"收心养性"秘方：理解"三分钟热度"的心理机制，培养学习仪式感与习惯。

期待过高，易打击信心：首先，可以看看自己是否容易对自己有高要求、高期待。当我们对自身的期待值过高时，一旦没有达到自己内心的预期，我们就容易陷入自我怀疑的

负面情绪中，对自己失去信心。这时候，行动的动力自然减弱。

"习惯引力"让人抗拒改变：旧有习惯会使人产生一种"习惯引力"，"习惯引力"具有抵抗新变化和维持现状的功能。因此，想要打破现有习惯，建立新的习惯，对身体而言，也是一种挑战，需要我们不断去面对自动产生的"惰性"，在每一个陷入旧有习惯的时刻，做出新的选择。

主动建立学习仪式感与习惯：当我们认识到建立新习惯的困难，以及人类内心深处普遍的惰性后，也许我们可以尝试把学习与美好的事物相联系，从而提高学习动力。

为自己营造舒适的学习环境。如，好好布置书桌、调节光线、泡杯茶。

当觉得学习很难坚持，试着降低学习难度，把学习任务匹配在自己的舒适区边缘，不至于消耗我们学习的热情。

完成阶段性小目标后，给自己适当的鼓励与奖赏。

开学综合征3："社恐星人"附上身，人际关系常内耗

典型症状：对于如何处理人际关系感到焦虑；试图回避需要社交的场景；常因担心他人评价而感到不安。

"收心养性"秘方：区分自我与他人的"课题"，关注自我成长，寻找匹配自己性格的人深入交往。

个体心理学创始人——阿尔弗雷德·阿德勒（Alfred Adler）：心理学家阿尔弗雷德·阿德勒认为，一切人际关系的矛盾，都起源于对他人课题的干涉，或是自己的课题被他人干涉。阿德勒认为，只要能够进行课题分离，区分自己的课题与他人的课题，人际关系就会发生很大的变化。

学习"课题分离"："社恐星人"往往在人多的场合，会感到很紧张，担心他人对自己有负面评价。按照课题分离的方法，在社交场景中，他人如何看待和评价自己，是他人的课题。而自己的课题是，"我如何面对与缓解内心的紧张与不安"。当区分了彼此的课题，也便更能够聚焦在自己的课题方面，去做一些努力。例如，通过深呼吸调节情绪，即使很想回避，也鼓励自己，偶尔可以鼓起勇气迈开一小步。

他人不可控，但自己可控：当我们意识到我们无法控制与改变他人，只能专注于自己内心的成长时，在关系里也获得了几分自在与自由。

面对"开学综合征"，"收心养性"秘方你get了吗？同时，当我们想在生活的不同方面做出调整与改变时，也要注意以下几个原则。

"易启动"原则，不要一下子给自己设定一个很宏大的目标，先降低改变的门槛。

"小步子"原则，小步坚持，每天都做，养成生活习惯。

"正反馈"原则，学会去庆祝自己微小的进步。

祝你在变化的环境中找到内心的安定！祝你在新学期里充满自信，收获勇气！

心灵的五月：高校心理健康教育的温暖实践

在浙江省 2024 年"5·25"心理健康教育月期间，各高校突破传统模式，将学术创新、艺术疗愈、自然互动与社会协作融入心理健康服务，为学生们织就了一张兼具理性与温度的支持之网。

当学术走出课堂：理论照进现实

心理健康教育如何与学科特色结合？中国美术学院交出了一份独特的答卷。通过"六个一"工程，学术论坛与心理主题马拉松并行，艺术展览与食疗体验联动，让学生在创作与奔跑中释放压力。而浙江科技大学则选择"下沉服务"，聘任辅导员、宿舍长等 238 名"和心使者"，结合心理情景剧展演，让心理健康知识渗透到宿舍、食堂等日常场景中，真正实现"润物无声"。

毛茸茸的治愈力：一场与自然的对话

"原来摸羊驼真的能减压！"在宁波大学草坪上，一名学生抱着矮马笑称。这场与野生动物园合作的"萌友会"，让羊驼、豚鼠等萌宠化身"心理辅导员"，用最原始的温度抚平焦虑。同样关注身心联结的还有浙江工业大学——夜幕降临时，三大校区的跑道上跃动着荧光手环与音乐节拍，3000 余名师生在"悦心集市"中体验心理沙盘、压力测试，用汗水与欢笑完成一次自我疗愈。

画笔与鼓点：艺术唤醒心灵共鸣

在浙江音乐学院的草坪上，上百名学生围成"鼓圈"，随节奏即兴敲击，让情绪在律动中找到出口；电子篝火晚会上，光影交织成流动的画卷，参与者坦言"仿佛卸下了隐形铠甲"。而杭州医学院则另辟蹊径，将医学专业融入心理干预：在"扔掉情绪沙包"游戏中，学生们将写满烦恼的沙包奋力掷出；心理测评系统实时生成压力图谱，为后续辅导提供科学依据——理性与感性在此完美交融。

杭州医学院"5·25心理游园会"

打破边界：从校园到社会的心理共建

当浙江理工大学等四校的心理体检车开进校园，527人次在"情绪交换站"写下心事，共青团12355流动服务台的专业咨询师让心理救助触手可及。另一边的浙江水利水电学院，大学生携手中小学生，共同拿起画笔，在"梦想画卷"上涂抹色彩。校地联动的游园会中，竞速游戏不再是简单的比拼，而是两代人互相倾听的心理课堂——心理健康教育的种子，正在跨年龄、跨领域的土壤中生根发芽。

数字背后的温度：从活动到生态的蜕变

数据显示，今年各校平均推出8.3项特色活动，参与率同比提升17.6%。但比数字更有意义的是模式的转变：中国美术学院的"六个一"工程已纳入年度教学计划；浙江科技大学的"和心使者"建立起常态化反馈机制；多校联合的心理体检车计划辐射至周边社区。这些尝试，正将"心理健康月"从一个节点活动，升级为贯穿全年的成长支持体系。

在这场关于心灵的探索中，没有刻板的说教，只有温暖的相遇。当学术与艺术成为解压工具，当萌宠与音乐化身心灵良药，当校园围墙逐渐消融，心理健康教育正以更柔软的姿态，走进每个年轻生命的心里。

点亮心灯：一场温暖心灵的旅程

2024 年 5 月 24 日，一场关于心灵成长的对话在杭州悄然展开。在浙江省高校心理健康教育微课大赛的舞台上，来自全省的教师们用几分钟的微课，托起学生心中那些难以言说的情绪——焦虑、迷茫、自我怀疑，或是孤独。这些微小却真实的困惑，在充满创意的课堂设计中，渐渐找到了答案的微光。

当课堂变成一次温暖的对话

"老师，我总觉得自己在瞎忙，怎么办？"大赛现场，一名学生评委的提问让全场安静下来。这样的真实困惑，正是这场比赛的起点。本科组的教师们用案例分析拆解压力，高职高专组的辅导员们则分享自己的成长故事。没有晦涩的理论，只有贴近生活的场景：浙大城市学院的徐晓敏老师在《远离精神内耗》中，带学生画下"情绪地图"，用彩笔标注那些消耗心力的角落；宁波大学的朱婷老师，用《与食物和解》，让一堂心理课变成了厨房里的自我觉察——当一块蛋糕递到手中，是先满足味蕾，还是先倾听内心的声音？

"好的心理课不是灌输，而是点亮一盏灯。"浙江树人大学严伟伟老师的点评道出了比赛的真谛。现场互动中，一位教师掏出"焦虑怪兽"毛绒玩偶，让学生对着它写下烦恼，再笑着扔进"解忧箱"；另一位教师播放学生自拍的短视频，镜头里有人对着西湖大喊"我可以"，有人用便利贴在寝室墙上拼出"今天开心"的字样。这些细节让课堂不再是单向输出，而成为师生共同编织的安全网。

获奖作品：藏在细节里的温柔力量

翻开获奖名单，每一堂课都像一封写给学生的长信。在一等奖作品中，浙江大学的黄皓明老师用《大学生简明"躺平"学》调侃内卷，却悄悄塞进一句："躺平不是放弃，是给心灵按下暂停键"；浙江交通职业技术学院史秀玉老师的《三招降伏情绪怪兽》，教学生用"呼吸锦囊""焦虑日记"和"五分钟逃离计划"，把抽象的情绪变成可触摸的工具。

"最受喜爱的心理健康教育微课"中，藏着更多细腻的巧思。丽水职业技术学院的叶晋利老师让学生戴上"反刍思维"头箍，在角色扮演中体验"过度思考"的疲惫；嘉兴职业技术学院范啸设计的"精神内耗能量条"，用红黄绿三色标记每日情绪耗损，学生笑称："原来我的内心有个电量提醒功能！"

就连看似严肃的传统文化主题，也被浙江工业大学的童媛添老师注入了温度。她在《吸引力的秘密》中，将《诗经》中的"琴瑟友之"与现代心理学结合："千年前的共鸣，和今天微信里的'拍了拍你'，原来都是渴望被看见。"

教育的另一种可能：让成长被温柔接住

大赛落幕时，一位参赛教师的故事在会场流传：她曾收到学生深夜发来的消息，只有三个字"救救我"。后来那名学生选修了她的微课，并在期末作业中写道："原来有人懂，坐在图书馆却一个字都看不进去的滋味。"

这或许正是心理教育的意义——不必是宏大的理论，不必是完美的方案。就像浙江中医药大学的刘曼曼说的："在教学目标上做减法，是为了给学生的真实感受留出空间。"当宁波卫生职业技术学院的教师带着学生用"情绪粒度表"拆解愤怒，当浙江旅游职业学院的周丽玉教大家用"五步情绪自由法"在操场上闭眼听风，那些曾被贴上"矫情""想太多"标签的情绪，终于找到了安放的位置。

后记

比赛会结束，但那些微课中的金句仍在校园里流传："焦虑是成长派来的信使，别急着赶走它""你的精神内耗里，藏着对自己太深的在乎"。或许有一天，当学生站在人生岔路口时，会突然想起某堂课上，有位老师轻轻说过："慢慢来，你的心比你以为的更强大。"

教育的温度，本就藏在这样的瞬间里。

破茧：青年心灵的逐光蜕变

"我还在路上，但是只要往前走，你我终将到达！"一句充满鼓舞与希望的话深深触动了现场每一个人的心弦。这是浙江省首届高校校园心理情景剧展演决赛中的精彩一幕。从幕后到台前，步履不停；从迷茫到自信，破茧成蝶；让我们一起回到舞台，共同聆听自我发现、成长蜕变、青春绽放的故事。

蜕变，是一场心灵的深度旅行

当黑衣人群舞形成压迫性场域时，主演以撕裂式的台词爆发打破沉默，从低声嗫嚅到昂首宣言的声调跃迁，完成从"提线木偶"到"破茧者"的蜕变。来自宁波财经学院的剧目《木偶》，以极富张力的舞台语言，呈现当代青年挣脱精神枷锁的觉醒历程。演员通过肢体动作与台词的精妙配合，构建出多层隐喻空间：追光灯下蜷缩的身影、撕碎资料时的肢体震颤，将压抑的情绪转化为视觉冲击，将心理抗争外化为充满力量感的身体语言，使"找回自我"的主题获得令人震撼的剧场感染力。

而浙江财经大学东方学院的剧目《谁有问题》则以"本我"与不同年级自我的对话展开，通过多维度表演形式直击大学生心理困境。如用说唱形式展现初入大学的矛盾：肢体随节奏摆动，歌词中"食堂饭菜不错"的戏谑与"击破防线"的挑衅手势，将青涩自信与社交焦虑巧妙糅合。四人齐声说唱时的同步跺脚、围圈填问卷时的搭肩互动，以群体肢体共鸣传递从"逃避自查"到"直面问题"的蜕变力量。

在浙江科技大学《阳光下的蜕变》的演绎中，郭宁（化名）的"社恐"特质通过蜷缩的肩颈、躲避的眼神与断续的台词呈现：课堂上被点名时手指无意识抠桌角，KTV中推开话筒的瞬间后撤步，教授办公室门前反复抬手又放下的敲门动作，层层递进表现其焦虑。剧本以肢体语言与空间调度精准刻画社交恐惧症患者的内心困境。

托举，舞台背后的星光共筑

半夜两点的剧场里，最后一盏顶灯熄灭时，宁波财经学院的同学们摸黑找到自己的羽绒服。寒潮裹挟着细雨扑进半开的门缝，十几个年轻人缩着脖子走回住处，这群刚结束彩排的年轻人，像一群迁徙的候鸟，在深冬的夜色里留下细碎的笑语。

而同一片夜色下，浙江科技大学的剧场穹顶却仍亮着微光。"学生们谢幕时自发围成的感恩之环，比任何奖杯都闪耀。"学校心理健康与咨询中心主任赛燕燕望着舞台，记忆仍停留在那个魔幻时刻。道具组的少年裹着军大衣在寒风中调试灯光，台词组的姑娘对着镜子练习微表情管理，所有人都在进行着理想主义的朝圣——他们用冻红的双手搭建布景，用哈出的白气润湿台词，只为让每一句"郭宁"的呐喊都更接近真实。

同样，当镜头转向浙江师范大学的舞台，第四幕写信环节的演绎正叩击人心。扮演"母亲"的演员颤抖着展开信纸，台下突然响起克制的抽泣。这不仅源于她身上那件真正的母亲的旧旗袍——褪色的纹路里还留着二十年前的樟脑味——更因她本人也曾与妈妈通过书信和解。那些深夜伏案写下的字句，如今化作舞台上的深情独白。当她穿着妈妈的旗袍，用同样的针脚缝补台词中的裂痕时，虚构与现实悄然重叠，爱意在此刻凝成闭环。

在这场跨越多校的心理剧中，虚构与现实的边界逐渐消融。当"郭宁"们举起颤抖的手，当"安刘佳"们按下确认键，当"林小满"们的信笺飞越山海——无数破碎的镜像正在重组，照见当代青年最真实的成长叙事。

宁波财经学院心理剧《木偶》剧照

蜕变，一场青春突围之路

"作为高校学生心理健康教育工作队伍中的一名老兵，我完全沉浸在 20 个生命力蓬勃的展演作品当中，感受到青年学生渴望理解、渴望成长的强大发展动力。"本次决赛评委由衷地说道。

在舞台上，梦想启航，点燃创意火花；在舞台上，拥抱真我，见证心灵成长；在舞台上，倾情演绎，勾勒青春画卷。每个青年都曾是剧中人，在"为你好"的蚕茧中挣扎。但破茧从来不是与过去决裂，而是带着烙印走向更辽阔的荒野。正如那株带虫洞的雏菊——父母的期待、他人的眼光、自我的怀疑，终将在接纳中化作透光的缝隙。

舞台灯光亮起，掌声雷动，参演同学们收获的不仅仅是观众的认可与赞誉，更是自我超越与成长的喜悦。此时无声胜有声。"学习手语是一件新奇又充满挑战的事情"，浙江艺术职业学院的金锦欧下了苦功夫，手语零基础的她只能在网上搜索，一个字一个字地学，再将这些字串联成句。从一开始的手忙脚乱、"顾得上说顾不上做"到最后舞台上的完美呈现，无论是台下的"观影者"，还是台上的"戏中人"，都深受触动，她也凭借精湛出色的演技荣获本次大赛的"最佳女演员"。

演绎身边事，治愈更多人。这场展演很特别，浙江省教育厅主动搭台，以心理情景剧独特的互动性和体验性，为青年学生提供了一次绝佳的沉浸式学习机会，更是一种生动、有趣且有效的心理健康教育方式。浙江财经大学东方学院辅导员、带队老师童雅倩看到同学们在舞台上精彩的演绎，深感欣慰。"从剧本创作到排练演出，同学们付出了无数的努力和汗水。一等奖和最佳编剧是对他们的肯定，也是对我们整个团队的鼓励。希望通过这个作品，能让更多的高校学子关注心理健康，勇敢地面对自己的内心世界。"

能定义人生的台词，只能由自己喊出。当剧场灯光暗下来，无数剧中人正在生活的舞台上，完成属于自己的"破茧时刻"。

学研
成长路

第三篇

篇首语

在新时代教育的广阔天地里，辅导员就像一群超级英雄，守护着学生们的成长之路。他们的工作质量，直接影响着学生们未来的模样。要想做好这份超有意义的工作，辅导员们不仅得练就一身厉害的"外功"，还得提升自己深厚的"内功"，做到内外兼修、刚柔并济，这样才能在复杂多变的学生工作和思想政治教育中，一路"披荆斩棘"，成为学生们心中的"灯塔"。

"外功"如同超级装备，包含了丰富的知识储备，让辅导员在知识难题前从容应对；出色的沟通技巧，使师生交流亲密无间；高效的组织管理能力，能将活动组织与事务处理做得井井有条。而"内功"作为内心的力量源泉，通过高尚的思想境界、良好的道德修养，以及对教育事业的热忱与执着得以彰显。凭借扎实的"外功"与强大的"内功"，辅导员才能在学生成长的道路上，以专业与爱心为他们驱散迷雾、指明方向。

那么，问题来了，怎么才能修炼好这内外功，让自己成为"武林高手"呢？这时候，"学研成长路"给出答案，在这里辅导员们可以跨越学科、地域和时间的界限，去探索知识的海洋，不断吸收新的知识和理念，全方位提升自己的能力和素养。本篇收录了《破局与领航：思政科科长的新质履职方略》《一起为"浙里高校辅导员团队赋能》《高校辅导员科研能力提升看这里！》等 10 篇公众号推文，内容聚焦辅导员职业发展、专业成长和团队协作。

思政科科长如何赋能辅导员成长？《破局与领航：思政科科长的新质履职方略》里，我们可以学到"数智"如何驱动思想政治教育，如何提升新质思政工作能力，如何做一名用心的思政项目"寻宝人"。辅导员如何强化写作能力？《辅导员专属！写作能力进阶独家秘籍》告诉我们良好的写作能力是更好开展思想政治工作的前提，辅导员可以通过提升文字写作能力、公文写作技巧，借力人工智能辅助，提升文学素养、掌握写作技巧。二级学院副书记如何提升团队建设水平？《一起为"浙里"高校辅导员团队赋能》阐述了学生日常思想政治工作、数字赋能思想政治工作、学工团队建设与协作、辅导员团队核心素养等培训内容，给出了如何开展辅导员团队建设、如何提升学工队伍的凝聚力和向心力的答案。

学无止境，常学、常思、常回顾。辅导员素质能力的提升是一个不断内化、转化和实践的过程，我们期待通过这些内容，激励更多辅导员在学习中不断提升自我，更好地服务学生的成长与发展，铸就一支"政治强、业务精、纪律严、作风正"的辅导员队伍，为培养担当民族复兴大任的时代新人贡献力量。

实务进阶集

看"浙里"　打造最硬核学工部部长

　　刚上任的学工部部长,面对千头万绪的学生工作,如何快速理清职责、避免"踩坑"风险?2024年浙江省高校新任学(研)工部部长培训班以"新手友好"为核心,提炼出一套从入门到精通的系统方法论。以下结合培训精华,为新任部长提供一份"避坑指南"与"成长地图"。

一、新手必知:上任初期的三大核心挑战

1. 角色转换难

　　从"执行者"到"管理者",需统筹全局却缺乏经验。对于新任学工部部长来说,从优秀的辅导员到管理整个学生工作部门的学工部部长的角色转变,是一个巨大的挑战。他们需要从专注于个体学生的执行者,转变为统筹全局的管理者,这需要具备全新的思维方式和能力。作为执行者,他们熟悉学生工作的具体流程和细节,能够有效地解决学生个体问题。然而,作为管理者,他们需要站在更高的高度,思考如何优化学生工作体系,如何制定有效的管理策略,如何调动团队成员的积极性,如何协调各部门之间的关系,等等。这需要他们具备全局观念、战略思维、决策能力、沟通协调能力等多方面的素质。

2. 问题复杂化

　　学生心理问题、网络舆情、家校矛盾等交织,应对压力大。随着社会发展和时代变迁,高校学生工作面临的问题日益复杂。学生心理问题日益凸显,网络舆情瞬息万变,家校矛盾难以调和,这些问题交织在一起,给学工部部长带来了巨大的压力。他们需要具备敏锐的洞察力,及时识别潜在风险,并采取有效措施进行干预和化解。同时,他们还需要具备良好的沟通协调能力,与各方建立良好的合作关系,共同应对挑战。

3. 团队磨合慢

　　辅导员队伍新人多、能力断层,如何快速凝聚团队?对于新任学工部部长来说,面对辅导员队伍新人多、能力断层的情况,快速凝聚团队是一个重要的挑战。他们需要采取有效措施,帮助新辅导员尽快适应工作环境,提升专业素养,并建立良好的团队协作氛围。

　　面对这三大核心挑战,2024年浙江省高校新任学(研)工部部长培训班精心设计培训课程及内容,有效帮助新手应对困惑。

二、快速上手：聚焦四大核心能力

1. 政治敏锐力——站稳立场的"方向盘"

作为学工部部长，要全面领会新时代高校思想政治工作高质量发展的主题主线，把稳政治方向。浙江工业大学教授、浙江省高校辅导员名师工作室主持人陈杰以"直面新时代思想政治教育工作的机遇与挑战"为主题，探讨了新时代高校思政工作高质量发展的内涵和路径。围绕新时代，提出了"三强理论"：一要围绕强国建设发力聚焦"强"；二要打铁还需自身硬成为"强"；三要全面提供思想保障赋能"强"。在人心、共识、实干上下功夫，人心是最大的政治，共识是奋进的动力，实干是最美的语言。深刻理解和把握"政治能力"的核心是"政治三力"，即政治判断力、政治领悟力、政治执行力。

2. 心理防护力——化解危机的"安全网"

学工部部长要做好学生工作的总舵手，需要掌握一些必备技能，使其成为工作的必杀技。浙大城市学院心理健康教育与咨询中心副主任潘恩安介绍了数智发现、数智预警、数智援助、数智智推四大赋能心理健康教育的工作模块，重点介绍了省厅的谈心谈话系统的使用与流程，通过该平台的使用让交流显性化，工作可视化，纵向一体化，工作透明化，数据智慧化，研判具体化。浙江中医药大学心理健康教育中心主任汪磊引入生态系统理论，以分析家庭、学校、社会等不同层次环境对学生发展的影响，并从微观、中观、外观、宏观和时间维度等不同层次的解决方案，提出了家校沟通理念先行、行为并行、制度随行、资源同行的四大核心原则。

3. 舆情应对力——避免"翻车"的关键技能

随着互联网的普及和发展，学生获取信息、表达观点、参与社会的方式发生了深刻变化，网络舆情对学生工作及安全稳定工作的影响也越来越大。学工部部长更要与时俱进，提升舆情应对能力，确保校园安全稳定。杭州医学院党委副书记陈雷以多年丰富的实战经验给学员们带来了高校意识形态安全与网络舆情应对的主题讲座，他从国际、国内、舆论三方面分析了意识形态安全工作态势，以生动的案例阐述了高校意识形态领域面临的八大风险，提出了网络舆情防范与处置方法。浙大城市学院保卫处处长潘燕军在关于校园安全与突发事件处理的培训中，强调了校园安全的重要性，并分析了新时代校园安全的特殊性。他指出，在处理突发事件时，应遵循协同联动、第一时间、第一现场、生命至上、置身事外、真诚至上和信息唯一等原则。此外，还针对涉政事件、非正常死亡事件和传统安全事件等不同类型的事件，提供了具体的处置方法和建议。他强调了信任关系建立的重要性，并分享了沟通安全的注意事项。

4. 团队领导力——从"单打独斗"到"全员协同"

当今复杂多变的学生工作环境中，学生工作的成效往往取决于团队的凝聚力和协作能力，一支团结协作、充满活力的辅导员队伍，能够更好地服务于学生的成长成才，解决学生面临的问题，推动学生工作的创新与发展。浙江树人学院学工部部长严伟伟从"培养"与"散养"的角度出发，强调了辅导员队伍建设需要与时俱进，适应新时代的要求。他阐述了新时代思政工作要求辅导员在政治素质、业务能力、育人水平上不断提升，但队伍面临新人多、中坚断档、职业认同感弱等问题。要通过培训、实践、科研提升辅导员专业素养，同时给予自主空间，激发内驱力。学工部门应理解辅导员需求，建立目标制度，明确职责和考核标准，创设良好发展环境。辅导员自身须坚定意志，克服困难，参与团队活动，利用平台资源，推动自身发展。通过不断探索和实践，高校辅导员队伍将建设成为一支优秀的育人队伍，为培养社会主义建设者和接班人贡献力量。

三、培训感悟：淬炼技能收益颇丰

本次学习培训班，精心设计课程内容，用心遴选报告专家，学员们在学习研讨和交流中，进一步增强了立德树人的责任感与使命感，明确了新时代高校学生思想政治教育工作高质量发展的形势与任务，学习提升了个人的政治素养与教育管理能力。

——浙江理工大学研工部部长　冯飞芸

培训内容系统全面，主题鲜明，既有理论层面指引，又有实践经验分享，干货满满、收获很大。作为新任学工部部长，我深感责任重大、使命光荣。我们将带着所学所思回到工作岗位，进一步坚定为党育人、为国育才初心，努力做好新时代大学生思想政治教育工作。

——温州医科大学学工部部长　李琦

四门课程从思政理论知识的精准传授到学生工作实践案例的深入剖析，不仅给我们新上岗的学（研）工部部长们系统传授了学生工作的新理念、新方法，更让大家认识到作为学（研）工部部长，在勇于担当的同时，要以更加饱满的热情，更加务实的作风，更加创新的思维来推动工作，真正担起"一切为了学生健康成长成才"的使命和责任。

——温州大学学工部部长　姜海燕

在培训中，专家们的先进理念和翔实做法，开阔了我的思路，启迪了我的思维。我们不仅听了专题辅导报告，还感受了学工战线新老传承的温暖和幸福。我们通过深度学习和交流，理论有收获，思想观念受洗礼，能力有增长，这更加坚定了我们立德树人，做学生的守护者和引路人的初心使命。

——浙江交通职业技术学院学工部部长　蒋顺

破局与领航：思政科科长的新质履职方略

如何提升新质思政工作能力？思政科科长如何赋能辅导员成长？如何做一名用心的思政项目"寻宝人"？这些问题，正叩击着新时代高校思政工作的核心命题。而在这场育人生态的转型升级中，思政科科长既是破局人，更应成为赋能者，如何解决这些问题，在2024年4月9日举行的浙江省高校思政科科长（主管）工作研讨会上，你可以找到答案。

三力破冰：解锁育人新密码

1. 脑力：深度思考与有效沟通的智慧

思政工作错综复杂，脑力是思政干部不可或缺的能力。深度思考要求思政干部透过现象看本质，挖掘学生思想问题背后的根源。比如，在处理学生因学业压力产生的消极情绪时，不能仅停留在表面安抚，而要深入分析是课程设置不合理还是学生自身学习方法不当等因素导致的。通过深度思考，制定出更具针对性的解决方案。

有效沟通则是将思考成果传递给学生和辅导员的桥梁。这种深度思考与有效沟通的结合，让思政工作更具成效，也展现了思政干部脑力的重要作用。

2. 笔力：文字功底与文体驾驭的艺术

笔力在思政工作中扮演着关键角色。思政工作涉及诸多文字材料，从工作计划、总结到宣传文案、教育材料等，扎实的文字功底能让信息准确、清晰地传达。一份逻辑严密、语言流畅的思政教育材料，能更有效地传递价值观，引发学生共鸣。

熟悉格式和文体是提升笔力的重要途径。不同的思政工作场景有不同的文本格式要求。思政科科长可通过大量阅读优秀范文、模仿练习不同文体、参加写作培训等方式，不断提升笔力，让文字成为思政工作的有力武器。

3. 眼力：敏锐观察与深入研究的洞察

眼力在思政工作中无处不在。敏锐观察能让思政科科长及时捕捉辅导员和学生的细微变化，从而提前介入，更好地落实思政工作。深入研究则是对观察到的现象进行系统分析。思政科科长要研究辅导员群体、学生群体的思想动态、行为规律，为制定科学有效的思政工作策略提供依据。凭借敏锐观察与深入研究，思政科科长能更好地把握思政工作的主动权。

闯关法则："冲锋号"与"警戒线"

1. 眼观六路：从"知道"到"做到"的全面考量

思政科科长从"知道"迈向"做到"，须眼观六路，全方位考量诸多关键要素。政策是首要关注点，国家和学校出台的思政相关政策，是开展工作的基本遵循。只有精准把握政策导向，才能确保思政工作不偏不倚，沿着正确方向推进。学生需求同样不容忽视。不同年龄段、不同专业的学生，有着各异的思想困惑和成长诉求。了解需求，思政工作才能有的放矢。

2. 运筹帷幄：从"可为"到"有为"的策略谋划

从"可为"到"有为"，思政科科长需施展策略。系统谋划是基础，要将思政工作置于学校整体发展规划中，制定长期目标与短期计划。例如，某高校思政科科长围绕学校"双一流"建设目标，规划了一系列思政教育活动，涵盖新生入学教育到毕业生离校的全过程，形成了完整的育人链条。"精准思政"是关键，针对不同学生群体特点，提供个性化思政教育。数字赋能则为思政工作注入新活力，利用新媒体平台、线上课程等，打破时空限制，扩大思政教育覆盖面。通过这些策略，思政科科长能将"可为"转化为实实在在的"有为"。

3. 明确"不为"：坚守原则与避免误区

思政科科长在工作中要明确"不为"之处。坚守思政工作的原则底线，是首要的"不为"。不能为了追求表面效果而忽视教育本质，必须始终以正确的价值观引领学生。避免形式主义也是重要的"不为"。不能将思政工作简单等同于举办活动、撰写报告，而要注重实际效果，关注学生思想是否真正得到提升。明确这些"不为"，能让思政科科长在工作中保持清醒头脑，避免走入误区，更好地履行职责。

角色魔方：玩转四重身份

1. 大格局与换位：做领导的"良参谋"

思政科科长要具备大格局，站在学校整体发展和人才培养的高度思考问题。这意味着不能局限于思政工作的一隅，而要将其与学校的教学、科研等各项工作紧密相连。同时，换位思维也至关重要，要设身处地从领导的角度出发，理解领导的决策意图和面临的压力，成为领导名副其实的"良参谋"。

2. 早谋划与前置：做领导的"好助手"

早谋划和工作前置是思政科科长成为领导得力助手的关键。思政工作具有一定的周期性和规律性，提前规划能确保各项工作有条不紊地推进。思政科科长要对学期、学年的思政工作重点心中有数，提前制定详细的工作计划和预案。这种做法，不仅体现了思政科科长的工作能力，更让领导能够将精力集中在学校的其他重要事务上，从而使其成为领导信赖的"好助手"。

3. 善协调与下沉：做辅导员队伍的"调度员"

思政科科长要做好辅导员队伍的"调度员"，必须具备出色的协调能力。辅导员队伍是思政工作的一线力量，他们各自负责不同班级和学生群体，工作任务繁杂。思政科科长要根据学校思政工作的整体安排，合理调配辅导员的工作任务，确保各项工作不出现疏漏。同时，下沉一线至关重要。思政科科长不能只坐在办公室发号施令，要经常深入辅导员和学生中间，了解他们的实际工作情况和面临的问题。充分发挥"调度员"的作用。

4. 多学习与创新：做不断进步的"领航员"

思政科科长要成为不断进步的"领航员"，就必须多学习。思政工作领域不断有新理论、新方法涌现，社会环境和学生特点也在持续变化。思政科科长要积极参加各类培训、学术研讨活动，阅读专业书籍和前沿文献，不断更新知识体系。在此基础上，敢于创新同样重要。通过多学习和敢于创新，思政科科长能够引领辅导员队伍不断探索新的思政工作模式，为学生成长成才提供更好的引导，成为名副其实的"领航员"。

当 AI 辅导员开始解答"00 后"的思想困惑，当元宇宙课堂承载起红色文化传承，思政工作的边界正在技术浪潮中不断延展。在这场永不停歇的育人长征中，卓越的思政科科长既是传统价值的守护者，更是未来教育的探路者——用系统思维破解"一抓就死、一放就乱"的管理悖论，以数字素养重塑"千人千面"的育人模式，让有温度的思政教育在云端与大地间自由生长。"最好的思政工作，永远是下一场。"唯有保持"破界"的勇气与"重构"的智慧，方能在百年未有之大变局中，答好立德树人的时代之卷。

一起为"浙里"高校辅导员团队赋能

如何破解辅导员团队凝聚力不足的难题？如何激活学工队伍的协同效能？如何构建"1＋1＞2"的团队赋能生态？2024年5月29日，浙江省高校辅导员团队建设专题研讨班在宁波大学圆满落幕，通过"理论＋实践""研讨＋体验"的多元模式，为二级学院副书记及学工骨干注入团队建设新动能，搭建跨校联动的"共学共进"平台，书写新时代辅导员队伍高质量发展的"浙里答卷"。

一、理论筑基：从理论到实践的育人内涵

1. 夯基：锻造辅导员团队的核心素养

浙江工商大学公共管理学院党委书记应笑妮提出要以核心素养为根基，构建好高校辅导员团队发展体系。辅导员团队要牢固树立"跨界"和"融合"思维，以工作理念为先导、工作目标为方向、工作职责为保障、工作方法为路径，发挥辅导员团队的最大优势，将学生思想政治工作做得更细致、更精准、更高效。一是要明晰辅导员团队的初心定位，在"了解"上下功夫、在"实效"上下功夫。二是平衡辅导员团队的内容生态，把握好"团队协作、团队支持、团队学习"，提升辅导员团队胜任力。三是营造辅导员团队的积极氛围，打造好头雁文化、制度文化、特色文化。四是激活辅导员团队的考核、奖惩、帮扶、保障机制。

2. 协同：构建"四位一体"的全域育人生态

浙江大学人才工作办公室主任项淑芳以马兰工作室为例分享育人经验，以全员参与、全程覆盖为原则，以课堂融通为主轴，形成从入学、培养到就业引导、毕业离校的全过程育人模式。一是从"单科教学"到"思政浸润"的课程融通，将马兰精神、科学家故事嵌入专业课程，打造"课程思政"示范案例。开设"将军讲坛""行业先锋课"，强化使命教育与职业认同。二是实践联动。从"校内闭环"到"社会课堂"，组织师生赴国防军工、乡村等一线实践，深化家国情怀与责任担当。建立校企协同育人基地，推动产学研深度融合。三是文化浸润。从"单向输出"到"多维共鸣"，以原创话剧、影视配音等艺术形式，将榜样精神转化为情感共鸣载体。打造"一院一品"文化品牌，形成特色育人 IP。四是海外交流。以"中国故事"为载体培养全球胜任力，推动境外交流项目，构建跨国思政联盟，探索文化互鉴与价值共融。

3.激活：从知情意激励学工团队高效协作

浙江树人学院学工部部长严伟伟提出，优秀的学工团队常能激发出无穷的育人力量。作为二级学院党委副书记，要了解所带团队有何新变化、有何价值观、有何发展力，才能高效解码协作的核心逻辑：知新求变、共情同理、坚定意志。一是要改变自己、提升自己、做好示范，由"经验型"向"研究型"转变、由"传统型"向"协同型"转变、由"保守型"向"创新型"转变。二是改变生态、提升团队、推进发展，营造好氛围、完善好制度、搭建好平台，由"单打"向"团体"转变，由"淡泊"向"致远"转变，由"单项"向"全能"转变。就像赛龙舟一样，上船时初心相同，划桨过程中基础扎实、分工明确，朝着共同育人目标，一起努力！

4.跃升：数字技术驱动的育人升级

如何让学生工作这条线不再单打独斗、孤军奋战？答案是全员协同好信息、事务、机制。如何让辅导员成长？答案是学会从"事务泥潭"中智能减负，赋能学生成长。如构建"一网通办"平台，实现学生事务的线上化、透明化与高效化。浙江工业大学宣传部副部长黄钧辉告诉二级学院副书记们要通过数字赋能，整合学业、心理、实践等多维度数据，形成动态学生成长档案。依托大数据分析，实现个性化预警与精准干预，促进辅导员从"经验直觉"到"精准画像"。最终如何赋能辅导员团队自身成长？答案是坚持问题导向，做好分析复盘，形成经验，以工作目标和实际问题为牵引，破解难题，对标一流、破解痛点、守正创新。

二、研讨交流：探索团队赋能的实践方法

1.以身作则：用行动诠释"头雁担当"

二级学院党委副书记如何以身作则，与辅导员实现双促双进、相互成就？答案不言而喻，即用行动诠释"头雁担当"、构建成长共同体、与辅导员团队双向奔赴。副书记要做到"三率先"：率先下沉，与辅导员共同参与谈心谈话、危机干预；率先学习，推动团队从"经验驱动"向"理论武装"转型；率先创新，如"智慧思政"，为团队减负增效提供技术支撑。要以"头雁引领"破局、以"双向赋能"提质、以"价值共生"致远。

2.团队熔炼：从"单兵作战"到"生态共建"

社工成长与队伍建设对辅导员团队赋能有何启示？宁波洪塘街道望江社区党支部书记吕琴结合社工团队建设的实践经验给出答案：辅导员团队也要学会"架梯子""铺路子""搭台子"。"架梯子"就是结合工作实际，建立"师徒"终身关系，关注思想动态，制订个性化培养计划，在辅导员团队中可以令资深辅导员与新入职成员结对，名师合力帮带。"铺

路子"即有目标、有动力、促成长，"搭台子"比拼，通过多维机制、评价，共享多方资源，如数字共享平台、校企社联动等，激发辅导员团队内生动力。

3. 家校协同：破解心理危机干预的"最后一公里"

在研讨环节，学员们围绕"家校协同育人"展开深度探讨，聚焦如何突破家庭缺位、责任模糊的困境。以某高校学生案例为切入点，剖析家校联动的痛点和突破路径：学生小X因家庭关系紧张导致心理危机反复发作，家长拒绝履行监护责任，学校通过联动公安、妇联、社区等多方力量构建"社会支持网络"，推动家校协议签署。家校协同需从"被动应对"转向"主动介入"，以制度刚性约束责任、以技术柔性弥合分歧。

在数字化浪潮与价值多元的挑战下，浙江省辅导员团队建设以"理论筑基＋实践赋能"双轮驱动，通过构建多方联动平台，破解了辅导员"单兵作战"的困境，更激活了"1＋1＞2"的协同势能。未来的育人征程中，唯有持续深化团队赋能生态，以"头雁引领"破局、以"数字赋能"增效、以"文化浸润"凝心，方能书写更多"浙里"辅导员团队的精彩答卷！

"浙群"新辅导员岗前培训技能点满

叮！您有一份"辅导员新手生存指南"待查收！当入职通知撞上开学倒计时，新辅导员们是否正抓着工作手册疯狂挠头？如何从"校园萌新"变身"带班大神"？怎样把政策文件转化为青春话语？面对突发状况是该"闪现开大"还是"冷静回城"？别慌！第34期浙江省高校新任辅导员岗前培训给出"通关指南"。

一、扬帆！起航！

岗前培训就像给职场"小白"装配了"三头六臂"：既有"国之大者"导航仪校准方向，又有"立德树人"技能包武装头脑，更配备"生涯规划"进度条点亮成长路径。开班仪式上，思政专家们给出四大通关秘籍——用职业认同破除迷茫 buff（借用游戏术语 buff［增益效果］的引申用法），以守正创新解锁隐藏关卡，拿奋进姿态打破舒适结界，借系统培训充值能量血条。谁说思政教育不能"高燃开场"？这场沉浸式岗前修炼，正把问号拉直成惊叹号！

二、充电！赋能！

《新时代高校思政工作的特点、机遇和挑战》——浙江工业大学陈杰教授等专家从习近平总书记重要讲话精神、思想政治教育内涵、党和国家层面以及省域政策层面解读高校思想政治教育工作，凝练总结了高校思想政治教育工作特点。新形势下，高校思政工作者要胸怀"两个大局"，强化做好大学生思政工作的使命担当。要因事、因时、因势进行创新探索，突出理论武装、制度体制、方法技术的创新助力高校思政工作。

《高校辅导员提升政治能力的内涵与方法》——浙江理工大学党委副书记姚珺等专家从提高政治能力的内涵、意义和路径三个方面层层递进，从辅导员岗位的历史维度、工作职责和个人素质能力等维度阐明过硬的政治能力是成为优秀辅导员的必备素养，辅导员要在平时工作中增强政治意识、把握政治方向、提升"政治三力"，要善于从政治上看问题、明辨政治是非、防范政治风险。

《意识形态与网络舆情》——浙江工商大学宣传部部长严毛新等专家提出意识形态工作是为国家立心、为民族立魂的工作，高校是意识形态工作的前沿阵地，辅导员应与时偕行，充分掌握当前宣传工作的新表述。辅导员应深入了解网络舆情的构成要素、形成及演变机制，紧盯重点重事重环节，在意识形态领域和网络阵地尽心尽职尽责。

《辅导员的职业理想、职业认同和职业发展》——浙江大学人才工作办公室主任项淑芳等专家从辅导员职业沿革切入，围绕辅导员的职业沿革、职业价值和职业追求三个方面以及国家政策内容阐释了辅导员应当具备的职业理想。从身份认同、能力认同、社会认同三个维度剖析辅导员的职业认同。要与爱同行，厚积薄发，努力成为学生可亲可敬，有职业理想、有教育情怀的优秀辅导员。

从"立德树人"核心使命到"生涯规划"成长路径，从"政治能力"提升要义到"数字赋能"创新实践，专家们以理论筑基、案例拓维、实践导航的多维赋能模式，为新任辅导员破解职业困惑、突破能力边界。特别是通过意识形态研判、法治思维构建、家校协同育人等实务模块的沉浸式教学，既锻造了"守好责任田"的专业素养，更厚植了"国之大者"的格局担当。奋楫笃行，高校新辅导员们必将以"时时放心不下"的责任感，在培根铸魂的征程中书写新时代思政工作者的奋进答卷！

三、当名师班遇上"小白"辅导员

名师班遇上千余名初出茅庐的新手辅导员，8天的朝夕相处，解答每一个新手上岗的疑惑，分享每一次进步的"小确幸"——一场感动与温暖的奇妙邂逅悄然上演。

致全体学员：作为老辅导员，我们很荣幸能够担任岗前培训班的班主任，我们也异常珍惜这次学习锻炼的机会和平台。不只是同吃同住同学习的8天7夜，我们每个人都为做好这次班主任工作而集体或各自默默努力过。面对新辅导员们，我们甚至比面对自己"责任田"里的学生更加激动和忐忑。新辅导员们是幸运的，因为你们是在我们的队伍相对成熟和壮大的期间加入这个行列，"浙里"有了相对完备的体系和保障，但面对这个快速变化的世界，你们的压力也是巨大的，很多简单的、过往的经验貌似已经很难解决当下和未来的命题。我们需要一起努力快速地不断学习、实践，来确保我们的领航力永远在线。相聚的时光很短，我们尽己所能地在主题研讨、工作示范、团队活动，甚至茶余课间给予"新人"们最大的经验展现，是为了把我们所知、所能和所预见的尽可能多地奉献给大家，希望以最短的时间与大家重逢在更高的山巅。

——第34期浙江省高校新任辅导员岗前培训班　全体班主任

辅导员的课堂不是一节课45分钟，而是一天24小时，是无数个日日夜夜，是一辈子的师生情谊。希望大家在今后的工作中牢记育人初心、勇担时代使命，打通线上线下的界限、融合课上课下资源，为学生插上信仰的翅膀，把大故事变成小故事，把天下事变成身边事，把有意义的事变成有意思的事，以奋斗姿态与新时代热烈地"双向奔赴"。

——岗前培训班班主任、第 6 期名师班学员　周熠

回到"新手村"，最早涌入心头的回忆自然是自己十几年前在岗前培训班学习时的情景。当时一起入职的 12 名同伴还取了个团名叫"十二生肖"。后来大家有的读了博士回校任专业课老师，有的转到马克思主义学院教师岗，有的走进了行政楼，还有的为了家庭换到新的高校继续从事学生工作。我把我们的故事悉数告诉"新手"们，告诉他们选择没有对与错，只有坚持与不坚持。当然，辅导员工作，因为有省厅的大力支持，是最有"娘家味"、最有"新鲜感"、最有"奔头劲"的工作。

——岗前培训班班主任、第六期名师班学员　陈池

作为第 13 期新岗班学员和第 6 期"名师班"学员，有幸与新辅导员们在 8 天的时间里共同学习、共同进步，满眼望去，眼见面前的这些弟弟妹妹都是自己 20 年前的模样，不禁感叹：青春真美好！青春大有可为！作为班主任，更有责任引领大家进一步明确岗位职责，学习掌握工作方法和本领。离别之际，祝愿大家在辅导员的岗位上，用心用情用爱去浇灌，用青春铸魂育人事业，期待大家捷报频传！

——岗前培训班班主任、第 6 期名师班学员　胡鹿鸣

看着他们从懵懵懂懂到逐渐上手，那种成就感简直爆棚。我就像一个老船长，带着一群新水手在教育的海洋里航行。虽然有时候会遇到风浪，但我们一起乘风破浪，共同成长。我相信，这些"小白"辅导员们在未来的日子里，一定会成为学生们的良师益友，为教育事业添砖加瓦。而我，也很荣幸能在这个过程中见证他们的成长。加油吧，"小白"们！未来是你们的！

——岗前培训班第 6 期名师班学员　赵凯鹏

哈喽，大家好！我是大飞，这是我第二次担任新任辅导员岗前培训班班主任。很巧的是，我作为学员同样参加过两期新任辅导员岗前培训班（第 26 期、第 27 期）。从学生到班主任，从"小白"到"老兵"，身份的变化让我更加能深刻地体会到做好辅导员工作要"因事而化、因时而进、因势而新"。只有不断学习才能在迅速变化的时代赢得主动权。同时，我也要和两年带过的两个班的学员们说，你们从事的是一份伟大的职业，不要内耗，干就完事了！

——岗前培训班班主任、第 5 期名师班学员　李鹏飞

岗前培训班班主任写给学员的明信片

　　7个培训基地，8天专题培训，13个专题报告，2大主题研讨，100名思政和心理领域专家授课。1057名新入职辅导员增强了职业胜任力，提升了专业战斗力，深化了团队凝聚力，共同书写"浙里"思政人的精彩故事！

"谈心谈话"独家秘方，给你不一样的答案！

"老师，我的室友是早八'闹钟刺客'！""维系'学霸'人设比追剧还累怎么办？""恋爱这门选修课能申请缓考吗？"面对"Z世代"花样百出的"青春疑难杂症"，辅导员难道要靠"熬鸡汤""灌道理"闯关？

叮！解锁辅导员专属"对话魔方"！

"一次单元谈话"是什么？

它是高校辅导员在谈心谈话中的一次创新，它是让辅导员在一个单位时间内和学生建立关系，聚焦问题，解决结构性框架问题而开展的谈心谈话。

采用"一次单元谈话"法就像给思政工作装上快捷键：60分钟能建起信任联盟？结构化对话真能拆解"寝室甄嬛传"？当违纪处理撞上"'00后'整顿职场式维权"，怎么把校规校纪聊成成长攻略？看浙江省教育厅与浙江省高校心理咨询工作联盟联袂研发的"一次单元谈话"，正在把"导师的凝视"变成"队友的击掌"！

从"保研宿舍暗战"到"电煮锅游击战"，从"学习困难综合征"到"恋爱依存症"，那些让辅导员头秃的"史诗级副本"，原来藏着青春成长的隐藏剧情。当"一次单元谈话"把沟通分解成闯关任务包——用差异认知破解寝室"狼人杀"，拿内驱力钥匙打开学业"青铜门"，借边界感盾牌抵挡恋爱"甜蜜暴击"，你会发现：每个带来"灵魂暴击"的难题，都是双向奔赴的成长邀约。准备好接收这份"对话超能力"了吗？

寝室关系：差异中见成长　磨合处显智慧

"因为打呼噜，被整个寝室排挤""宿舍关系就像包办婚姻""因为保研，我们宿舍连散伙饭都没吃"，与室友成为一辈子的好朋友，对当代大学生来说近乎"传说"，由于学业竞争、生活差异等外部原因，大学宿舍内部的关系比过去复杂，也比过去值得深究。浙江工业大学心理中心副主任邱晓雯老师告诉辅导员，要发挥教育引导作用，让学生认识到"遇到相同的人形成链接，遇到不同的人开始成长"。

学业辅导：破认知迷雾　筑成长阶梯

"我只想'躺平'，别让我学习""专业课真的太难了""我再努力也没用""没动力、不想学，无毅力、学不成""不得法、不会学，压力大、学不好"，这些是当代大学生的学业困扰的主要表现。要激发学生内驱力，群策群力帮助学生理解学习的意义与价值，掌握学习的方式和方法并多视角看待学业问题。嘉兴大学心理健康中心主任张玉茹提到在学业辅导过程中，要授人以渔、以情浇灌、化育人心。

违纪处分：规则有刻度　教育有温度

"为什么寝室电煮锅不能用？""旷课都是家常便饭"。个人价值凸显、维权诉求浓厚、规矩意识淡薄是大学生违规违纪的主要原因，谈话前的"知己—知彼—目标—方法"、谈话后的"家校沟通—同学关注—跟踪了解"为违纪处分问题提供了谈话方案，把握学生核心诉求和告知补救措施是卸下其心理重担的有效措施。金华职业技术大学心理健康教育咨询中心主任吴一玲强调尊重学生的个性差异，用心去理解学生的内心世界，为学生成长发展保驾护航。

恋爱困扰：边界处修篱笆　成长中见真章

"我是不是一定要谈恋爱""谈恋爱我会失去很多自由""我不能没有他"，亲密关系是一种格外需要松弛和余裕的关系，它需要暴露边界的勇气，也需要彼此接纳的开放心态。但在"00后"的校园生活里，谈一段真正亲密的恋爱正在变成一件奢侈的事情，浙江工商大学心理健康教育中心主任郭洪芹强调辅导员的角色应当是引导者与启发者，帮助学生树立正确的恋爱观念和以更包容的态度看待恋爱这个事。

谈心谈话，不仅仅是言语的交流，更是情感的共鸣与心灵的触碰、倾听、理解、支持、引导，恰似在心灵琴键上演奏成长交响曲。当辅导员放下"你应该"的指挥棒，拿起"我懂你"的共鸣器，方寸之间的谈话桌便成了照亮青春的灯塔。教育不是单方面的灌输，而是双向奔赴的成长契约。每一次真诚的对话，都是播向心田的种子，或许明天，或许经年，终将在某个清晨绽放出意想不到的生命之花。

提升研习汇

高校辅导员科研能力提升看这里！

当辅导员的"学术KPI"撞上"学生事务连环call"——论文选题还在和年度总结"抢内存"？文献综述写着写着变成"思想汇报plus"？申报课题时总在"高大上"和"接地气"之间反复"仰卧起坐"？别慌！

来自省内外高校的几位专家来给大家支招，宛如给思政工作者空投了"学术外挂"：把查寝记录变研究样本？能行！让主题班会开出理论之花？安排！这里没有"唯SCI论"的压迫感，只有把工作台账炼成学术宝藏的硬核攻略。

破茧成蝶：解码职业转型的科研基因

1. 锚定科研坐标：从"事务型"到"研究型"

高校辅导员的专业成长须以实践问题为研究起点，以成果转化为工作落点。日常事务并非科研的阻碍，恰是理论创新的源头活水——心理危机干预中凝练的干预策略可反哺心理健康教育实效，班团建设中的管理痛点能催生思政活动设计新范式。浙江中医药大学王延隆教授提出通过运用行动研究法，将事务性工作转化为可观测、可迭代的研究课题：在学业帮扶中建立数据分析模型，精准定位学生成长需求；借助PDCA循环优化主题教育方案，实现思政资源的动态适配。这种"工作场景即研究现场"的实践路径，既通过实证研究破解现实难题，又以理论升华重塑工作范式，最终形成"问题挖掘—研究创新—实践应用"的闭环链路，推动辅导员从经验执行者向学术型实践家转型。

2. 构建科研阶梯：长短期并举稳扎稳打

结合职业发展目标制订长短期科研规划，对辅导员的科研之路至关重要。长期规划就像远方的目的地，为科研指明方向。它能让辅导员站在宏观角度，明确自己在未来几年甚至十几年想要在科研领域达到的高度，比如计划在某一思政教育方向取得创新性成果。而短期规划则如同脚下的每一步，将大目标细化为一个个具体任务。通过短期规划，辅导员可以有条不紊地推进科研工作，如在近期完成一篇高质量论文的撰写或参与一项小型课题研究，稳扎稳打，逐步实现科研目标。

3. 深化学术协同：从个体探索到群体智慧

主动投身学术活动，与同行、专家交流，对辅导员科研助力无穷。在学术交流中，能第一时间了解思政教育领域的前沿动态，知晓最新的研究方向和热点问题，为自己的科研选题提供灵感。同时，结识众多学界人士，还能搭建起广阔的人脉网络。同行的经验分享、专家的专业指导，都如同智慧的源泉，能拓宽科研思路，解决科研过程中遇到的难题。这些宝贵的交流机会，还可能为辅导员带来合作研究的契机，使其共同攻克科研难关，提升科研成果的质量和影响力。

思政课题申报及研究技巧：开启课题成功之门

1. 选题破解法：热点与痛点双线并进

浙江中医药大学方年根教授分享在思政课题选题时表示，关注热点与痛点是关键。思政教育热点反映当下教育趋势，如网络思政教育、红色文化传承等，紧跟热点能让研究具有时代性。而痛点则是教育实践中的难题，像学生理想信念教育的实效性问题。同时，结合学生需求与教育趋势能让选题更接地气。比如，随着"00后"成为大学生主体，他们的新特点带来新需求。新颖独特的选题能在众多课题中脱颖而出，研究价值则是课题的核心，有价值的选题才能为思政教育发展助力。

2. 方案双架构：逻辑与创新双翼齐飞

研究方案如同建筑蓝图，须逻辑清晰、内容翔实。研究目标要明确具体，比如是提升学生的道德认知水平，还是增强学生的社会责任感等。研究内容应围绕目标展开，细化到具体的研究维度。研究方法要根据内容合理选择，如文献研究法可用于梳理前人成果，问卷调查法能获取一手数据。逻辑上要层层递进，从问题提出到目标设定，再到内容与方法的匹配。创新则体现在视角、方法或观点上，如采用新的技术手段开展思政教育研究，为课题增添亮点。

3. 申报优化术：优例与败笔双面镜鉴

参考成功与失败课题申报案例意义重大。成功案例犹如指明灯，能让我们学习其长处，比如选题的巧妙切入点、研究方案的严谨设计、成果呈现的精彩方式等。失败案例则像警示钟，提醒我们规避不足，例如选题过大或过小、研究方法不合理、论证不充分等问题。通过仔细分析这些案例，对比自身课题，取其精华、去其糟粕，优化申报内容，从而提高课题申报的成功率，让我们的课题申报之路更加顺畅。

教育研究方法：掌握科研必备技能

1. 文献实证双源聚合：全域数据的立体捕获

广泛搜集资料是研究的基石，需文献资料与一手实证资料双管齐下。文献资料方面，充分利用图书馆资源，包括纸质书籍与电子数据库，检索相关领域的经典著作、前沿论文。

同时，关注学术网站、专业论坛，获取最新研究动态。杭州师范大学叶林教授强调一手实证资料的收集也至关重要：通过问卷调查了解学生、教师的观点与态度；开展访谈，深入挖掘背后的原因与故事；组织课堂观察，记录真实的教学场景与互动情况。多渠道汇聚资料，为研究提供全面支撑。

　　2. 方法规范三维协同：循证研究的精密架构

　　根据研究问题合理选择定性或定量研究方法。若想深入理解现象背后的意义与原因，定性研究方法如案例分析、深度访谈更合适，能挖掘丰富的细节信息。若要揭示变量间的关系、进行数据统计分析，定量研究方法如实验研究、问卷调查更有效。数据分析要遵循科学规范，运用恰当的统计工具。论文撰写同样要严谨，从标题、摘要到正文、参考文献，都须符合学术规范，确保研究成果准确、清晰地呈现，经得起学术推敲。

　　高校辅导员的科研能力，是叩开专业化发展之门的金钥匙，更是照亮育人实践的星火。当辅导员以研究者的姿态深耕学生工作，那些曾被视为琐碎的日常事务，都将化作滋养学术思维的沃土；那些教育场域中的现实挑战，终将成为淬炼科研智慧的熔炉。从锚定科研坐标到贯通研究方法，从雕琢思政课题到驾驭学术规范，这条进阶之路既是自我突破的修行，更是赋能育人的远征。

修炼手册：高校思政精品建设项目"浙样"做

高校思想政治工作质量提升综合改革与精品建设项目，是构建高校思政工作育人体系的重要载体。如何紧扣"三全育人"综合改革、"时代新人铸魂工程"、"立德树人工程"构建可示范、可推广的育人模式？

2024 年浙江省高校思想政治工作精品项目研讨会，采取研究式、互动式、问题式、案例式"四位一体"的培训模式，带你打破封闭界限，共同探索思政精品项目的创建思路与申报要点。

一、思政精品建设项目的内涵发展

研讨会上，李军红、林静珊两位专家紧扣"高校思政精品项目创建路径与实践创新"主题，以政策演进为经、实践案例为纬，系统梳理项目发展脉络。

2017 年，中共教育部党组印发的《高校思想政治工作质量提升工程实施纲要》对构建课程育人、科研、实践等十大育人体系进行总体部署；2018 年 5 月，教育部办公厅发布《关于开展"三全育人"综合改革试点工作的通知》（教思政厅函〔2018〕15 号）；2020 年 4 月，教育部等八部门发布《关于加快构建高校思想政治工作体系的意见》（教思政〔2020〕1 号）。

经过五年的探索实践，高校思想政治工作精品项目建设实现结构性跃升，由聚焦课程、文化、实践、网络、科研五大核心领域的基础性布局，到围绕心理、管理、服务、资助、组织等十大"育人"体系，再到打造全方位的育人文化场域等平台，形成可示范推广的理论成果、实践模式，系统性提升思政工作育人实效。这种量质齐升的演变，彰显出新时代思政工作从重点突破向全域赋能的转变。

二、思政精品建设项目的浙江探索

近年来，浙江省深耕思政精品项目建设，以"十大育人载体"为核心，不断探索创新路径。特别是在文化育人、实践育人、网络育人、心理育人等方面成绩斐然——温州医科大学用"生命礼赞"浇铸医学文化磁场，浙江财经大学借"乡野课堂"激活实践育人动能，浙江旅游职业学院以"数智中枢"重构网络育人场景——三校分别从人文浸润、真题实战、智能预警等维度，打造出可复制的思政育人范式，为"高校思政工作质量提升"工程注入浙江智慧。

文化育人：温州医科大学以"生命礼赞"为核心打造医学人文品牌。联动 38 所附属医院开展"川藏青光明行""肤生工程"等十大医疗公益项目，累计服务超 10 万人次，获"中华慈善奖"等 30 余项国家级荣誉。构建"价值引领＋课程建设＋仪式文化＋公益实践＋环境浸润"五位一体育人体系。纵向上，形成"学院—学校—省—国家"4 级项目创建体系；横向上，形成"培植—选树—宣传—教育"项目培育模式。

实践育人：浙江财经大学《共上一堂"中国乡村振兴"思政实践课》首创"真题真做"乡村振兴思政课。学校成立中国乡村振兴研究院，举办大学生乡村振兴创意大赛，创设"未来乡学院""驻村高校特派员"等机制。创新"行走的思政课"模式，在河南、新疆等地复制"浙江经验"，形成"政校企村"协同的实践育人生态。

网络育人：浙江旅游职业学院以"数智赋能"重构思政场景，构建"一站式"学生成长智慧社区。组建"数据挖掘—问题聚焦—队伍协同—精准管理—助力成长"五维联动"精准思政"育人工作机制，打造学生安全态势无感知智能预警系统、社区体育、社区劳育、社区服务等核心业务场景，构建学生工作数字中枢及无感预警机制，让校园服务既有科技精度又有人文温度。

浙江省高校思想政治工作精品项目研讨会现场

在培训过程中，项目研讨还聚焦政策解读与实战赋能，通过专题研读剖析申报要点与实战经验，四校代表围绕六大主题分享典型案例。学员们分组开展模拟申报，导师以"一案一策"精准指导项目选题、申报书逻辑构建等环节，重点打磨"非遗活化""心理育人"等特色方案。培训注重将理论与实践相结合，为各校破解"如何将思政精品项目做出新意与实效"提供了可操作的方案，让思政工作变成看得见、摸得着、感受得到的新范式。

"浙群"辅导员法律素养提升秘诀

在"00后"法治意识觉醒与高等教育治理现代化双重浪潮中，高校辅导员正面临着新的育人挑战：当"Z世代"学生熟练运用《中华人民共和国民法典》维护权益时，如何让刚性制度彰显育人温度？在校园突发事件舆情发酵以小时计算的今天，怎样用法治思维筑牢安全防线？2024年11月，这场培训以"场景化教学＋数字化工具＋实战化推演"的创新模式，为参训辅导员破解了"法治思维"与"实务应用"的二元命题。

法治思维筑基：从法律认知到育人智慧

专业术语通俗化。杭州师范大学沈钧儒法学院张弛老师以"生活化翻译"破解法律条文密码，通过将《中华人民共和国民法典》《中华人民共和国高等教育法》等法规转化为工作场景语言，让"无因管理"变身"暖心善举的保护伞"，"监护责任"具象为"成长路上的安全绳"，使辅导员轻松掌握学生管理法律要点。这种将抽象概念转化为育人工具的创新教法，让法治教育既有力度又有温度。

风险防控与思维培养。浙江省教育厅法律顾问张国华提出构建"三维防护网"：事前预警系统（建立学生行为风险评估机制）、事中处置规范（制定标准化工作流程图）、事后复盘机制（形成典型案例数据库）。通过模拟校园突发事件处置，参训辅导员现场演练法律文书制作、证据链固定等实务技能，筑牢依法治校的实践根基。

案例教学赋能：从个案剖析到育人启示

杭州市公安局陈爽大队长以《大学生违法案例全息透视法》震撼课堂，通过还原某高校网络诈骗案的"四重镜像"——涉事学生的心理轨迹、家庭教育的缺失环节、校园管理的预警盲区、社会诱因的作用机制，构建起立体化的警示教育模型。这种穿透式案例教学法，为辅导员开展法治教育提供了鲜活素材库。

实务能力锻造：从法律困惑到解题方案

就业指导法治化。浙江省律协副会长姜海斌独创"就业法律风险雷达图"，针对三方协议陷阱、实习薪酬纠纷、创业股权分配等12类高频问题，开发出"法律体检清单"和"维权锦囊包"。通过角色扮演实训，辅导员们掌握了解读劳动合同的"五看法则"（看主体、期限、待遇、违约、仲裁），练就了护航学生职业发展的火眼金睛。

学生管理规范化。杭州师范大学程林副教授提出建立"学生管理制度温度测评模型"，从程序正义、实体合理、人文关怀 3 个维度建立评估体系。在小组研讨中，参训者运用该模型对实际案例进行"法治体检"，设计出包含申诉通道优化、听证会规则明确、处分后跟踪教育等要素的标准化解决方案。

这场历时 72 小时的法律素养提升，不仅构建起"法规解析—风险预判—案例分析—处置演练"的闭环培养体系，更造就了"法治辅导员 1.0"能力标准。

辅导员专属！写作能力进阶独家秘籍

对于高校辅导员而言，写作能力犹如"鸟之两翼、车之两轮"，至关重要。在个人成长方面，良好的写作能力是深度思考与自我表达的有效途径。如何强化辅导员的写作能力？如何提升辅导员的文字写作水平？浙江省高校辅导员写作能力提升专题研修班来解答！

汲古慧今：经典阅读淬炼思想锋芒

1. 经典如泉：滋养写作的源头活水

对高校辅导员来说，经典阅读意义非凡。从思想境界提升来看，经典作品蕴含着深邃的智慧与朴实的价值观，辅导员通过阅读能接触到多元思想，拓宽思维边界，站在更高视角看待教育工作。在审美鉴赏力方面，经典书籍的语言、结构、情节设置等都是典范，长期阅读可提升辅导员对美的感知与判断。浙江师范大学宣传部部长葛永海通过多年研究分享了经典阅读与文化自信的重要性，经典阅读丰富了知识储备，让辅导员在工作中更具底蕴，处理问题更得心应手，在学生面前树立更具权威性、更有魅力的形象，实现自我价值的升华。

2. 择书若汲：精准定位阅读坐标

选择经典书籍，可从多方面着手。参考名家推荐书目是不错的办法，名家在文学、教育等领域造诣深厚，其推荐的书籍往往经过时间考验，具有较高价值。同时，结合专业需求也很关键，辅导员可依据自身所负责的学生专业方向，挑选与之相关的经典著作，如理工科专业可选择科学史、哲学类经典，文科专业则可侧重于文学、历史经典。还可关注学界动态，了解当下热门且有深度的经典读物。此外，参考图书馆借阅数据和书评，能知晓哪些经典图书受大众认可，从而筛选出适合自己阅读的书籍。

3. 深入浅出：转化文字能量的密钥

有效的阅读方法能让经典阅读事半功倍。精读是关键，要逐字逐句研读经典，品味其中深意，理解作者的思想脉络与表达方式。做笔记也不可或缺，记录下精彩观点、语句，方便日后回顾。阅读与写作实践结合也很重要，读完一本书后，可尝试撰写读后感，锻炼文字表达与观点提炼能力。还可模仿经典作品的结构、叙事方式进行写作练习，将经典中的写作技巧化为己用。在日常工作写作中，融入从经典阅读中汲取的养分，让文字更具内涵与深度，实现阅读与写作的良性互动。

规矩成章：公文范式铸就职场铠甲

1. 文种如器：职场场景的十八般武艺

高校辅导员在工作中要用到多种公文类型。通知用于传达事项、布置工作，比如活动通知、放假通知等，能及时准确告知学生相关信息。报告则用于向上级汇报工作进展、总结情况，像学生思想动态报告、班级工作汇报等，为上级决策提供依据。请示用于请求上级指示、批准，如申请活动经费、特殊事项处理的请示。此外，还有计划与总结等公文，分别用来规划工作安排与梳理工作成果等，助力辅导员高效开展工作。

2. 范式为纲：格式规范的隐形护城河

浙江师范大学校办副主任张振良强调不同公文格式与要求有别。通知须有标题，明确主题，如"关于[具体事项]的通知"；主送单位写清楚通知对象；正文简洁明了地说明事项、时间、地点等关键信息；落款注明发文单位和日期。报告标题要准确概括内容，正文结构清晰，分点阐述工作情况、问题及建议等。请示标题要规范，正文先说明请示缘由，再提出请示事项，结尾用"妥否，请批示"等固定用语。各类公文都要遵循相应格式，确保规范严谨。

3. 笔下有尺：政策红线与语言准绳

公文写作要点众多。语言务必准确，避免歧义，用词恰当，精准表述内容。条理要清晰，按照一定逻辑顺序组织段落，如先总述后分述。要严格符合政策，确保公文内容合法合规，不与相关政策冲突。内容须简洁，去除冗余信息，突出重点。态度要庄重，避免口语化、随意化表达。同时，注意格式规范，正确使用标点符号，从各方面保证公文质量，实现有效沟通与工作推进。

智笔共生：AI 赋能书写效率革命

1. 智能外脑：灵感激发与素材裂变器

浙江金融职业学院学工部部长王懂礼用他的研究成果解答 AI 与思政工作融合的秘诀。在提供写作灵感方面，输入相关主题，它能基于海量数据给出新颖观点和独特视角，为创作指明方向。扩充内容时，可围绕已有语句进行拓展，让论述更丰富、故事更完整。此外，还能检查语法错误，优化语句表达，提升整体质量，为辅导员写作节省时间、提高效率。

2. 人机共舞：工具依赖与原创性的平衡术

辅导员在写作中运用 AI 工具，要把握好度，避免过度依赖。首先，明确 AI 只是辅助，自身思考和创意才是核心。在获取灵感后，深入分析消化，融入个人见解。其次，利用 AI 扩充内容后，仔细审核修改，确保逻辑连贯、风格统一。同时，定期进行无 AI 辅助写作练习，提升自身能力，让 AI 成为提升写作水平的有力助手，而非主导。

全国高校思想政治工作骨干示范培训班学习集锦

全国高校思政工作立德树人担使命，培根铸魂育新人。为认真学习贯彻习近平新时代中国特色社会主义思想和党的二十大精神，深入实施"立德树人工程"，2024年5月—7月，来自浙江省高校的近30名辅导员参加全国高校思想政治工作骨干示范培训班，让我们看看"浙群"辅导员都有哪些成长收获吧！

第 423 期：爱国主义教育融入高校日常思政工作能力提升

南开大学："高校辅导员需要增强走职业化专业化道路的自觉，脚踏实地、尽职尽责，用心用情陪伴学生成长成才。"

培训班介绍：爱国主义教育是高校思想政治教育工作的重要任务之一。本期培训班以"爱国主义教育融入高校日常思政工作能力提升"为主题，注重"场景化"育人，结合区域特色，循迹溯源，组织学员赴天津市周恩来邓颖超纪念馆、南开大学爱国主义教育实践基地、南开大学"一站式"学生服务社区等场所学习参观。重走革命路、追思爱国情，沉浸式感悟爱国主义教育。

学员感悟：

爱国主义是我们民族精神的核心，是中华民族团结奋斗、自强不息的精神纽带。5月13—16日我有幸在南开大学参加第423期全国高校思想政治工作骨干示范培训班，受益颇丰，感想如下：（1）厚植爱国之情，要将爱国主义教育与学校历史、特色与地域特点相结合，依托学校历史、特色与地域特点开展爱国主义教育。（2）厚植爱国之情，要创新爱国主义教育形式，采用青年大学生喜闻乐见的方式将爱国主义教育浸润于日常学习生活中。从厦门大学、北京大学的剧本杀到中山大学的草坪音乐节，我们可以看到创新的爱国主义教育形式更受学生的欢迎，能够取得更好的效果。（3）厚植爱国之情，要将爱国主义教育融入生活仪式中、思想引领中、实践育人中、组织育人中和科研育人中，融入大学生思想政治教育的方方面面。让爱国主义精神在大学生心中牢牢扎根，引导大学生牢固树立为民族复兴、人民幸福而不懈奋斗的理想信念。将爱国情感在内化于心的基础上外化于行，把深厚的爱国情怀落实到科研报国的行动之上，练就爱国主义基本功。（4）厚植爱国之情，辅导员要身体力行，提高专业素养，做榜样。辅导员需要通过自己的行为展现对国家的爱与忠诚，在言行中传递正确的价值观与爱国情怀，积极学习专业知识，踊跃参加和组织社会实践，展现自己的责任担当，增强自己开展爱国主义教育的本领。

——中国计量大学　陈驹

非常荣幸能够参与此次培训班，这次培训不仅让我对爱国主义教育有了更为深入的理解，也让我在思想上得到了极大的升华，下面我从三个方面谈谈我的感受。（1）辅导员要深知岗位职责工作内涵。作为一名高校辅导员，要用心用情陪伴学生成长成才，同时潜心钻研、把握规律，自觉探索做好辅导员工作的新方法新思路，"不仅要做思想政治教育工作的实操者和实践者，更要做研究者、阐释者"。（2）思想政治教育要以理论学习为首。作为辅导员，在进行学生思想政治教育时，要将已发布的文件政策学深学精、将已发表的重要讲话精神悟深悟透，结合理论的高度和现实的维度认真贯彻落实，才能够使得思想政治教育着力点更精更准。（3）爱国主义教育活动要特色鲜明。爱国主义是一种实实在在的行动，要充分结合校史、校友故事，紧密结合新时期大学生时代特点，挖掘特色做法，使爱国主义教育活动"活"起来、"亮"起来。经过此次培训，我更加坚定了自己对育人使命的信念，我将不断提升思想政治教育专业工作能力，以更加昂扬的姿态，去迎接未来的挑战和机遇，为祖国的育人事业贡献自己的微薄力量。

——浙江经济职业技术学院　王思琦

第 424 期：大学生情感疏导与心理危机识别干预

华东师范大学："在深入贯彻落实党的二十大精神和努力实现第二个百年奋斗目标的新征程中，大学生心理健康教育至关重要。"

培训班介绍：大学生心理危机识别干预是高校辅导员队伍的重要技能。本期培训班以"大学生情感疏导与心理危机识别干预"为主题，重点强调案例分析与现场教学。培训安排"脑海深处　神经密语"科普展参观等现场教学特色环节，设置大脑的成长之旅、大脑的情绪密码、大脑的人际共鸣以及大脑的无限潜力等主题，通过直观生动的方式，揭开大脑的神秘面纱，从神经科学的角度介绍了生活中的有趣现象，设置各类互动展区让学员直观感受大脑各区的分布及功能。学员还可以借助精神压力分析仪评估心理压力，获得个性化的压力管理建议，其对辅导员日常工作具有重要指导价值。

学员感悟：

很高兴参加此次培训。在三天的时间里，我认真听取了专题报告，共有三点体会。（1）既要关注状态平稳的学生，也要关心那些正面临心理挑战、暂时处于困境中的学生。辅导员应经常到学生寝室、教室、运动场等地方走走，成为学生的朋友。面对"问题"学生，我们应以平视的眼光真正走进他们的内心世界，帮助他们走过他们人生最艰难的路程，真正体现"辅"的意义和"导"的价值。（2）既要关注"躺平""摆烂"，也要关注"内卷"。目前，我校师范生内卷现象普遍，学习积极性很高，每年班级综合考评前五名差距很细微，有人只要"稍不留神"就会被别人超过，因此，师范生不仅把自己的综合考评分算好了，还把竞争对手的综合分也算好了。辅导员对这类内卷学生的教育管理相对比较省事，还应引导他们考研，既可以减少内卷带来的矛盾，又可以解决师范类学生考研率低的问题。对"躺平"和"摆烂"的学生要做到严管厚爱、因材施教、积极帮扶，让所有学生能够正常毕业。（3）既要关注学生，也要关注辅导员。辅导员每天接触很多学生，尤其是需要帮扶的学生，会直接或间接接收一些负面的信息。因此，给辅导员减负和减压特别重要。辅导员应学会一项运动，也有必要学会艺术类的一项技能。学生工作管理部门应加强对辅导员职业能力和情绪控制的培训，尤为重要的是辅导员面对焦虑和困惑时应学会自己放松、自我调整。

——台州学院　王秋方

"新"形式走"新"更走"心"。教育部高校思想政治工作队伍培训研修中心（华东师范大学）的张俊华引用大量数据和丰富事例，向我们深情讲述1840年以来祖国从落后挨打到站起来强起来的坎坷历程，走心的分享深深激发着我们作为当代教育工作者的历史使命与责任担当，我们必须谨记勿忘国耻、以史为鉴，开拓创新谋发展！"新"心态重燃新激情。华东师范大学心理健康教育与咨询中心副主任王淳颖介绍了从1991年中心建立以来围绕示范建设的心理育人工作和一代又一代心理人精益求精勇攀高峰的奋斗精神；来自五湖四海的同行积极研讨、主动献策，让我看到不同样本的解决路径，感受到学工人的努力与付出，也体验到每一位学工人育人化人的情怀与担当，为我的工作注入了力量与激情！"新"思路焕发新发展。崔海英教授带来"新形势下大学生思想热点问题及其心理投射"的专题报告，让我对"两个大变局"的时代背景下新时代一些青年群体问题的表现有了更为具象的理解与思考，全新的解析也提供了实用的思路借鉴；汪教授关于"学生心理危机干预与积极心理培育"的讲课充满了幽默风趣的智慧与自我剖白的真诚，讲课风格生动形象，牢牢抓住所有人的注意力，给我深深的思考与启迪。

三天的培训，接触更大格局下的思考与探索，感受科学前沿的教育教学理念，学习创新的学生工作方法，与众多优秀的学工人交流探讨、观点碰撞，让我汲取到了丰富的经验和智慧，也为我今后的工作明晰了方向，并积蓄了力量。

——衢州学院　李小庆

在这几天的培训里，我感到干货满满，收获颇丰，浅谈三点感悟。（1）打铁必须自身硬，学工人需先练好内功，提升心理健康教育专业理论素养。学生生命安全是底线。尽管辅导员有九大工作职责，但每一名辅导员都应主动学习掌握学生心理健康相关理论知识，学会危机识别与干预的基本方法。心理学是一门专业的学科，很多从事心理咨询工作的人都非科班出身，只有通过系统学习相关理论，才能胜任这一工作。因此，我们日常培训在注重工作层面的方法和步骤的同时，更应加深对一些相关学理知识的系统学习，练好个人基本功。（2）紧跟时代步伐，持之以恒开展工作研究，创新工作方式方法。我还清晰地记得，课堂上，华东师范大学马克思主义学院崔海英教授语重心长地提醒全体学员：一定要在繁忙琐碎的工作之余，坚持开展研究工作。我们的研究对象既可以是我们的学生，还可以是我们的工作方式、工作方法以及使用的工具等。边研究边记录，边思考边总结。通过研究积累经验，通过研究寻找新突破，通过研究提升理论与实践的广度与厚度。（3）坚守初心使命，育人育心相结合，助力学生健康成长成才。辅导员应努力成为大学生的人生导师和知心朋友，做好教育引导工作，帮助他们解决学习生活中遇到的各种问题。辅导员的工作是烦琐细碎的，甚至有时候还有被伤害的风险。我们只有保持初心，保持持久的工作热情，一切以学生为中心，才能坚定前进的方向。尤其当我们面对的是心理上存在问题的学生时，我们更应该耐心、诚心地运用我们学到的知识和方法去引导他们、呵护他们，尽可能帮助他们走出阴霾，成为一个健康的人。

——湖州职业技术学院　谢飞

第429期：辅导员专业化发展能力提升

大连海事大学："辅导员队伍建设是践行'为党育人、为国育才'使命担当的重要路径，是高校立德树人链条上的关键一环，辅导员自身素质能力将直接影响学生培养质量。"

培训班介绍：辅导员队伍建设需要强调"职业化"和"专业化"。本次培训班以"辅导员专业化发展能力提升"为主题，聚焦辅导员成长过程中的"学""练""研"三个阶段，系统阐述辅导员在每个成长阶段的工作重心，引导参训学员做好大学生成长道路上的"知心人"，更要成为大学生成才道路上的"引路人"。

学员感悟：

为期三天的培训，让我内心感受很深，对工作启发很大。作为全国"时代楷模""最美奋斗者""道德模范"，曲建武老师爱生如子，奔赴山川一线，走进学生心田，始终不忘初心，始终坚持为党育人、为国育才，在辅导员这一平凡岗位上取得了不凡业绩，激发了大家强烈的职业崇高感和使命感。冯培老师《高校辅导员专业化建设的再思考》的报告，通过深入分析形势和面对的挑战，立足团队建设，深刻回答了辅导员专业化建设怎么看、怎么干的问题，见解独到、逻辑严密，富有学理性，具有指导性。培训期间，学员们兴致勃勃、精神抖擞。来到学校，听取了大连理工大学党委副书记张言军的《基于"全面发展、分类卓越、多元成才"理念的学生思想政治教育与素质提升工作体系》的专题介绍，考察了大学生活动中心和校史馆；听取了天津大学学工部赵欣部长的《高校辅导员队伍高质量发展的思考与探索》的专题介绍，赴"育鲲"轮开展现场教学；围绕辅导员队伍建设进行了分组讨论。通过这些学习与研究，我深感辅导员队伍建设与思想政治工作是高度相互依存、共同演进的体系，在工作中需要更好地从政策保障、机制完善、团队建设、培训指导、考核评价等方面努力。

——绍兴文理学院 宣海江

通过本次培训，我对辅导员队伍建设工作有了更深层次的认识和理解：（1）要进一步提高认识。辅导员队伍建设是践行"为党育人、为国育才"使命担当的重要路径，是高校立德树人链条上的关键一环，辅导员自身素质能力将直接影响学生培养质量。对于学工部而言，一方面要严把这支队伍的准入门槛，把真正怀揣着教书育人理想信念的优秀人员纳入其中。另一方面，也要"因事而化、因时而进、因势而新"，结合队伍建设新情况、新问题，有针对性地提出解决方案，努力锻造一支踏实肯干的辅导员队伍。（2）增强职业归属感。《全面加强新时代高校辅导员队伍建设行动方案》对辅导员队伍的培养和提升提出相关要求的同时，也为加强辅导员队伍建设提供了绝佳的时机。辅导员队伍的建设需要分层次、分类别、分年限来开展，应针对辅导员群体建立一个全面的发展体系，能够满足不同背景的辅导员在体系中取长补短的个性化需求。同时，也要高度重视辅导员晋升体系建设，推动职级职称双线发展，坚持以日常工作为导向，以晋升通道为保障，让辅导员的工作更有底气、更有动力、更有归属感。（3）要保持职业定力。辅导员工作本身是一个渐进的过程，尤其是在专业化、职业化和专家化的发展路径上，需要一步一个脚印，扎扎实实地去了解、去研习、去掌握，在深耕细作中锻炼过硬本领。在与学生接触的点点滴滴过程中，辅导员应静下心来认真思考，俯下身去多察实情，沉下心去多办实事，去体会，去凝练，进而才有提升。希望通过加强辅导员队伍建设工作，不断推进队伍的职业化、专业化、专家化发展，消除发展焦虑，全面提升成效，使之成为一支真正能担负起培养承担民族复兴大任时代新人的坚实力量，为助推学校高质量跨越式发展贡献力量。

——杭州医学院　曾棒

第 430 期：辅导员红色文化教育能力提升

江西师范大学："红色文化教育不仅仅是历史的传承，更是时代精神的体现，对于引领青年学生树立正确的世界观、人生观和价值观具有不可替代的作用。"

培训班介绍：红色文化是中华民族的宝贵财富，也是从事高校思想政治工作人员的必修课。本次培训班以"辅导员红色文化教育能力提升"为主题，充分传承当地红色基因，围绕原创话剧《遇见姚名达》视频品读、八一起义纪念馆研学研讨等实践教学内容，引导学员树立坚定理想信念、厚植家国情怀，践行培育时代新人和社会主义接班人的光荣使命。

学员感悟：

6月下旬，我从蓝色的千岛之城舟山，来到了红色的英雄之城南昌，参加了"辅导员红色文化教育能力提升"专题培训。在南昌，每一处都散发着历史的厚重与革命的热情。培训期间，我有幸聆听了多位专家的精彩报告，他们从不同角度深入阐述了红色文化教育的内涵、意义和实践路径，每一场都让我收获满满。冯培教授在《融于无形的高校红色文化教育：引领与提升》的报告中，强调了红色文化教育不仅仅是历史的传承，更是时代精神的体现，对于引领青年学生树立正确的世界观、人生观和价值观具有不可替代的作用。常雅慧副教授在《高校辅导员工作室建设的探索与思考——以"红色基因"辅导员工作室为例》的报告中，分享了她在辅导员工作室建设领域的宝贵经验和深刻思考，始终坚持以红色文化为引领，积极探索大学生党员教育管理工作的新路径、新机制和新载体。除了理论学习，丰富的实践活动让我更加直观地感受到了红色文化的独特魅力和深远影响。江西师范大学的原创话剧《遇见姚名达》，让我沉浸式感受到革命先烈姚名达的英勇事迹和崇高精神。在八一起义纪念馆的现场参观活动中，我更加深入地了解了革命历史的艰辛和曲折，深感作为辅导员传承和弘扬红色文化的重要责任。培训后，我对如何在学校中更好地开展红色文化教育有了更深刻的感悟。我认为，作为思政教师，要结合地域特点开展特色红色教育。以浙江海洋大学为例，可以围绕"海洋"主题大力开展海岛红色文化教育（如：蚂蚁岛公社——我国渔区第一个人民公社）和海防文化教育（如：鱼山岛血战——抗战时期我国海岛作战先例）。通过"移动思政课堂"带领学生上岛学习革命历史，在亲身实践中感受红色文化的精神和力量。从蓝色的千岛之城到红色的英雄之城，这次培训不仅是一次地理上的跨越，更是一次心灵上的洗礼和升华。我将带着这次培训的收获和感悟，回到我的工作岗位上，继续为培养具有红色基因的时代新人贡献我的力量。

——浙江海洋大学　王逸菲

培训虽短短几天，但干货满满，令人受益匪浅。培训后，中国共产党人的精神底色——红色精神深入人心。下面，我就本次培训做如下总结：（1）要提高政治站位，筑牢理想信念根基。中国共产党成立一百多年来，始终是有崇高理想和坚定信念的党。心中有信仰，脚下才有力量。作为一名高校思想政治教育工作者，更要补足"精神之钙"。重任在肩，心怀家国，要始终在思想上政治上行动上同以习近平同志为核心的党中央保持高度一致，为学生树立榜样，带领学生学习中国特色社会主义理论体系，学习习近平总书记重要讲话精神，为学生拧紧"世界观、人生观、价值观"的"总开关"。（2）要树立"赶考"意识，坚持开拓进取精神。"00后"已是校园学生主体，时代在变，学生在不断成长，作为学生工作者的我们也需要不断提升。"凡益之道，与时偕行"，在平时工作中，要时刻同学生保持紧密联系，不仅要汲取思政工作的传统优势，还要时刻加强对新时代党的创新理论的学习，加强自身的党性修养锻炼，学习新的知识和技能，依托新的载体。在培训中，常雅慧教授谈了党员教育活动创新工程，她强调要从"坐而论道"到"行而知学"，让党员教育"活起来"，根据新形势用新的教育方式。（3）要强化使命担当，守好立德树人初心。作为一名党员、一名高校思想政治教育工作者，必须秉持"一切为了学生、为了学生的一切、为了一切学生"的育人根本，把"学生至上"落在具体工作中，守初心，担使命，在学思践悟中贯彻落实好立德树人根本任务，主动走近学生、关照学生、服务学生，努力成长为学生成长成才路上的知心人、引路人。

——浙江商业职业技术学院　王小曼

第四篇

风华
艺韵集

篇首语

艺术是从心底长出的真知，它如同晨曦中初绽的花朵，静静地诉说着灵魂深处的悸动与渴望。当"风华艺韵集"这一篇缓缓展开时，我们仿佛被一股神秘的力量牵引，穿梭于历史与现代交织的梦幻时空隧道之中。在这里，书画、歌唱、运动……种种绚烂多彩的文化活动汇聚一堂。它们以多样化的艺术语言和实践体验，如同细雨润物，无声却有力地滋养着辅导员与学子们的心田，悄然间，在他们的心灵深处播种信仰的种子，让思想政治教育不再是生硬的说教，而是成为他们内心深处最炽热的信念与力量的源泉。

在知识的瀚海中，浙江高校犹如一座座璀璨的灯塔，照亮着我们前行的道路。而"风华艺韵集"不仅是知识与艺术的邂逅，更像是一首情感与梦想的交响乐。本篇分为"风华掠影"与"风采撷英"，共计16篇精彩文章，旨在全方位、多角度地展现"浙群"辅导员在艺术与文化领域的独特风采与卓越贡献。

在"风华掠影"中，我们仿佛踏上了一场穿越时空的旅行，从音乐的华章到书画的雅韵，从龙舟竞渡的激情到意志考验的坚韧，每一篇文章都是一个故事，一段旅程。从《音乐华章：去浙音开"演唱会"啦》的欢歌笑语中，我们听到了青春的回响；在《书画雅韵：书画作品公益拍卖点亮爱》的善举里，我们看到了艺术的力量如何温暖人心，如何以独特的方式传递着爱与希望。龙舟竞渡的浪尖上，"浙群"辅导员的号子声惊起千年沉沙。当鼓点与心跳共振，偏离航道的危机化作团队默契的试金石。此外，"'名师班'，欢迎回家！"的温馨召唤，辅导员节的专属庆典，以及红色研学之旅的深刻体验，无一不彰显着教育与文化的深度融合，以及对精神家园的不懈追求。

步入"风采撷英"，犹如翻开一卷献给凡尘烟火、温情脉脉的散文诗篇。从国庆盛典的庄严与自豪，到中秋佳节传统韵味与现代创新的巧妙融合，每一篇章都浸透着浓郁的文化底蕴，满载着对美好生活的无限憧憬。在《植树绿动：春风十里，为青春充"植"》的叙述里，我们共同见证了人与自然和谐共融的美好愿景，辅导员与学子携手植树造林，不仅为校园披上了一袭翠绿的新装，更在每个人的心田播种下了热爱自然、守护环境的绿色种子。至于《母爱如歌：今天的捧花，送给妈妈》，则以温婉细腻的笔触，勾勒出母爱的浩瀚与无私，让人在感动之余，越发珍视与亲人之间那份深沉而炽热的情感纽带。五四风华之下，青春誓言铿锵有力，那是"浙群"辅导员与莘莘学子共同谱写的青春赞歌。在浙江这片充满活力的高校春日运动场上，欢声笑语与汗水交织成一幅幅动人的画面，尽显青春的蓬勃朝气与无限激情。此外，音乐与阅读的双重漫游，更引领着学子们在艺术的海洋中遨游，深度挖掘并丰富了他们的精神世界，让灵魂得以在知识与美的洗礼下熠熠生辉。

江河万里，必有源头；星汉灿烂，起于微光。"浙群"辅导员们为风华正茂的学子们搭建成长的阶梯，指引他们向着心怀梦想、勇于担当、坚韧不拔、不懈追求的光辉前程迈进，一同铭刻这一代青年独有的风华印记。让我们一起走进这一篇，领略文化与艺术的独特韵味，共同谱写属于我们的青春篇章！

风华掠影

音乐华章：去浙音开"演唱会"啦

　　"音乐"与"育人"，藏着怎样的故事？

　　2023年12月，浙江音乐学院的风雨操场上，当萨克斯重奏《奇多》的旋律划破夜空，当《将进酒》的豪情在舞台上奔涌，浙江省首届高校辅导员歌唱大赛的帷幕被音符掀开——这场属于"浙群"辅导员的演唱会，既是对教育初心的礼赞，更是对青春热爱的告白。

　　这一刻，舞台的聚光灯下，站着18支高校代表队。他们从全省84所高校奔赴而来，带着"辅导员也能成歌者"的倔强。当杭州电子科技大学的《夜空中最亮的星》点亮场馆，宁波财经学院的《奉献》唱响时，观众席上举起的荧光棒汇成星河。舞台上的每一支歌，都是育人故事的变奏。

　　"辅导员是什么？"

　　当浙江音乐学院的《将进酒》唱至"天生我材必有用"时，全场手机电筒发亮，答案已写在光海里：是深夜加班的键盘声，是就业指导简历上逐字推敲的荧光笔迹，是宿舍查

浙江省首届高校辅导员歌唱大赛

寝的手电光化作的音符。

此刻，那些曾被定义为"事务性工作"的琐碎，那些被误读为"青春陪跑"的坚守，在今晚化作教育的咏叹调——辅导员们用一场歌唱大赛证明：

我们的故事，值得被谱成乐章；

我们的热爱，终将照亮山河万朵。

赛后感言

我觉得全省辅导员在这个比赛中展现出来的是一种综合魅力：舞台表演技巧上，他们的水准非常高；团队风采展示上，他们充满创新的能量。他们的感染力特别强，有一种扑面而来的少年热血感。这种热血感对于更多高校学生来说，是充满魅力、具有偶像气质的，也让辅导员这一亦师亦友的角色变得更加立体、有趣和亲近。

——浙江广播电视集团著名导演　张捷

浙江省首届高校辅导员歌唱大赛决赛现场

　　歌唱队成立之初，非专业的我们面临各种挑战，但在看似不起波澜、日复一日的训练中，我们修正音调，打磨动作，突破自我。对我们而言，歌唱比赛的意义不在于获奖，而是一群人、一件事、一条心、一起拼，是为同一个目标奋斗的喜悦。

——浙江传媒学院　玫瑰少年歌唱队

书画雅韵：书画作品公益拍卖点亮爱

一幅画如何跨越千里，架起育人的爱心桥梁？浙江省高校辅导员主题书画作品公益拍卖给出了答案。

2024年5月11日，"我心向党，时代画卷"第三届浙江省高校辅导员主题书画作品公益拍卖以线上线下联动竞拍的方式在中国美术学院良渚校区圆满落槌。一幅幅书画，充分展现了"浙群"辅导员的艺术情怀和创作智慧，生动谱写了思政育人的"浙里风采"。

让我们一起聆听作品背后的故事。

美好·时光——辅导员书画班集体创作

《美好·时光》是"浙群"辅导员的集体创作，也是拍卖的1号作品。奋战在学生工作第一线的辅导员，他们感受到新时代新征程的责任，他们用画笔记录下了在育人工作中的美好心愿。在静谧的时光中，点线面多维的跳跃交织，描绘着未来新画卷的美丽图景，感受着新时代新征程的无限风光。

满园春色关不住——陈骁作品

水彩画《满园春色关不住》是全场单价最高的作品，由中国美术学院陈骁老师创作。他是辅导员，也是艺术哲学专业的博士，他的作品在去年也拍得了全场最高价。一花一世界，一叶一菩提，时光的痕迹，有着说不尽的美好，与众不同的满园春色，左右对称却又合二为一，令人感到欢喜和幸福。

漫山红遍——冯冬杰作品

中国美术学院辅导员冯冬杰以集体创作和个人创作的形式为本次拍卖贡献三幅作品。他的个人作品《漫山红遍》以独特的题材和大胆的艺术表达受到了关注，"映山红是韶山市市花，是中华儿女的红军花，那一丛丛、一簇簇延绵不绝的花海，红得灿烂，红得鲜艳，红得热烈，与中国红色文化交相辉映"。

第六期"名师班"学员集体助力公益

第六期"名师班"学员集体拍得两幅书画作品，总价全场最高。作为刚刚成立的班级，通过本次公益拍卖，将爱心汇聚，将力量传递，争做业务能力过硬、综合素质优秀、科研能力领先的骨干辅导员。

春暖雏鹰——"浙里"校友拍得

《春暖雏鹰》是浙江理工大学辅导员李家乐的书法作品，被浙江理工大学的校友拍得。"能够以公益拍卖这种特殊而又温暖的方式，表达对母校的感念之情，又能够帮助偏远地区的孩子们，十分有意义。"

美院教师拍得本校画作

中国美术学院良渚校区的何老师买走了本校辅导员的两幅绘画作品。他表示，对本校辅导员作品的支持，不仅是对辅导员队伍的认可，更是希望通过这样的公益活动将爱传递。

每一件拍品背后，都承载着这群辅导员的情感与故事。"浙群"辅导员奖助学金项目

第三届浙江省高校辅导员主题书画作品公益拍卖活动

自 2022 年设立以来，共资助新疆、云南等中西部家庭经济困难学生 197 名。辅导员以艺术创作反哺教育帮扶，形成"创作—展览—拍卖—助学"可持续公益链条。下一步，"浙群"辅导员奖助学金项目将继续动员各界爱心力量，为边疆教育提供新助力，播种新希望，让更多孩子感受到温暖的关怀。爱越山海，美美与共。今年，我们的爱心仍在延续……

龙舟竞渡："浙群"辅导员乘风破浪

龙舟竞渡映碧波，粽香四溢满江河，以桨为笔，以浪为纸，"浙群"辅导员奋楫击水，浪遏飞舟！让我们一起翻阅"浙群"辅导员关于勇气、合作与坚持的龙舟日记。

日期：4月15日　天气：晴朗　心情：激动

有幸以"浙群"辅导员龙舟队教练的身份回到了辅导员队伍，从4月15日建队到5月25日比赛，在短短一个来月时间里怎样让"浙群"辅导员从龙舟运动的"小白"升级为龙舟运动员，是摆在我面前最大的难题。幸运的是，从第一次训练起，队员们就表现出了对龙舟运动浓厚的兴趣，大家的接受能力也很强，从握桨到脚的支撑，再到划桨，我几乎只需要讲解一遍，队员们就可以有模有样地做出动作。虽然烈日当空，衣服被汗水浸透，肌肉也早已僵硬，但不论是岸上的徒手训练还是水上训练，队员们始终都相互鼓励、咬牙坚持，休息时间总会说"再练一会吧"，正是这种不怕吃苦、勇于挑战、精益求精的精神凝聚出了"浙群"辅导员龙舟队最强大的合力，也深深感动并鼓舞着作为教练的我。

——杭州师范大学团委书记　吕超

日期：4月23日　天气：小雨　心情：兴奋

作为一名国家二级运动员，我原以为自己的体能与技巧足以应对各种运动挑战。然而，当我第一次踏上龙舟时，我深深感受到了龙舟运动的独特魅力与运动员的不易。划龙舟不仅要求动作标准到位，更是对团队协作能力的极致考验。每一次划桨，都需要与队友保持高度默契，只有心往一处想、劲往一处使，才能使龙舟如飞般前行。这个过程让我明白，体育活动不仅是竞技的赛场，更是精神与意志的磨炼场。我与我的团队一起，在龙舟的赛道上砥砺前行，传承这份团结与拼搏的精神。

——浙江理工大学辅导员　朱诗威

日期：5月8日　天气：晴朗　心情：忐忑

阳光洒满五月的天空，我有幸加入龙舟队和多位老师并肩作战。初次集合，心中难免忐忑，团队里的每个人，都是龙舟项目的新探索者。吕超教练耐心指导，坐姿、握桨、拉桨、出水等，他对每一个动作都严格要求。顶着骄阳，下水训练，我和朱老师、孟老师的动作出现许多问题，如桨的碰撞、发力不均，潘老师鼓励我们静下心来耐心训练，渐渐地我们找到了发力的感觉，节奏保持一致。再练时，由于我们没有听鼓声，节奏非常混乱，潘老师鼓励我们要保持专注，紧跟鼓声，我们牢记教诲，齐声呐喊"1……2……1……2"，船桨在水面上划出完美弧线。龙舟上，每个人都是不可或缺的。多次训练，多次挑战，多次进步，都凝聚着我们团队的智慧和汗水，我们团结一心，同舟共济。

——浙江外国语学院辅导员　杜苏徽

日期：5月15日　天气：小雨　心情：开心

曾几何时，我只是在屏幕前看龙舟竞渡、破浪争锋的精彩赛事，在诗词里体会千舟竞发、百舸争流的壮观场景。此时此刻，晴空朗朗，碧波荡漾的西蜜湖上，我听到："稳定身体重心，注意坐姿。""老师，您划左边，我划右边，我们一起向前冲！"湖光山色让人陶醉，欢声笑语荡漾心神。

"浙群"辅导员龙舟竞渡

龙舟之上，伴着欢快的口号，我和学生默契配合，师生凝心，奋楫前行。桨板划过湖面，荡起的水花仿佛也在为我们加油，船桨仿佛是师生之间的精神纽带，让我与学生同心同向，相互信任，逐浪而行。期待着莘莘学子也会像这龙舟一样，乘风破浪，一路向前！

——浙江科技大学辅导员　孟令禹

桨声共鸣，心有灵犀。龙舟如箭离弦，每一声鼓点都是团队力量的脉动，每一下划桨都是团队默契的见证。团结拼搏，奋楫争先，看"浙群"辅导员做"浙里"思政工作弄潮儿！

意志考验：飞盘大赛超燃收官

"Up! Catch! Nice D！"

2024 年 11 月 17 日，24 所高校的 300 余名"浙群"辅导员、10 名高校分管领导、33 名学工部部长、25 万余观众在线观看浙江省第二届高校辅导员飞盘大赛总决赛。不惧风雨，热情启"盘"！

"浙场"飞盘总决赛有笑中带泪的坚持，有挑战极限的勇敢，有坚如磐石的信任，有不甘失败的遗憾，每一次击掌、每一回跳跃、每一个接飞都生动诠释着"浙群"辅导员的青春风貌！

在"极限飞盘"的规则体系下，每个参赛者都经历着三重身份的解构与重构：作为教师有责任担当、作为运动员有竞技意志、作为团队成员有协作智慧。那些在风雨中坚持的身影，那些在泥泞里完成的飞扑，以最直观的方式诠释着"意志考验"的深层内涵：辅导员的专业成长，从来都是痛感与成就感交织的螺旋上升。

"我好像一直在操心。"浙江省教育厅宣传教育与统战处调研员丁晓叮嘱运动员"记得喝姜汤"，心疼志愿者"搬物资太累"，担心各高校"返程是否顺利"……在求是园的绿茵场上，在运动员的大本营里，在提供后勤保障的物资室中，丁晓没有一刻闲着。飞盘旋风乐动"浙里"的背后，是无数日夜的苦心策划和辛勤付出。当星光与灯光交织，当镌刻荣誉的奖杯高高举起，当充满速度与激情的竞技场上彩带飘落，原来拼搏和友谊如此迷人，原来热爱和坚持可以奔赴山海。

"虽有泪有伤，但那都是属于我们的勋章。"在嘉兴大学的大本营里，辅导员侯静平正在一圈一圈缠蓝色的胶布。她说，在总决赛开始前，包括她在内的队里好几个老师都受伤了，但是没有任何一个老师萌生放弃的念头。"我们的目标很简单——享受过程，保证安全。"因为热爱，泪水和伤痕都是勋章，生命的坚韧与成长恣意绽放。

"是时候展现麻辣女兵真正的技术了！"她是退伍后选择成为一名辅导员的"麻辣女兵"王景欣，也是温州大学飞盘队的种子选手。景欣说，和队友们奔跑飞扬、默契配合、加油鼓劲的每个瞬间，都让自己找回了在部队和战友们并肩作战的感觉。从陌生到熟悉，从喜欢到沉迷，快乐有几重？玩一次飞盘就知道了！

"带女儿参赛，我多少拿个'精神文明奖'吧！"在备赛的休息室里，宁波工程学院的韩丽娜边上还坐着一个扑闪着大眼睛的小女孩"毛豆"。"这是我们第一次进飞盘决赛，我把女儿毛豆带了过来，在这风雨中畅快开'盘'，感觉意义更加非凡。"韩丽娜和宁波

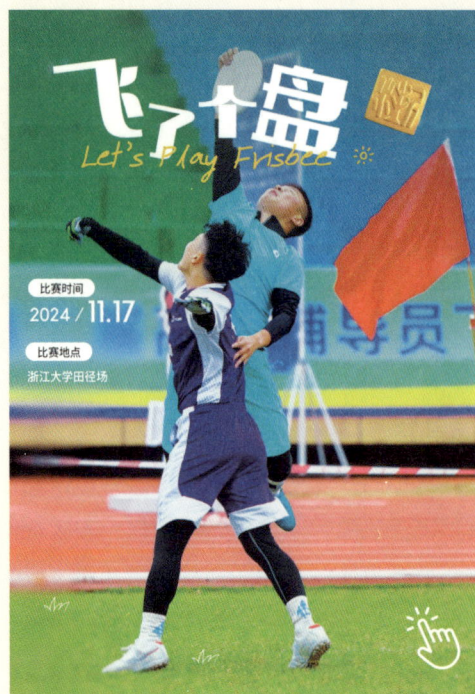

浙江省第二届高校辅导员飞盘大赛总决赛现场

工程学院的其他老师一起热身，一起训练，"沉浸式"享受快乐起"飞"的过程。

"永远年轻，永远热泪盈眶。"作为赛场的"守护者"，廖小琼在做裁判的过程中数次红了眼眶。一直以来，她热爱飞盘，熟悉飞盘，也曾亲眼见证许多关于飞盘的热血故事。"但这次不一样，很难想象，他们并不是专业运动员，而是平日里和学生朝夕相处的辅导员。那不服输的劲头，奔跑和追逐的身影令人动容。"廖小琼说，祝福"浙群"辅导员把多巴胺作为生活的百搭调味品，在思政育人的舞台上舒展风采，"盘"出魅力。

"我只担心比赛能否如期举行。"在看到飞盘总决赛志愿者的招募信息后，浙大农学院的戴泽炜、教育学院的陈俊杰"火速"报名。本次比赛，身穿红色马甲的志愿者负责团队接待、物资运送、现场检录、分数统计等工作。"天气预报说会有大风大雨，我们唯一担心的是会不会影响比赛的举行，淋点雨倒是没啥！"飞盘的魅力在绿茵场上洋溢，也在无数师生的心田流转。

"他们是我们的辅导员，也是最耀眼的星星！""杭 star 勇闯天涯！""稳住，我们是全场最佳！"上届冠军得主杭师大的身后，是一支"自带锣鼓"的学生啦啦队。他们由各学院的 20 余名学生代表组成，自发前来为自己的辅导员鼓劲助威。每一次精准的投掷，都伴随着同学们响彻云霄的欢呼；每一次精彩的接飞，都成为师生同频共振的火花。奔跑吧！欢呼吧！享受内啡肽暴击的快乐吧！

"浙里"的飞盘故事不止于此，亲自上场"逆风翻盘"的学工部长、忙前忙后"紧急救火"的医疗人员、撑着伞也一定要出图的直播摄像师，都是"浙里"独一无二的风景线。他们的故事告诉我们：投掷热爱，接住快乐，管它终点有多远！

吾心逐梦："名师班"，欢迎回家！

2018—2024 年，浙江省高校名师辅导员成长引领计划深耕六年六期，锻造 123 名思政先锋，铸就辅导员专业化发展的"浙江范式"。通过"理论研修＋挂职锻炼＋研学破壁"的立体化培养模式，推动辅导员从"事务执行者"向"青春领航人"跃迁，以"浙里"经验回应新时代思政育人之问。

重逢：求是园里的年轮印

2024 年 5 月 9 日，浙江大学求是园海棠纷飞处，历届师生重聚。

签到台前，泛黄的《学员手册》与簇新的《成果汇编》并置，恰似时光折叠的剖面；纪念交流会上，"名师·感恩我的导师"环节，褪色的手写信笺是比语言更厚重的真诚；茶歇区的"时光胶囊"装置，封存着往期学员的初心誓言："让每个学生都相信光……"当大屏幕上播放导师深夜逐字批注论文、学员蹲在高铁过道改材料、结业式上相拥而泣的

浙江省高校名师辅导员成长引领计划学员与班主任合影

画面时，台下响起经久不息的掌声。这掌声，是对"传帮带"传统的致敬，更是对"辅导员也能成为专家"信念的共鸣。

耕耘：数字里的光阴册

70484012，看到这串数字，你会想到什么？

这是一串写满名师奋斗的数字密码。

"70"是指辅导员名师班至今的 70 余项省级荣誉：名师班学员摘得"全国高校辅导员年度人物""浙江省思政微课特等奖"等省部级奖项，其中 12 人站上国家级领奖台。

"48"是指辅导员名师班至今的 48 项省级及以上课题：主持国家社科基金项目、教育部人文社科项目、浙江省教改重点项目，让"辅导员"跻身学术殿堂。

"40"是指辅导员名师班至今的 40 篇核心成果：在《思想理论教育》《中国高等教育》等期刊上发表独著论文，将一线经验凝练为理论范式。

"12"是指辅导员名师班至今的 12 部专著：从《辅导员专业化职业化的路径与方法》到《新时代青少年法治教育研究》，书架上的厚度丈量思想的高度。

这些数字，是深夜办公室的台灯光晕，是高铁上改稿的键盘声响，更是名师班"1+1+N"导师制结出的硕果——每个学员身后，都站着一位深耕思政领域 20 年以上的"大先生"。

荣光：群像里的星辰光谱

翻开名师班的花名册，跃动着浙江思政教育的星辰光谱。

杭州师范大学钱珊以"十四载春秋织就十万星河"，用《学生成长档案》镌刻青春年轮，让"最美辅导员"所蕴含的责任与深情，如同被阳光照耀的种子，慢慢生长，诠释"被看见"的教育哲学。

浙江大学楼艳以"严谨治学铸就专业经纬"，10 项省部级课题构建理论骨架，7 本专著沉淀实践智慧，10 篇 CSSCI 论文编织学术星轨，用浙江省教学成果一等奖的鎏金光泽照亮辅导员专业化成长的星际航道。

浙江科技大学范俊强"让特质光谱穿透学业迷雾"，6 项厅局级课题解码成长基因链，4 篇核心论文重构教育算法，以国家社科基金为密钥，在生涯规划与心理咨询室的量子纠缠中破译育人密码。

浙江经济职业技术学院张野南"用 20 年光阴酿成一句承诺的琥珀"，当"有事找南姐"穿越 7300 个晨昏，当学生说"南姐的皱纹里藏着成长密钥"，岁月终承认：教育是师生双向雕琢的地质年轮。

············

从钱塘江畔到瓯江之滨，"浙群"辅导员的故事终在之江大地上裂变成灼灼花海。

起航：山海间的再出发

舞台上，灯光渐亮，学员们饱含深情地朗诵《遇见"名师"》，他们诉说着在名师班的成长历程。那些与导师们相处的难忘瞬间，那些在知识海洋里奋力遨游的日夜，那些因思想碰撞而擦出的璀璨火花，都一一在朗诵声中重现。

当朗诵的余音还在空气中回荡，钱塘江潮正以它那磅礴的气势，奔腾着涌向东海，那汹涌澎湃的浪潮，恰似名师班此刻开启的新征程。在这山海之间，名师班带着过往的荣耀与积淀，迎着时代的浪潮，再次起航，向着更高更远的目标奋勇前行，去书写属于他们的崭新篇章。

山海有期，师道长存；

吾心逐梦，此道不孤！

浙江省高校名师辅导员成长引领计划"全家福"

闪耀"浙里"：辅导员节专属节日

启幕：十二画的团圆

"朋友"与"家人"这两个词，都是十二笔画。

2024 年 12 月 12 日，是首届浙江省高校辅导员节，这个被笔画赋予温情的日子，属于每一个在深夜回复学生消息的辅导员，属于每一颗在琐碎中坚守初心的灵魂。在钱塘江畔的冬日暖阳中，数字"12"化作金线，将 8000 余名辅导员的初心串成璀璨的珠链，让这个专属于"浙群"辅导员的节日，闪耀出思政教育的时代光芒。

这一年，我们共同走过的 365 天，是"浙群"辅导员的史诗：从"信仰的力量"宣讲团跨越 11 个地市的足迹，到"真理的味道"大思政网站汇聚的 900 余项资源；从《青春引路人》镜头下 8000 多张鲜活的面孔，到《辅导员小马成长记》中那句"老师，我考上研究生了"的哽咽……

这一年，我们不是孤岛，而是连成山脉的群峰。

首届浙江省高校辅导员节

篇章：育人的诗与歌

舞台上的光，终会暗去，但辅导员的故事，永不落幕。当杭州师范大学的歌者唱响《篇章》，我们听见的是辅导员们用脚步丈量的青春；当《心灵密语》的配音在剧场回荡，我们触摸的是那些未被言说的深夜焦虑与破晓曙光。

辅导员是什么？是学生口中"比闹钟还准时"的"小马老师"，是手机里24小时在线的"树洞"，是毕业照上永远站在角落却撑起整片天空的身影。今天，那些藏在谈话记录里的红笔字迹，那些被油墨浸透的论文扉页，那些别在胸前的班徽与扛在肩上的班旗，都化作舞台上的星光——因为它们本就是教育的勋章。

荣光：薪火相传的炬火

"大漠戈壁、西出阳关、驼铃声声，我们把思政教育搬进广阔天地，助力马兰精神在校园中传承发扬。甘当隐姓埋名人，勇干惊天动地事。"这是"最美辅导员"浙江大学项淑芳。

一群人，矢志不渝只做一件事。"黄金0.3米，是我和学生心间的距离"，这是"全国优秀辅导员"浙江工业大学毛筱媛；"找'穷源'、谋'发展'，振村容、兴文化"，这是"全国高校优秀思想政治教育工作者"杭州电子科技大学胡海滨；"跨越5200公里，传递'爱与榜样'，让每一颗'石榴籽'紧紧相拥"，这是"全国高校辅导员年度人物"宁波职业技术大学米娜瓦尔·艾力……

跨越千山万水，遍历春夏秋冬，"浙群"辅导员的故事，写进大学校园的处处草木中，写入岁月长河的涓涓细流中，写成学生心中最美的力量！而此刻，我们终于看到——那些播撒下的种子，已在之江大地上连成花海。

共鸣：青春的双向奔赴

当《辅导员100问》的主播再次集结发起第101问，当6期名师班成员同台共唱《青春，只为祖国》，当"智慧思政"的蓝图在背后默默无闻的贡献者的讲述中得到舒展，我们忽然懂得：辅导员节的意义，不是歌颂伟大，而是让每一份平凡都被看见。

从追光者到引路人，从追梦人到筑梦者。辅导员节以最柔软的笔触，写就平凡者的史诗。"浙群"辅导员在时光褶皱里镌刻下光的年轮。这束光，既照亮学子远行的路，亦温暖育人者沉默的夜。当万千星火汇聚成河，那些曾被冠以"平凡"的坚守，终在之江两岸绽放出灼灼其华的时代光芒。

星芒：十二时辰的时光叙事

辰时，怀中的主题班会材料在疾步间簌簌作响，台下学生们关于"职业规划"的讨论声此起彼伏；未时，从抽屉中取出的《学生成长手册》记录着点点滴滴，逐项圈出需要谈心谈话的对象。酉时，暮色已漫过篮球场铁网，汗湿的掌心与学生们相击，挥汗如雨间还不忘提醒跃跃欲试的围观者轮换上场。戌时，月光爬上宿舍楼砖墙，口袋里的钥匙串随着脚步叮当作响，带着寝室安全检查登记表敲开房门，目光扫视着床铺桌椅，抬手看表，记录时间……

舞台上每一幕场景都是辅导员日常工作的缩影，时装情景秀与《辅导员工作手记》的投影重叠，琐碎的日常被淬炼成艺术形态，那些被岁月磨出包浆的寻常时刻，将辅导员的365个日夜压缩成十二个诗意时辰。

终章：向未来致意

此刻，大屏幕上的"浙群"辅导员 LOGO 缓缓升起。

篆书的"浙"字，犹如枝繁叶茂的大树。辅导员以文化传承者的姿态，让这棵育人之树有了更生动的诠释：每一片叶脉都是成长的轨迹，每一圈年轮都是坚守的见证。辅导员如樟树般静默伫立，以繁荫遮蔽风雨，以根系托举希望，让年轻的生命在沃土中拔节生长。

站在此刻回望，星河璀璨处，是无数双手托举的微光；向未来远眺，年轮里的星轨仍将绵延。这枚 LOGO 终将成为一枚永恒的印记，提醒每一个辅导员：立德树人的初心，是刻进血脉的使命，亦是照亮远方的星辰。

谨以此文献给每一个"浙群"辅导员：

你们的每一份坚持，都是青春最好的注解；

你们的每一次守望，都在续写育人的史诗。

星河滚烫，你是人间理想；

微光成炬，照亮山河万朵。

红色研学：筑梦之旅，很有"料"！

南湖畔，运河边，"浙群"辅导员红色研学之旅会碰撞出什么样的火花？2024年5月、11月，来自全省各高校百余名专职辅导员骨干相聚嘉兴。在红船精神的原点，辅导员们重拾"引路人"的使命：用新质思政能力，为青年扣好"第一粒扣子"！

全省高校辅导员红色研学活动

理论宣讲　根植红色基因

中共一大13位代表的人生轨迹是什么样子的？学员们通过听取早期共产党人生动的故事，理解了"红船精神"的深刻意蕴，领悟其在新时代背景下的实践意义，为新时代的教育工作提供精神动力和方向指引。

纪律底线不牢会有什么危害？纪律党课聚焦辅导员队伍政治纪律的提升，增强辅导员队伍的政治敏锐性和鉴别力，使辅导员们明底线、知敬畏，明白身为教育工作者的使命与担当。

研学实践　触摸历史脉搏

踏入《新青年》编辑部旧址，历史回声在耳，思想火花在心，百年风华，青春不朽。步入上海博物馆，千年瑰宝映眼帘，历史长河流转间，尽显中华神韵。漫步嘉兴火车站，古朴与现代交织，历史的厚重与未来的憧憬共舞，每一步都是时光的流转、诗意的凝结。驻足红船边，革命初心永铭记，碧波荡漾映初心，红色精神代代传。参访缪家村，共同富裕的画卷徐徐展开，村民笑语盈门，幸福溢于言表。

研讨交流　激发智慧火花

研学特设小组研讨、心得分享环节。围绕"如何有效转化学习成果，实现个人成长与工作效能的双重飞跃"这一核心议题，研学成员分享见解，互相启迪，在思维碰撞中共同进步，提升学习。

趣味团建　架起友谊桥梁

面对新时代新要求，最好的思政教育，是让自己先成为一团火，再把星光洒进学生眼底。通过班级破冰、辅导员运动交流赛等，学员们敞开心扉，心手相连，默契配合，奋力拼搏，尽显"浙群"辅导员的青春风采与团队力量，让"满天星"聚成"一团火"。辅导员肩负着共同的责任和使命：携手共进，迸发无限力量！

这场跨越百年的对话证明：最好的思政教育，是教育者先成为流动的红色智库——既要有解读"中国共产党为什么能"的理论锐度，更要具象化为"'00后'为什么听"的实践温度。当辅导员将所学所感融入大学生思想政治教育中，教育的星火便永远年轻。

学员心得

用红色文化浸润引领学生、细致入微关心学生、以身作则感染学生，用爱和温暖陪伴学生度过每一个重要时刻，这是我的择业初心，也会是我一直的坚持和追求。

——宁波大学　褚慧丽

作为辅导员，我们也要乐于学习，敢于创新，善作善成，不断提升自身的新质思政能力，用实际行动去影响和激励学生，让红船精神在育时代新人中焕发出新的光彩。

——中国计量大学　詹婷

研学是一次"归零"的过程，更是重拾辅导员职业初心的过程。做好党的青年工作，辅导员使命于心、重任在肩。我们要用扎实的理论指导实践，让思想政治教育工作走深走实走入学生的心。

——温州医科大学　曹博智

红学圣地，思想洗礼。新时代"重走一大路"是一趟叩问初心的旅程，本次研学之行不仅重现了百年前的历史，更展现出新时代的无限蝶变魅力。

——浙江交通职业技术学院　关雪研

四天的红色研学之旅，让我收获颇丰。本次研学从理论到实践，是一次既"解渴"又"饱腹"的思想洗礼，也让我更加明确了新时代青年辅导员的责任担当。我们更应百折不挠、初心如磐、知行合一，做好学生思想的"引路人""守护人""筑梦人"。

——浙江纺织服装职业技术学院　何平平

回首过往，展望未来！发扬红色传统、传承红色基因、赓续红色精神，将所学所感融入大学生思想政治教育中，为学生们打好人生底色，扣好"第一粒扣子"，和学生们一起走好新时代长征路。

浙湘问道：名师辅导员湖南行纪

当浙江的"七色光"遇见湖南的"一抹红"，思政教育的脉络在碰撞中越发清晰。2024 年 12 月 3 日，浙江省高校名师辅导员成长引领计划第六期 20 余名学员赴湖南长沙、湘潭开展实践调研，以"寻源求'真'·浙湘有'理'"为主题，通过实地考察、座谈交流、文化体验等形式，探索红色基因与思政教育的融合路径。

浙江省高校名师辅导员（二级学院副书记）成长引领计划第六期学员在橘子洲头

初心的重量

在湖南这片红色热土上，学员们开始了一段寻找初心的旅程。为中国人民谋幸福、为中华民族谋复兴，是共产党人的初心；为党育人、为国育才，是辅导员的使命。在韶山，大家追溯了伟人立志改变中国和世界的伟大志向，感受到了那份为国家和人民奋斗终身的精神。这份初心的重量，让大家在教育的道路上更加坚定和执着。

真理的力量

真理是指引我们前行的灯塔。在岳麓书院，学员们探寻"实事求是"的真谛，深刻体会到这是教育工作者需要秉持的原则，也是辅导员引导学生认识世界、解决问题的基础。在湖南第一师范学院，学员们感受到了早期共产党人用赤诚和热血追求真理、用生命与鲜血捍卫真理的伟大力量，这股力量是辅导员们传承和弘扬红色精神的动力源泉。

实践的能量

实践是检验真理的唯一标准。学员们在湖南大学重走了习近平总书记考察调研时的路线；在中南大学体验了"56度的中南"和"友善"课堂；在湘潭大学参观了毛泽东思想专题展；在湖南工业职业技术学院走访了创业园、实训基地。大家的足迹遍布了校园的角落，也通过"实地丈量"的方式，为下一步开展好学生工作积蓄了满满的能量。

创新的胆量

创新是时代发展的动力。在与各高校师生的交流中，学员们学习了如何将智能技术与传统的学生工作相结合，如何通过项目式学习激发学生的主动性和创造性，如何在校园内建立一个支持学生创新的平台……这让大家深刻感受到，辅导员不仅是学生的良师益友，更是学生创新思维的引领者。

教育之路，行者无疆，怀揣着所学所悟，坚定奔赴教育远方，在"浙里"，他们必将书写思政教育的新华章！

学员心得

作为辅导员，我们拥有培养有理想、有担当的青年，引导他们成为国家的栋梁之材的初心。我要把这份沉甸甸的初心带回去，告诉我的学生们，要铭记历史、坚定信念、勤奋学习、追求卓越。

——中国美术学院　韩阔

真理让我们在教育的道路上更加坚强和自信。辅导员要坚持追求真理，坚持终身学习，不断克服本领恐慌。这趟调研也让我思考，如何将这种追求真理的精神融入学生的日常教育中，激发他们的探索精神和创新能力。

——丽水学院　陈池

出发前，我们都计划好了到每所学校重点学习的内容。虽有充分的准备，但身临其境所带来的震撼感难以言表。我相信每个人都有很大收获，这种收获不仅是从别的学校那儿借鉴到了什么，更多的是习得了通过实践积蓄工作能量的方法。

——宁波大学　吴敏

作为辅导员，我们需要有创新的胆量，敢于尝试新的方法和思路，以适应时代的发展和学生的需求。这趟研学让我学到了一些激发学生的创新思维和创造力的方法，回去就试一试。

——浙江音乐学院　周熠

知行无疆：集结！"走南闯北"修炼真经

学生工作创新遇挑战？思政工作实效性难提升？如何点亮前行灯塔？跨校学习成为破局关键！2024年12月18日，"浙群"学工部长们集结出发，奔赴广州、深圳、长春、哈尔滨10所高校，开启了"走南闯北"为期5天的研修学习！

关键词一：智联社区

中山大学以"双中心"驱动智慧治理，整合12项职能打造"一网通办"服务体系，警校联动织密安全防控网；南方科技大学构建"书院＋双导师"育人生态，专业导师与生活导师双轨并进，将科研指导融入生活社区；深圳职业技术大学创新"党建引航＋校企共育"模式，十大书院引入生产线项目，实现产教协同育人生态圈。三校共同构建起学生社区建设中"技术赋能＋人文浸润＋实践育人"的南方创新范式，为全国高校提供了可复制的社区治理升级方案。

关键词二：融合赋能

吉林大学打造"劳模讲台＋劳动创造"进阶体系，联动八类基地培育实干精神；哈尔滨工业大学首创"知识图谱＋航天场景"融合课程群，年接待3万人次，打造沉浸式科技报国课堂；黑龙江大学构建"四大课程群＋情景研学"红色育人链，以革命遗址数字化激活龙江精神传承。

三校构建起"产教精神＋科技情怀＋文化传承"的思政育人金三角，形成理论教学与实践淬火相协同的育人矩阵，为新时代"大思政课"建设提供了多元融合的东北方案。

关键词三：双维强师

深圳大学打造"评估—孵化"成长闭环，创立"荔园青年成长营"，实施360度动态追踪，配套精品项目及工作室孵化机制，培育能担重任的"铁血军团"；东北师范大学实施职务、职称、职级"三线晋升"，搭建理论研究、学历提升平台，推行职称评聘单列计划，破解职业发展瓶颈。两校分别以"实战练兵"和"学术破壁"双路径，形成辅导员专业化发展的南北范式。

参观哈尔滨工业大学航天馆

参观黑龙江大学博物馆

关键词四：心育生态

华南师范大学实施"繁星预警＋点亮赋能"双轨计划，以"十百千"工程构建预防与发展并重的心理育人范式；东北林业大学打造"五位一体＋园艺疗愈"支持网络，依托云平台实现"校—院—班"三级响应，用正念训练浸润心灵成长。两校形成"智能监测预警系统＋沉浸式疗愈场景"双轨并进的心理育人范式，为新时代高校心理健康教育提供"科技硬支撑"与"人文软浸润"融合发展的南北样板。

学员心得

有幸参加了省教育厅组织的 2024 年浙江省高校学生工作骨干研修班，5 所高校的实地调研让我印象深刻。一是温暖。原以为南方人向北而行，冷会是最深的印象，没想到好客的东北学工人给了我们意想不到的热情。每一次分享交流，喷涌的都是学工人发自内心的绵绵暖意。二是生动。本次培训时间共 5 天，培训的每一天都是从早到晚，甚至还要连夜转车，安排甚是紧凑；内容上既有经验分享，也有实地参观，干货满满，收获满满。学生工作的鲜活经验、生动讲述，让参训人清晰地感受到优秀的从业者们并非高不可攀，相反，他们碰到的问题、困难，有过的疑虑、担忧，破题的想法、做法，都似曾相识，可以学习，可以借鉴。

——杭州职业技术大学学工部　江平

感谢省教育厅的精心组织。此次到东北 5 所高校调研，我们深刻感受到了老牌院校在学生思政工作方面的成功经验和创新举措。哈尔滨工业大学"大思政"领航体系，发挥教师力量助力日常管理与思政工作。东北师范大学"多维度"培养机制和黑龙江大学"五维并举"建设机制，提升了辅导员队伍的专业素养，强化了队伍的育人能力。吉林大学的"劳模讲劳动教育课"，让学生近距离接触并感受实干精神。东北林业大学紧扣生态主题，发挥基地育人作用，厚植学生生态情怀。另外，各高校的场馆育人工作模式也极具特色，学校红色底蕴的发展史，航天馆、博物馆承载的历史与馆内的科技展品诉说着先辈们的奋斗与智慧，不仅拓宽了我们的视野，也为我们注入了精神动力，为我们的场馆育人提供了新思路。

——宁波大学学工部　张海华

感谢教育厅的精心安排！此次广州、深圳的 5 天之行，5 所高校的现场调研，给我留下了深刻的印象。不同于平时的理论学习，此次调研针对学生工作中的重点难点问题进行现场考察、座谈交流，受访的每所高校倾囊相授，工作各具特色。比如，中山大学的马院青专辅导员制度、华南师范大学的"青春演播厅"榜样育人、南方科技大学和深圳职业技术大学的书院制"一站式"社区建设、深圳大学的片区化"一站式"社区建设和荔园青年成长营，这些特色和亮点值得我们学习借鉴。学以致用，接下来要将此次学习成果积极转化，结合学校实际，推动学校的一站式学生社区建设、辅导员队伍建设、学生思政教育等工作进一步提质增效。

——浙江师范大学学工部　杨雪龙

衷心感谢省教育厅的精心组织，满载而归，心怀感激！5 天的参访之旅，如同一场思想的盛宴，让我心潮澎湃。中山大学的深厚底蕴让我肃然起敬；华南师范大学让我深刻体会到教育的温度；深圳大学的创新活力让我耳目一新；南方科技大学的科研实力让我深感震撼；深圳职业技术大学的实践技能让我深受启发。我深刻感受到，5 所高校都有着独特的教育理念和文化氛围，特别是思政教育、辅导员队伍建设、服务学生成长、一站式社区建设、心理健康教育等方面的理念制度、资源投入、队伍建设都非常先进，给我带来诸多启发。我将带着这些灵感和深刻感悟，回到校园，将学习的体验和深思转化为行动，与我校的实际情况相结合，激发学生工作活力，为学生的成长发展贡献更大力量。

——浙江交通职业技术学院学工部　蒋顺

风采撷英

中秋雅韵：中秋"新风尚"

花好月圆，"浙里"的中秋节，不仅承载了思乡的"涩意"，团聚的"甜蜜"，更是一场洋溢着创意与温情的"跨界盛宴"。

想知道"浙里"高校如何"玩转中秋"，将传统文化与现代科技"跨界混搭"，将艺术创意与舌尖美味"完美融合"吗？快来加入这场中秋"奇幻之旅"，探秘"浙里"高校中秋"新风尚"。

宁波大学：Hi 中秋，Nice 兔 Meet U

情景剧、猜灯谜、绘玉兔、做月饼，宁大留学生们入乡随俗，体验了非遗美食制作，感受汉服文化魅力，在跨界文化交流中了解中国，认识中国，传播中国文化。

浙江理工大学：当迷彩绿遇上圆月明

一封家书寄情思，军营里的他们通过一张小小的信笺，将思念诉诸笔端，用信纸道尽感恩与祝福。辅导员还为每一个同学拍摄了一张"军装照"，随家书寄往父母手中。一张张英姿飒爽的照片，记录着"浙群"大学生的第一次青春蜕变。

温州医科大学：温医专属月饼里裹着"爱"

温医今年为全体在校生免费发放 4 万多枚月饼，为校外实习见习学生发放 1 万多张月饼券。把浓浓的节日祝福，传递给每个温医学子。学校为学生免费发月饼的传统已经延续了 20 多年，累计发放月饼超 60 万枚，惠及学子 40 多万人次。

浙江科技大学：既是棋逢对手 也是知己团圆

"和风雅乐"月饼礼盒，"包装创意"与"舌尖美味"完美融合。月饼包装"摇身一变"成为"校园建筑"飞行棋，在西蜜湖畔的荷塘月色下赏味、赏月、对弈。既是棋逢对手，也是知己团圆，为中秋增添滋味与新意。

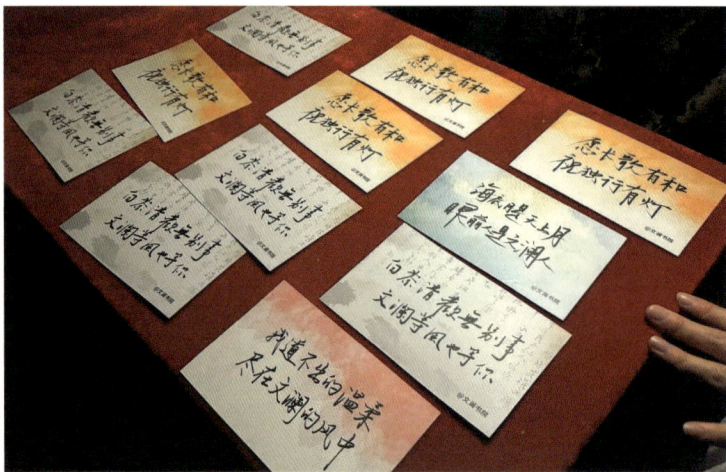

绍兴文理学院书法绘画寄相思

绍兴文理学院：月满中秋　情聚文澜

秋风明月寄相思，朝朝暮暮尽团圆。在文澜，书法绘画，三行诗歌，共浸浓浓中秋意，同享圆圆故乡月。

宁波财经学院：梦回"月夕"体验中秋情浓

桂子飘香月满天，中秋游园会佳期。幸运猜灯谜、中秋飞花令、中秋祈愿墙、月饼DIY，在宁波财经学院，"中国式浪漫"的中秋游园会，让文化传承和趣味互动撞个满怀。

浙江水利水电学院：中秋话团圆　共叙团结情

学生党员与"石榴籽"相拥结对，同上一堂课、同读一本书、同过一个节。以书为友、以书为伴，阐释中华民族共同体理论渊源，牢固树立命运与共的共同体理念，感受水院的温情、热情与真情。

浙江音乐学院：月映新声　筑梦舞台庆中秋

炫目舞蹈，点燃青春火花。美声独唱，悠扬旋律触动心弦。筝乐合奏，古韵新声交织出青春交响。欢声笑语中，把歌言欢；轻吟浅诵间，诗意盎然。在充满朝气的浙江音乐学院大家庭里，新老生携手并肩，同台献艺，共同度过了一个活力四射的中秋。

浙大城市学院：非遗点亮中秋　石榴红遍校园

各族青年手拉手，馆校合作聚合力。非遗传承谱新章，石榴籽点亮民族团结，鱼灯祈愿美好未来。用非遗传承点燃青春梦想，用青年力量点亮中秋佳节。

是传统节日的"变身秀"，也是文化与时代的"完美碰撞"，是古老韵味的"新潮演绎"，更是传承与创新的"携手共舞"。这个中秋，"浙里"高校别样甜。

植树绿动：春风十里　为青春充"植"

3月12日是植树节。年年植树树成荫，代代造林林成森。拥抱春天，播种绿色，春水初生，万物萌动，浙江的校园里生机盎然。在这充满希望的季节，我们向广大学子发出春天之约，让梦想发芽，让知识播下希望，收获未来。只要我们乘着春风，蓄势而上，就能遇见一切美好的事物。

浙江工商大学

春风十里，万物复苏。浙江工商大学用"我在商大为青春充'植'"系列活动陪学生迎接春天！

"易"起播种，写下我的春日寄语——把希望与寄语藏在春风里，让春风吹走前行道路上的阻碍，快来留下你的春日 or 新学期愿望吧！

"寻找春日计划"，商大春日摄影大赛——捕捉春日瞬间，定格美好风景，你眼中的商大春日是怎样被定格的呢？快来与我们一起分享吧！

风传花信，雨濯春尘。希望浙小商在播种希望孕育新生的季节里，找准新目标，共享好春光，捕捉美丽，践行绿色低碳发展理念，用行动为青春充"植"！

浙江农林大学

无山不绿，有水皆清，四时花香，万壑鸟鸣。这是几代农林人的梦想，也是浙江农林大学师生们一直在奋斗的事业。

在植树节来临之际，浙江农林大学的师生们积极响应"生态育人、育生态人"工程号召，植树添新绿，不负好春光。

挥锄、挖坑、培土、浇水……团结协作，相互配合，替山河妆成锦绣，把国土绘成丹青。

浙江财经大学

早春三月，春风传信，繁花邀约，木叶相迎。每一片叶，都是独特的生命，每一朵花，都是大自然的杰作。拓印，让自然以灵动的方式，将生命和春天延续，留下专属痕迹。

将叶片轻放在布上，敲打、按压，揭开叶片看到或清晰或斑驳的印记，这是自然的美丽，也是我们辅导员的创造力……

　　在享受创作乐趣和传递保护环境理念的同时，也把自然"袋"回家。

浙江财经大学叶片拓印成果展示

浙江树人学院

　　"心理"种花，"植"得美好。春风十里，润物润心。浙江树人学院举办"心理"种花植树节主题活动。

　　师生一起改造废弃空瓶，进行主题彩绘，将校园内咖啡店的废弃咖啡渣混合土壤栽培多肉、郁金香等植物。

　　在绿色、环保、生态、疗愈中，师生们共同种下属于绿色春天的殷殷期盼。

浙江水利水电学院

　　阳光温暖，微风和煦，南浔校区南门附近，草木萌发，生机勃勃，浙江水利水电学院的校领导与湖州南浔区领导带头参加义务植树活动。校领导、区领导、校青协志愿者近150人种植朴树、李树、桃树、樱花、水杉等苗木200余株。

学校作为全省首批"浙江省绿色学校（高等学校）"，通过深入开展生态文明教育，引导师生自觉做生态文明建设的实践者、推动者，为建设美丽中国先行示范区、打造共同富裕示范区做出积极贡献。

温州理工学院

温州理工学院开展"种幸福小苗，为青春'充植'"植树节系列活动。

东海之滨，春意渐浓。温州理工学院组织"种幸福小苗，为青春'充植'"植树节系列活动，感悟生命成长，探寻绿色校园建设。校党委副书记王定福与同学们共同栽种小树苗。

在春日暖阳下走进大自然，扶苗、培土、浇灌。校心理健康教育中心同步启动"幸福种子成长计划"。

取一份种子，许"海誓山盟"，让大学生们感受自然，感悟生命，体会生命成长的意义。

浙江商业职业技术学院

3月，浙江商业职业技术学院"不负春光，'植'此青绿"——植树节系列活动正式启动。

挥锹铲土、扶树稳苗、培土围堰、提水浇灌，在学校的劳动教育基地里经常能看到同学们为果实忙碌的身影。

合力种下的小树苗上，同学们还用画笔为自己的劳动成果点缀彩色的名片。

除此之外，还有树叶画活动，用捡拾的落叶进行创意粘贴，制成艺术画作，用实践践行绿色生态文明理念，爱护绿水青山。

浙江建设职业技术学院

春暖花开季，植树好时节。在这春风拂面日，校领导携手师生一起走进上虞校区，为梦想种棵树，携手共建青绿家园，共同播撒希望。

一树一花，绿色生态，挥动的铁锹为建院青绿之色松土，传递的水壶浇灌建院学子的活力。惊蛰节气，万物复苏，让我们为新一年的梦想，撸起袖子加油干！

十年树木，百年树人。党建引领、建设集群、产教融合，师生协力一心全面开花。思政一体、五育并举、多措并行，和谐校园共赴美好明天。为梦想充"植"，"植"悟人生，不负好春光。

温州科技职业学院

师生共种"同心树"。春风渐浓，万物生机，生命如此神奇，从无到有，从小到大，从一颗种子变成小苗，每一个小小的生命，都需要我们用心去维护。

植树节来临之际，在温州科技职业学院实践基地——种子种苗科技园里，一场师生植树活动正在如火如荼地开展。这次活动不仅让师生们共同见证了绿色环保与希望，也为青春岁月留下了宝贵的回忆，让"同心树"成为温科师生共同成长的见证！

母爱如歌：今天的捧花，送给妈妈

母亲节快乐！

在学校里，辅导员以温情为笔，绘制日常的暖阳。他们身后，亦有伟大的母亲以无尽的爱默默守望，辅导员将平日缄默的情感与难以言表的爱，化作信笺上翩跹的字迹、诗行间跃动的音符，让爱不再隐匿于心海深处，跨越时空在每个细节中流淌，低吟浅唱年年岁岁谱成的颂歌。

以爱之名，伴你到老

写下这段话时，我也在想，应当如何表达对母亲的爱与感激？思来想去，似乎想到的能做的都十分有限。

小时候，总想快点长大，摆脱她的"唠叨""管教"，早点去看看外面的世界。现如今，长大后却发现皱纹不知何时已经爬上了她的脸颊，只有"唠叨"一如既往。从过去的抗拒到欣然接受，我也从被照顾的小孩长成了可以陪伴她的"大小孩"。

母亲节快到啦！我想说：您辛苦啦，祝您节日快乐，天天快乐，希望您能一直"唠叨"下去，我也会一直伴您左右的！

——浙江大学海洋学院辅导员　刘航

向爱而生　续写伟大

母爱如星辉灿烂，照我行路夜未央。
母亲节至诗韵扬，深情厚谊寄心房。
致敬慈母恩似海，无私奉献爱无疆。
愿母安康乐永享，福寿绵延岁悠长。

——浙江工业大学信息工程学院辅导员　张佳峰

纸短情长　爱不设限

亲爱的妈妈：

展信佳。当有机会提笔写信对你说些什么的时候，我的脑海中走马灯似的闪过了无数个与你相处的片段，把这些片段串联起来的瞬间才惊觉：原来我的成长里也有你前半生的缩影和写照。

即使腰不舒服也要抱着小女儿的你，自己穿得很朴素却把女儿打扮成洋娃娃的你，订阅一堆阅读杂志、报刊为女儿打开文学世界的你……你为做好"妈妈"所付出的努力，我现在才慢慢看清楚。

有好多好多情感想诉诸笔端，但最想说的是"你在我心里是一位特别棒的妈妈"，感谢你给予我最丰沛的爱，让我在或因困难而胆怯或因挫折而丧气时都能拥有一处心灵的避风港，而我也在努力将这份爱的力量践行在我的工作中，传递给我的学生们。

纸短情长，先到这儿啦。祝妈妈母亲节快乐。

——浙江理工大学机械工程学院辅导员　胡佳欣

花语传情，献礼母亲

我的母亲是一位教育工作者，名副其实的"虎妈"，从小到大都教育我做一个诚实守信、勤奋好学、吃苦耐劳、追逐梦想、对社会有用的人。韶华如水，我平凡地长大，您却添了许多白发。猛然发现，已经是您催我当妈妈的年岁了。老王同志我爱您，此处省略一百字酸话，用节日转账和鲜花来凑。感恩一切给予，祝妈妈母亲节快乐，您最最漂亮。

——中国计量大学法学院辅导员　王玉洁

轻语诵情，母亲

我的妈妈是一个"网瘾少女"，最喜欢做的事就是记录生活——拍照、写小作文、发朋友圈，每年能出四五本微信书。她也是一名编剧，每年上新一部戏，在业余的道路上越走越专业，她的戏被搬上舞台后现场座无虚席，自己只能蹲在过道里看。她还是一名新闻工作者，近 30 年如一日地辛勤工作，工作也没有辜负她，因为工作她认识了两个人——她的爱人和她的女婿。她更是我的妈妈，在爱我这件事上她比前三个身份更坚定、细致，从未有一刻停歇，也让我知道无论是爱好还是工作抑或是生活，坚持和爱会浇灌出最美的花朵。亲爱的妈妈，祝您节日快乐，要永远快乐！

——浙江财经大学金融学院辅导员　廖丁瑶

信笺寄情，感恩母亲

亲爱的三位妈妈：

展信好！

第一次这么正式地给我生命中最重要的三个女人写一封信。借此机会，以书信的形式表达对你们的爱，在信里，可能比在视频或电话里更能真实地表达自己的感受吧。

给我生命的妈妈——工作后每次感慨陪你的时间越来越短。但每次离开，你总是把所有能给我的装进后备箱，以前总嫌麻烦，说不要，但现在懂得了这都是你给我的满满的爱。希望时光眷顾，能多陪你，我爱你。

给我媳妇生命和悉心照顾我们这个小家的妈妈——我们平时忙于工作，是你无怨无悔为我们做好后勤保障工作。我嘴笨，有些话总不好意思说出口，但内心装满对你的爱，所以，每年母亲节都会送上一束花来表达"我爱你"。

我孩子的妈妈——感谢你为这个家的默默付出，世界很大，幸福很小。如果幸福有模样，那一定是一家子在一起的样子。有你，心安。我爱你。

千金难报恩，希望年年都能如此和你们分享我的情感，也能听你们说你们想说的话。

去信盼安，母亲节快乐！

——浙江财经大学东方学院辅导员　杨文龙

用爱抵抗岁月，就算世界变化，四季反复，您在我心中仍是春天，温暖如初。

——浙江育英职业技术学院数字商贸学院辅导员　楼芷晗

母亲节快乐！母亲的碎碎念，温暖我们的岁岁年年。

妈妈，感谢有您！

亲爱的妈妈：

　　见字如面，展信舒颜。

　　亲爱的妈妈，我想在这个特殊的日子里写一封信给你。宇宙洪荒，生命浩瀚，只有您和我，真正分享过心跳。

　　听说神不能无处不在，所以创造了妈妈。我以一声妈妈为理由，向您无尽地索取；您以妈妈为枷锁，为我无限地付出，只为让我过上更好的生活。您的爱就像我的底气，让我在成长的道路上始终充满信心和勇气。

　　或许您不是最优秀的女人，但您是最优秀最合格的母亲。我一直认为自己是一个很幸运的孩子，能够成为您的女儿更是我最大的荣幸。谢谢您把我带到这个世界，或许这个世界有些许不完美，但是在您的温柔以待下，我也被这个世界温柔以待。谢谢您，专属于我的超人母亲！

　　妈妈，我不再是小孩，但您也不需要为您老去的容颜而焦虑，因为在我心中，您一直是最美丽最有气质的妈妈。

　　最后，愿您春祺夏安，秋得冬禧。愿您平安健康，朝朝无虞。我永远爱您，妈妈。

楼芷晗
2024 年 5 月 8 日

辅导员楼芷晗写给母亲的信

五四风华：师生致青春

青春是什么？是追风，是踏浪，是风华正茂，是朝气蓬勃。恰逢五四，百年芳华。"浙里"高校的师生们，用不同的方式奏响青春最强音。

百社奏华章，五四漾韶华

中国美术学院举办了 2024 社团文化节开幕式暨五四表彰大会，以"青春序曲　梦想启航""异彩纷呈　青春绽放""逐梦未来　星河璀璨"三部曲，融合 rap（说唱）、唐风遗韵、粤语歌曲、彝族风情等元素，演绎美院青年芳华待灼的五四诗篇。

中国美术学院社团文化节彝族舞表演

薪火相传，激扬青春

浙江工业大学举办以"青春向党谱新篇，挺膺奋进启新程"为主题的第三十五届"青春杯"五四火炬接力赛，在赓续接力的青春火种面前，师生们用情景表演、舞蹈、歌曲、朗诵、运动会等形式，以青春之名献礼五四青年节，展现工大青年热辣滚烫的模样！

百 young 造梦周

浙江师范大学携手金华职业技术大学举办"百 young 造梦周"系列活动，开启师生们的 2024 年青春多巴胺之旅。活动分为"青年·敢作为""青年·去征服"等篇章，通过音乐、绘画、摄影、电商、国潮、非遗手作体验等活动，让青春朝气伴着春光尽情释放，敢作敢为，最有青年 young！

Fun 肆跑，竞青春

中国计量大学举办了首届"计量·竞"趣味运动会。数千名师生沿着彩虹跑路线一起体验最疯狂、最多彩、最纵情的 2.5 公里狂欢，师生们尽情挥洒青春汗水，汇成一道流动的"彩虹"，成为校园里一道美丽的风景线。

以青春之名，传递校园温情

浙江财经大学举办了"五四我宠你！辅导员为你'抢'零食"特别活动。辅导员们变身为校园中的"超级英雄"，拼尽全力为自己的学生抢夺"爱的战利品"！他们与学生们并肩作战，共同编织了一段充满温馨与欢乐的时光，将深情的关怀和坚定的支持传递给每一位学生。

诗颂新时代，勇当先行者

浙江传媒学院师生举办"园"满青春游园会，通过开展"江山行歌""附庸风雅""诗颂风华""挥毫泼墨""青春寻灯"等活动，以诗歌致青春，充分展现了新时代青年的风采与担当。

花"young"青春

温州大学举办 2024 首届科技创新节——花"young"青春"五四青春集市"活动。智能车、钉子画、电子元器件作品 DIY、手工漆扇、书法展示……大学生综合运用多学科知识，做出一件件作品，活动现场精彩纷呈，热闹不断。

共筑"爱乐之城"，传承五四精神

衢州学院举办"爱乐之城"音乐会，从民谣到流行，从古典到摇滚，为观众呈现了一

中国计量大学彩虹跑趣
味运动会

浙江财经大学五四青年
节活动学生留影

浙江传媒学院五四青年
节晚会表演

场绚丽多彩的音乐盛宴。他们用音乐之声传递青年一代的热血与梦想，展现了新时代青年的风采与活力。

风华正茂，青春颂歌

浙江建设职业技术学院开展红五月大合唱比赛。师生通过一首首歌颂党、歌颂伟大祖国、歌颂新时代的经典红歌，唱出了对追逐梦想的坚定信念和美好愿望、对祖国的深情和热爱，唱出了新时代青年"请党放心，强国有我"的时代强音。这是对青春的最好礼赞！

青春正逢盛世，奋斗恰如其时。青年是动人的，如初春，如朝日，心怀赤诚，铿锵有力。致五四，致青春，致每一个正青春的你。五四青年节快乐！

运动欢歌："浙些"大学的春日运动

燕舞翩跹，不负人间四月天。万物生长，又见青山小桥边。春光无限好，运动正当时，浙江高校校园充满春日活力！

浙江大学：毅行登山

在东风送暖的春日，浙江大学每逢周末就会有一支 20 人左右的登山小队从浙江大学的各个校区悄悄集结，到丘陵溪涧、山川湖畔里找寻杭城的四季更迭与气候变换。同学们的足迹遍布名胜桃源，在锻炼身体和欣赏春景的同时，还收获了宝贵的友情和满满的成就感！

浙江师范大学：放飞风筝

在春暖花开的四月，浙江师范大学举办"寝室文化节·放飞风筝"活动，旨在引导同学们"走出寝室，走向草坪；合绘风筝，致敬'寝'谊"。同学们在活动中一起执画笔绘制校园生活的美好，用色彩和线条编织出独特的校园故事，一起让风筝在春日里飞向云端！

浙江理工大学：魅力瑜伽

春日周末，浙江理工大学的瑜伽俱乐部在形体房和舞蹈室开设基础瑜伽课，舞韵表演队将舞韵瑜伽作为表演节目在学校各类活动中进行演出，让更多人了解瑜伽的魅力。同时，每年的春天都会举办体育文化节瑜伽比赛，浙江理工大学的学子们一起体验瑜伽的乐趣，在青春里挥洒汗水，展现活力。

杭州医学院：养生八段锦

春和景明，杭州医学院康复学院组织"登顶功臣山，推广八段锦"文化活动，以八段锦"快闪秀"的新颖形式，展示拥有八百多年历史且兼具美学价值和健康意义的八段锦功法，有力地提升了同学们对八段锦这一国粹级健身养生方式的认知度和好感度，加强了对中华优秀传统文化的传播。

中国美术学院：热血棒球

草长莺飞，中国美术学院棒垒球社踏着明媚的春光，每周六举行棒垒球友谊赛等活动，在这里共度青春，挥洒汗水。飞射的棒球带着我们仰望天空，身体触碰带来团体竞技的热血与沸腾，向前追吧，球不落地，青春不止！

浙江财经大学：快乐飞盘

阳光明媚，浙江财经大学依托飞盘社开展校内飞盘赛，飞盘掷远、飞盘花式、飞盘越野，各种玩法应有尽有，旨在增强学生身体素质和思维能力，养成积极锻炼的好习惯，为增进不同专业同学之间的友谊和文化交流提供了平台，充分展现了当代大学生的青春活力和积极向上的精神风貌。

浙江旅游职业学院：优雅高尔夫

春意盎然，浙江旅游职业学院举办了一场别开生面的高尔夫体验活动，将高尔夫和心理团辅巧妙地结合在一起。同学们纷纷走向绿茵场放松身心，在挥杆击球的过程中，不仅体验了击球入洞的成就感，更是在团队协作的过程中，感受到了高尔夫这项绅士运动的魅力，在轻松愉快的氛围中收获了成长与力量。

浙江旅游职业学院开展高尔夫体验活动

音乐漫游："音"你而来，"乐"享美好

湖光漾，绿波长，一枝新桃醒微风。让我们以音乐为媒，相约各大高校。音乐疗愈、艺术思政、草坪音乐节……音乐活动还能这样有意思！

浙江工业大学：日出·和山音乐节

让热爱音乐的工大人走上舞台，台上劲歌热舞，台下随心摇摆，在青春的舞台中，一起以音乐之名，向工大表白。

浙江工业大学日出·和山音乐节

浙江师范大学：音乐疗愈

"与乐同行"活动结合音乐与运动，让参与者在非洲鼓的节拍中缓解压力，在音乐夜

跑中挥洒汗水，收获愉悦体验，疗愈心灵，释放激情。

杭州电子科技大学：辅导员追光音乐节

辅导员和学生载歌载舞，各显才艺，以饱满的热情表达对美好生活的热爱，用音乐诠释青春，用歌声传递力量。

中国计量大学：纳米音乐节

优秀学生乐队共同参与演出，流行金曲、原创佳作、清新民谣……音乐风格多元化，是展现校园文化和学子风采的重要窗口。

杭州师范大学："守望"专场音乐会

闻音合唱团花一整年的时间进行构思和创作筹备，于每年毕业季举行专场音乐会，用歌声唤起青春的希冀与梦想。

温州大学："艺起"艺术思政舞台

依托学校艺术思政体系建设，"艺起"艺术思政舞台让新生在开学典礼上接受艺术的熏陶、品德的教育，让音乐奏响红色乐章。

绍兴文理学院：公祭大禹陵

谷雨时节，百名合唱团学生在大禹陵颂唱《大禹纪念歌》，大力弘扬和积极传承大禹治水的伟大精神。

湖州师范学院：爱在师院

借音乐陶冶情操，鼓励表达、鼓励感恩，为学生创设表达自我的窗口，放松身心，体验幸福。

浙江音乐学院：围炉乐话

让所有人与音乐为伴，敞开心扉，提供开放、温馨的环境，点燃内心温情，享受当下美好。

温州大学举行艺术思政大课

温州医科大学仁济学院：音乐党课

以音乐艺术为媒介讲述党的伟大发展历程，以旋律为载体表现中国共产党人矢志不渝的赤诚信仰，让时代之音入耳、入脑、入心。

不负热爱，不负人生。感受音乐力量，体验音乐百味，留下青春记忆。向阳生长，蓄势待发，山海可平，皆是风景！

书页生香："读书角"等你来解锁

2024 年 4 月 23 日是第二十九个世界读书日。在这个信息爆炸的时代，阅读依然是我们获取知识、启迪心灵的重要途径。在各大高校中，那些温馨舒适的图书室更加成为学子们向往的胜地。今天，就让我们一起走进这些洋溢着书香的"小世界"，感受那份宁静与美好。

浙江大学观通堂

浙江大学图书馆主馆观通堂的"观通"二字取自浙江大学校歌歌词中的"念哉典学，思睿观通"。在文献配置上，观通堂一层以四库全书、地方志等大型文献为主，二层以人文类大型外文丛书、社科综合类中文丛书为主，致力于打造"文明交流互鉴的知识殿堂"。浙江大学图书馆主馆借助现代立面手法，结合传统的歇山顶，传承古典对位形式，秉持中轴对称原则，"兼容并蓄，和而不同"的设计理念跃然眼前。

中国美术学院南山书屋、良渚新馆

中国美术学院南山书屋，成立于 1986 年，是浙江唯一的高校出版社直属书店。南山书屋以出版、阅读、学术讲座、艺术沙龙等多元活动，与广大读者、国美师生共同打造"知识生产工坊"和"人文阅读体验场"相融的校园文化地标。其品牌项目"书频道·南山讲堂"打造出杭州的"灵魂加油站"。南山书屋荣获多项荣誉，孵化项目亦屡获大奖，并多次获浙江省委宣传部资助。南山书屋不仅是书香之地，更是思想碰撞、艺术交流的精神憩园，为师生与读者提供丰富的文化体验。

中国美术学院图书馆良渚馆区，其建筑极富形象与气质——九宫合围、各具形态、幽密连续，赋予人们"美的遐想与生长"。新馆区为服务学校"四学院一中心"设计学科需要，梳理馆藏资源，集合了万余册设计类、人文类图书；为改变传统书籍标签的陈旧样式，良渚馆区启用"四句教"国美门新标签，特色与美观相得益彰；为响应设计学科对数字资源获取速度与主渠道的要求，馆区在数字学习、自主学习、教学现场中做了重点布局，在舒适性、功能性方向吸引更多学生到馆学习，真正推动图书馆向学生学习中心、学术中心转型。

浙江工业大学图书馆

传承阅读文化，建设书香工大。浙江工业大学图书馆一贯坚持"以人为本，读者至上"的办馆理念，一直把读者的需求作为图书馆发展的最大驱动力，为读者提供主动的、全方位的、高质量的服务。近期，工大图书馆变身樱花限定版图书馆。图书馆窗外春色袭来，围绕在图书馆周围的樱花树正开得热烈。微风轻拂，落樱飞舞，阅读感到疲倦时抬眼向窗外望去，疲劳一扫而空。

浙江师范大学图文信息中心

浙江师范大学图书馆总馆图文信息中心位于金华双溪北岸、赤松山右、芙蓉峰下，是校园内最敞亮的标志性建筑。中心大楼于 2006 年 10 月落成并投入使用，建筑面积 40970 平方米，建筑主体气势恢宏，内部格局典雅舒适，富有时代气息和艺术品位，是全国最美的 50 家高校图书馆之一，获中国建筑鲁班奖。图文信息中心提供了雅致的学习环境，让同学们在宁静的氛围中体会浙师的谦和、博雅，来"浙"嗅得满园书香。

浙江理工大学临平校区图文信息中心

浙江理工大学临平校区图文信息中心之于学生的意义，不再是一个传统书库，而是一个集展览、阅读、活动于一身的复合空间，更是师生们的客厅、书房、工作室。图书综合楼内部中央通高中庭将各功能进行串联，其顶部不规则的圆形开孔犹如海中礁石的空隙，人漫步其中，仿佛置身海底。围绕中庭斜向穿插的楼梯与公共休息空间，打破了常规的步行路径，迂回盘旋的游线创造了空间的新互动，作为一个介于家和教室之间的个性化地带，它为师生营造了有趣的看书、休闲、观景的场所。

杭州电子科技大学阅读角

杭州电子科技大学笃学书院、守正书院和求新书院阅读角是校党委学工部打造的集廊道文化、师生文化休闲、学术文化和休闲研习等多功能于一体的主题空间。书院名字出自杭州电子科技大学校训"笃学力行、守正求新"，阅读角面向师生全年无休开放，提供上千余册图书，开展师生心理沙龙、创业沙龙、学习课堂、科普论坛等十余项主题活动，是师生交流研讨的温馨家园。

宁波诺丁汉大学图书馆

作为第一家中外合作大学的图书馆及教育技术服务部门，宁波诺丁汉大学图书馆坚持"以学生为中心"的服务宗旨，不断扩充和丰富中英文馆藏资源、引进先进教育学习技术、打造舒适整洁的阅读环境及功能多样的互动学习空间，为全校师生的学习、研究和教学活动提供多角度全方位的支持。先进的图书信息管理系统保障全校师生能在世界各地访问和使用该馆的数字资源。随着功能越来越全面，宁波诺丁汉大学图书馆已经成为学校信息知识以及艺术文化的交流中心，为培养具有创新意识、适应数字化社会环境的毕业生提供良好的学习实践氛围。

浙大城市学院"最美阅读角"

"墙角一隅书香浓"，浙大城市学院"最美阅读角"内藏书丰富，从经典名著到前沿科技，从文学艺术到人文社科，应有尽有，满足了师生们多样化的阅读需求。空间内环境优雅，布置温馨，舒适的座椅、柔和的灯光，营造出一种宁静而温馨的氛围，让人沉浸其中，享受阅读的乐趣。在这里，同学们可以尽情沉浸在书香的海洋中，享受阅读带来的乐趣和纯粹。此外，阅读空间还定期举办各类文化活动，如读书分享会、主题讲座等，为师生们提供了一个交流思想、碰撞智慧的平台。在这里，你不仅能找到知识的宝库，更能遇到志同道合的伙伴，可以与伙伴一同在图书的海洋中遨游，共同成长。

浙江水利水电学院南浔校区图书馆

图书馆建筑设计融合了人性化、生态化、开放化、智能化及标志性等特点，其外观充分融合水流、瀑布与拱坝等元素，展现出简洁大气的现代风格。图书馆二层主要是休闲活动和文化展示空间。三到六层的大开间书架配备自动灯光感应系统，阅览桌配有灯光和充电设施，设有25个可容纳4—6人的研讨空间。每层除配置了标准阅览座椅外，还配备了适合各种小组阅读、集体讨论和兴趣阅读的休闲阅读家具组合。七层为展示南浔水乡风貌和文化积淀的南浔特色文化馆，配备了高清投影及环绕立体声的视听室等。

嘉兴职业技术学院图书馆

一方静默之地，一片温馨之角，一处心之所向的静谧——嘉兴职业技术学院提供了一个理想场所。实木家具舒适典雅，同道相聚共享阅读，或独享书海宁静。阳光洒落在绿植上，光影斑驳，时光仿佛凝滞。光照、空间与尺度共同营造独特氛围，惬意慵懒，宛如温馨的家。

数智技术助力便捷，移动期刊滚动于数字屏幕上，智能搜索与精确定位提升信息获取效率。回"嘉"感受文字与智慧的交融，领略阅读的深邃与美好。

书页翻动的轻响叩动心扉，温暖柔和的灯光熨帖心灵。思想于书页间翩跹，知识于灯光下起舞。在春暖天艳之时，翻开一本书，便可开启一场心灵之旅的奔赴。

中国美术学院南山书屋一隅

浙江理工大学临平校区图文信息中心

星光
璀璨录

第五篇

篇首语

星河滚烫，照亮初心。2023 年的浙江高校思想政治工作，是一部关于坚守与创新的叙事诗：这里有实验室里的孜孜求索，有社区楼栋的深夜灯火，有辅导员的谆谆细语，更有青年学子的铮铮誓言。这些实践不仅回应了"培养什么人、怎样培养人、为谁培养人"的时代之问，更昭示着教育的终极理想——让每个生命在爱与智慧中绽放光芒。

这一篇章凝聚着浙江二十所高校思想政治亮点工作，是解码新时代思想政治教育创新的启示录。当我们凝视这些平凡而伟大的教育叙事时，看到的是浙江高等教育改革发展的微观镜像。这些故事的真正价值，不在于塑造完美无瑕的楷模，而在于呈现真实可感的成长——既有破茧成蝶的蜕变，也有跋涉泥泞的坚韧。

这是一场关于"根脉"的深情对话。从实验室的微光到田野调查的步履，从红色基因的经纬到数字河流的奔涌，思想政治教育从未囿于课堂方寸之间。学者们俯身引路，将学术的星火播撒于青年的心田；辅导员们以脚步丈量成长，在寝室的夜话里、餐叙的暖意中，织就一张托举梦想的网。那些跨越代际的传承，那些叩击心灵的对话，让真理不再悬浮于云端，而是扎根于生活的土壤，生长为学子心中蓊郁的信仰之林。

这是一次对"边界"的温柔突破。当科技与人文交融，当虚拟与现实交织，思想政治教育在数字的浪潮中开辟出新航道。云端平台承载起万千心灵的共鸣，智慧系统勾勒出个性化成长的轨迹；而田间地头的实践、社区网格的深耕，又将青春的汗水汇入时代的江河。在这里，教育不再是单向的灌溉，而是双向的奔赴——青年学子用脚步注释理论，用行动诠释担当，让家国情怀在知行合一中愈发滚烫。

这是一曲关于"温度"的永恒乐章。辅导员珍藏的手账里，写满了青春的困惑与期盼；心理花园的绿意间，疗愈着成长的阵痛与迷茫。有人将思政课搬进市井烟火，在快递包裹的流转中解读经济脉搏；有人在民族共融的实践中，让不同语言唱响同一首团结之歌。这些看似细碎的关怀，如春风化雨，悄然润泽着心灵的旷野，让每个年轻的生命都能在包容与理解中找到属于自己的星辰大海。

钱塘潮涌，不舍昼夜。二十所高校的探索，以创新为楫，以情怀为帆，始终朝着"立德树人"的灯塔前行。未来已来，浙江高校将继续以"走在前列"的担当，为立德树人事业注入更多浙江经验、中国答案。因为教育的星辰大海，永远属于那些仰望星空、脚踏实地的追梦人。

队伍赋能

破解四大发展瓶颈，打造高质量学生工作队伍

宁波大学立足辅导员队伍建设的"选聘、培育、考核、发展"四个核心关键，全面破题，力求打造一支高素质、专业化的辅导员队伍，为学生的成长成才提供坚实保障。

一是明确入口标准，建立队伍选聘及流动工作规程，利用学校第八轮聘岗契机优化队伍配备。在人员选聘环节坚持从严把关，制定了严格的选拔标准和选聘程序。同时，建立科学合理的队伍流动机制，畅通辅导员的进出渠道，借助第八轮聘岗的契机，对现有辅导员队伍进行优化配置。

二是聚焦主责主业，修订《宁波大学专职辅导员年度考核办法》，条块结合夯实日常基础工作、强化培训学习和工作研究。修订后的考核办法更加注重工作实绩，既关注辅导员的日常工作表现，又突出重点工作任务的完成情况。定期组织辅导员参加培训学习，邀请专家学者举办讲座，进行经验分享，拓宽辅导员的视野和思路。鼓励辅导员开展工作研究，针对学生工作中的热点难点问题进行深入探索，不断提升工作的科学性和有效性。宁波大学全年举办校内专题报告会 5 期、"同仁坊"辅导员沙龙 10 期、网络专题研修 2 期，覆盖约 1100 人次，积极选派骨干辅导员参加各级各类校外培训 18 次，覆盖 76 人次。

三是注重激励发展，破解长期困扰的职称和晋升问题，落实辅导员双线晋升机制和专项岗位津贴，修订辅导员相关专业技术职务评聘办法。按照辅导员人均不低于 1000 元 / 月的标准设立并全年发放专项津贴，稳步提高辅导员的待遇水平，增强其职业认同感和归属感。修订专业技术职务评聘办法，突出业绩导向，将辅导员在学生工作中的成果、创新实践等纳入评聘指标体系，让有能力、有突出贡献的辅导员能够得到应有的认可和晋升机会。2023 年专业技术职务评聘中有 1 名辅导员被聘为副教授，16 名辅导员被聘为讲师。

四是加大培育力度，实施"辅导员素质能力提升计划"，做好省市队伍建设基地工作。制定系统的培育方案，通过定期培训、专题研讨、实践锻炼等多种方式，全面提升辅导员综合素养。充分发挥省市队伍建设基地的作用，加强与其他高校的交流与合作，学习借鉴先进经验，共同推动辅导员队伍建设的发展。鼓励辅导员参加各类素质能力大赛，以赛促学、以赛促教，不断提升自身的综合素质和能力水平。全年辅导员队伍获得省级专项荣誉 7 人次、团体荣誉 1 次，市级专项荣誉 23 人次。学校承办第 33 期全省新入职辅导员岗前培训班，组织宁波市高校学生思想政治工作创新论坛、宁波市高校骨干辅导员高级研修班、宁波市辅导员素质能力大赛及案例大赛等活动，培训甬舟片区高校学生工作负责人、辅导员800 余人次。

通过以上一系列举措，辅导员队伍的整体素质和工作水平得到提升，为学校的人才培养和发展提供了有力支持。未来，学校还将持续关注辅导员队伍建设的新情况、新问题，不断优化和完善相关政策和措施，推动辅导员队伍建设迈上新台阶。

配齐建强心理育人工作队伍

　　浙江中医药大学一直以来高度重视心理育人工作，坚持以队伍建设为核心，以选优配足、专业提升、落实保障为方式，强化专兼职心理育人工作队伍培训培养，取得了一定成效。

　　一是高度重视、选优配足。学校高规格召开 2023 年学生心理健康教育大会，着力强化心理健康教育专兼职队伍建设，拟定队伍建设专项文件。高标准落实上级关于示范高校专职心理教师配比要求，新招聘引进 3 名专职心理教师，充实专职心理教师队伍力量，师生比达 1：2820。全年召开 5 次二级心理辅导站工作例会，定期研讨心理育人工作新问题、新动向，促进心理健康教育工作持续创新与深化；新增 5 位新教师加入"大学生心理健康"课程教学团队，组织校内集体备课会 2 次，不断优化教学内容与方法，提升教育教学技能。支持 3 名专职教师参与省教育厅组织的省高校心理育人培训与认证等工作，提升我校队伍建设影响力。

　　二是强化培训、提升技能。将心理育人队伍建设纳入年度考核，明确规定辅导员参加省心理援助的要求，有组织地支持辅导员参加省高校辅导员心理助人能力认证。今年以来，共开展 23 次心理咨询案例和危机案例督导，提升专兼职队伍专业化水平。支持 2 位新入职专职心理教师参加省级培训项目，选送 36 位专兼职咨询师和辅导员参加校外高质量培训。邀请校内外精神卫生专家、心理健康教育专家等为学院分管领导、辅导员、研究生导师、班主任、后勤安保人员等群体开展全覆盖式心理健康教育基本知识和技能培训 52 场，组织开展"园艺疗愈"工作坊、正念体验工作坊等朋辈活动 8 场。组织校级心理委员培训，154 名心理委员取得资格证书。通过"校级统一培训＋院级定期培训"的形式，组织 901 名寝室气象员参与培训，切实提升网格末端心理助人与危机识别发现能力。

　　三是落实保障、突出成效。我校严格按照上级有关要求落实队伍建设条件保障，确保专兼职教师每年接受不低于规定时长的专业培训，明确将专兼职教师参与心理咨询、心理访谈、课程教学等工作纳入工作量。本年度，我校共培训指导 6 批次 72 名学工干部取得省高校心理育人初级证书，持证率居全省高校前列。全年心理危机事件均得到科学、妥善处置，学工队伍心理危机预防与干预能力显著提升；建成智慧化心理健康服务与管理一体化平台，实现心理育人工作队伍分级管理，提升数字化工作水平。2023 年，学校获评"浙江省高校学生心理健康教育工作标准化建设示范高校"，入选浙江省高校学生心理健康教育指导典型案例 1 项，获批浙江省高校心理健康教育名师工作室 1 个，还荣获浙江省高校首届心理剧短视频大赛一等奖等荣誉。学校心理健康教育工作取得积极成效，体现了一定的示范引领性。

打造以"青春树人"为核心的全方位育人实践平台

为推进一流辅导员队伍建设，强化认同、提升能力、凝聚力量、展示风采，浙江树人学院于 2023 年首创辅导员节，整固提升辅导员素质能力，先后举办两届，形成了以"辅导员主题展""辅导员主题宣传片""辅导员节闭幕式"为核心载体的"青春树人"全方位育人实践平台，为辅导员专业化、职业化、专家化发展助力赋能。

辅导员主题展：系统化呈现育人成果

浙江树人学院辅导员节首创省内辅导员主题展，由校党委学工部、教育部思想政治工作创新发展中心（浙江树人学院）、浙江省高校思想政治工作培训与研究基地（浙江树人学院）主办，"聚青春"辅导员工作室、"第 1 站"学生社区育人工作室承办，礼赞辅导员的付出与收获。

主题展主要分为四个板块："尺树寸泓"主要展示辅导员日常工作、全校辅导员笑脸墙、"浙群"辅导员文创产品，体现"点滴育人，汇聚成河"的平凡坚守；"别树一帜"聚焦"一站式"学生社区建设成果、省部级课题立项、辅导员著作及案例集，凸显思政工作创新与学术化转型；"一树百获"通过荣誉墙、典型工作场景照片展示，展现辅导员个人及指导学生获得的省市级荣誉，传递"双向成就"的育人理念；"思政金句"精选校领导育人理念（如"辅学业、导人生、圆梦想""前移至课堂，下沉到寝室，上升为理论，成长为导师""能想能做、能写能说"），强化思政工作内核。主题展结合实物、影像、图文及互动展区，打造沉浸式观展体验；通过工作证、学生手册、案例集、荣誉证书等实物展品，还原辅导员日常工作的"温度"与"厚度"。

辅导员主题宣传片：记录平凡中的伟大

浙江树人学院辅导员节每年都会拍摄一部主题宣传片：2023 年首届辅导员节主题宣传片《我的青春在树人》，2024 年第二届辅导员节主题宣传片《辅导员的一天》，用镜头记录和礼赞辅导员日常工作平凡中的伟大。

主题宣传片《辅导员的一天》，以纪实手法浓缩辅导员从清晨到深夜的工作日常，展现谈心谈话、活动组织、危机处理等场景，致敬"青春领航人"的奉献精神。短片通过真实故事引发共情，在辅导员节闭幕式现场首映，获得全体辅导员热烈反响，成为闭幕式的高光环节。

浙江树人学院举办第二届校辅导员素质能力大赛

辅导员节闭幕式：多元融合的育人庆典

浙江树人学院每年年初对标浙江省教育厅办公室关于开展高校思政工作队伍建设系列活动的通知，制定《浙江树人学院年度辅导员队伍建设计划暨辅导员节实施方案》，并根据方案落实推进，年底以"辅导员节闭幕式"的形式隆重收尾。

"辅导员节闭幕式"首先围绕年度的学生工作以及辅导员节的各项活动进行全方位的盘点和总结，并针对学工队伍获得年度各类省级以上荣誉、厅级及以上课题立项、优秀辅导员、育人实践项目荣誉以及优秀学工团队等五大类别进行"树人祝贺您"的表彰。另外，除了执守在一线的辅导员，每年邀请转岗或退休的辅导员，追忆过往，向他们表达"树人感谢您"，颁发"青春奉献"奖杯和鲜花，传承育人精神。同时，在闭幕式环节组织辅导员嘉年华节目展演、辅导员飞盘友谊赛，强化互动交流和归属认同感。

浙江树人学院辅导员节以主题展、宣传片、嘉年华闭幕式为核心载体，从"总结成果"到"创新展示"，从"能力提升"到"情感凝聚"，打造"青春树人"思政品牌，构建了全方位、立体化的辅导员队伍建设生态，为高校思政工作提供了"树人经验"。

培优赋能，打造一流辅导员队伍

浙江工商职业技术学院努力建设一支担当培养时代新人使命的辅导员队伍，打造思想政治教育工作铁军，为落实立德树人根本任务，实现为党育人、为国育才的人才培养目标和学校事业发展提供有力保障。

优化顶层设计，搭建成长平台

2023 年度先后出台《中共浙江工商职业技术学院委员会关于进一步加强新时代辅导员队伍建设的实施办法》《浙江工商职业技术学院辅导员工作考核办法》《浙江工商职业技术学院辅导员工作室建设与管理办法》《浙江工商职业技术学院辅导员值班工作管理办法》等，进一步加强辅导员队伍建设，明确辅导员工作要求，促进辅导员职业化、专业化、专家化发展。辅导员培养纳入学校师资培养计划和人才培养计划，按照人均不少于 3000 元 / 年的标准设立辅导员培训专项经费；加大辅导员工作室等思政精品项目扶持力度，并对校级以上的辅导员工作室等项目给予不低于 1 ：1 的配套资金支持。

实施卓越计划，致力能力提升

全面实施学生工作队伍素质能力提升——开展和实施辅导员卓越计划。紧密联系新的形势和任务，联系工作实际，把学习理论同解决问题、总结经验、推进工作结合起来；坚持日常培训和工作实际相结合，中长期学习与短期培训相结合，校内培训与校外培训相结合，逐步建立分层次、分类别、形式多、重质量的培训体系，不断丰富和创新培训内容与模式；按照理论拓展、体制创新、内容新颖、方式多样的要求，开创辅导员队伍素质能力提升的新局面，每年为全体辅导员提供不少于 30 个学时的校内培训。时任学校党委书记以"提高政治站位，锚定'为党育人、立德树人'两项根本任务""在学生工作中把握好'新时代'的形势与政策"为主题，时任学校校长以"热爱学生、温暖学生、规范学生、影响学生""严在严处，爱在细微中"为主题，轮番为辅导员授课，各开展两场专题讲座。

打通晋升通道，助力队伍成长

落实专职辅导员双线晋升：（一）聘任在专业技术岗位的专职辅导员时可根据学校

职称政策进行专业技术职务的评聘，学校设立专职辅导员序列专业技术职务，专职辅导员专业技术职务评聘注重考察工作业绩和育人实效，实施单列计划、单设标准、单独评审。（二）符合管理职级晋升的辅导员可晋升管理职级，并协同组织部门选拔、培育骨干辅导员，提高其党性修养，淬炼其政治定力，强化其学习能力、领悟能力、谋划能力、执行能力和管理协调能力，将辅导员队伍打造成学校储备干部的摇篮，为辅导员提供培养和晋升机会。（三）起草《专职辅导员岗级认定实施办法》，短时间内无法提升专业技术职务或管理职级的辅导员可通过提升辅导员岗级获得个人职业发展机会，增强职业发展信心，提升对辅导员职业的认同感、归属感和幸福感，让每一位辅导员在自己擅长的赛道里找到成就感。

"一体四翼六环"辅导员队伍系统育训新范式

在新时代教育背景下，辅导员作为大学生思想政治教育工作的骨干力量，其核心能力培养至关重要。嘉兴职业技术学院党委高度重视辅导员队伍建设，聚焦辅导员政治能力、思维能力、实践能力等核心能力，积极探索实践，创新构建"一体四翼六环"辅导员队伍系统育训新范式，队伍建设成效显著。

一、创新育训机制，多元化凝聚强大合力

构建党委总管、多元协同、一体推进的育训机制。充分发挥党委在辅导员队伍建设中的领导核心、统筹引领作用，联动协调各部门、学院之间的合作，整合各方资源，搭建交流平台，形成强大的育人合力，实现一体推进的良好态势。促使辅导员队伍建设成为全校上下协同发力的系统工程，为提升辅导员能力筑牢根基。

二、实施四大工程，全方位提升素质能力

以"思政润心"工程为基，把政治素养当作选聘关键，通过定期组织政治理论学习、开展主题教育活动等方式，让辅导员深刻领悟党的路线方针政策，坚定政治立场，在思想引领中站稳立场。"素质强筋"工程聚焦于强化要素融通，创新性发展四级分层研训。根据辅导员的工作年限、专业背景和能力水平，划分不同层次，针对性地设计培训内容和方式。岗前培训助力新人上手，专题研训聚焦工作难题，以赛促训激发创新活力，科研助训提升理论高度，满足不同阶段辅导员的成长需求。"技能壮骨"工程以强化工作研究为重点，采用项目驱动的方式，鼓励辅导员积极参与各类学生工作项目的研究与实践。通过实际项目的锻炼，有效提升辅导员解决实际问题的实践能力，使其在面对复杂多变的学生工作时，能够迅速做出准确判断并采取有效的应对措施。"发展健体"工程着眼长远，始终围绕辅导员的个人成长需求，完善职业规划，支持学术交流、学历提升，积极畅通发展通道，拓展发展路径。

嘉兴职业技术学院举办辅导员主体研修班暑期培训

三、构建全链模式，立体式打造育训闭环

系统构建红船铸魂固本培元、提质培优强基赋能、项目载体创新助力、科研领衔榜样引领、发展通道晋升突破、关爱文化营造传承六大环节的全链条育训模式。以"红船精神"为指引，为辅导员注入强大的精神动力，筑牢思想根基；通过提质培优，不断提升辅导员的业务能力和综合素质；借助项目载体，为辅导员提供实践锻炼的平台；发挥科研助力作用，推动辅导员的专业发展；畅通发展通道，激发辅导员的工作积极性和创造性；营造关爱文化，让辅导员感受到组织的温暖与关怀，增强归属感和凝聚力。六大环节环环相扣，形成完整育训闭环。

通过系列举措，学校辅导员队伍成为学校和学生全面发展的坚实保障。在未来的工作中，学校将继续深化"一体四翼六环"辅导员队伍系统育训新范式，不断探索创新，努力推动队伍建设再上新台阶。

特色品牌

拔尖造峰，建设"启真问学"创新平台

　　浙江大学"启真问学"创新平台自 2022 年 11 月正式启动。平台围绕学术科研拔尖创新人才培养目标，旨在弘扬"尊德性、道问学"的传统美德，充分发挥高水平教师和平台科研育人作用，推进学生早进实验室、早进课题组、早进科研团队，多元助推学生成长。从专业院系学者中选拔创新导师，从本科学生中选拔学员，结合科研兴趣，师生双向选择，通过"问学小组"指导本科生跨院系跨学科开展科研训练，实施个性化的长周期培养。三期共计选拔 188 位创新导师，录取 677 位学员。

浙江大学第一期启真问学创新平台启动仪式现场

科研指导有力，导师手把手教、学生面对面学

　　发挥长江学者、国家杰青等高水平教师引路作用，为学生发展提供多元通道，为学校拔尖创新人才培养提供支撑。学员申报国家级大学生创新创业训练计划项目、大学生科研

训练计划项目（SRTP）等 56 项，第一期和第二期学员课题参与全覆盖，开展"走进实验室"100 余次、导学交流等活动 200 余场。该平台有学员获第八届、第九届全国大学生生物医学工程创新设计竞赛一等奖，入选浙江大学本科生未来学术新星项目。

运行举措有力，稳步完善平台管理制度

制定《浙江大学"启真问学"创新平台建设工作办法》，指导保障"启真问学"创新平台常态化、规范化、长效化建设。夯实导学交流制度，通过举办平台启动仪式，每个导师组成立"问学小组"等形式，探索促进师生双向奔赴、齐力科研的活力，充分激活"师""生"两个主体动能。开发完成三全育人平台（ETA）系统"启真问学"创新平台模块，便利师生双向选择与后续管理，并推进平台建设。打造青蜂课堂、启真科创行、科学家精神宣讲等品牌活动，进一步发挥平台科研育人作用，营造优良学术科研创新氛围，拓宽学术视野，在青年学子中进一步传承、践行、弘扬科学家精神。

人才培养有力，探索长周期培养的多元发展通道

平台学员对科研课题申报、科研探索兴趣强烈，涌现了"浙江大学本科生未来学术新星"称号、全国生物医学工程创新设计竞赛一等奖等荣誉获得者，平台本科生学员在国际顶尖期刊发表 3 篇论文。截至 2023 年，平台毕业生共 15 人均已深造，其中 5 人保研至"启真问学"导师组。2023 年 6 月央视《新闻联播》点赞浙江大学"启真问学"创新平台相关工作。"启真问学"平台选拔出一批有育人情怀的导师和有学术志向的学员，共同探索学术科研拔尖创新人才培养目标实践路径。

树创"红传联盟"标杆品牌

2023 年，浙江理工大学以"大中小学红色文化一体化传承联盟"为载体，围绕"六个学"开展系列活动，深入探索"大思政课"改革模式。

一是"主题学"。深入学习贯彻党的二十大精神，结合"循迹溯源学思想促践行"活动，将丰富的红色资源和鲜活的实践场景作为生动教材，让广大师生循着习近平总书记足迹现场学、体验学，把红色文化传承深度融入学校思想政治教育，使其成为铸魂育人的重要工作载体。

二是"专项学"。围绕服务和促进浙江山区 26 县高质量共同富裕、民族地区红色文化传承等主题，实施"山鹰计划""民族之光"等专项行动，搭建起全方位、全时空、全链条的"大思政课"育人平台，以点带面组织、指导红色主题教育 50 余场，辐射各学段学生 2 万余人次。

三是"联动学"。优化红色文化育人内涵和大中小学一体化工作机制，举办"红传联盟"建设全国高峰论坛，加强北京、重庆、广东等地红色资源整合，与西南大学等高校联合发起纺织院校联盟、理工院校联盟，新增校地、校馆、校企合作基地 18 个。

四是"实践学"。联盟组建社会实践团队，走进浙江、重庆、延安等地，在 50 余地开展社会实践调查，探寻红色文化教育资源，推动专业与红色故事相结合、大学生与小学生手拉手，在讲好红色故事的基础上助力构建大中小学红色文化一体化传承基地。

五是"数字学"。将红色文化传承与网络思政教育相结合，开发"红传铸魂"数字平台，涵盖理论政策、精神谱系、党史故事、场馆资源、红色微课、红色作品、新闻动态、通知公告等栏目，依托微信、抖音等新媒体平台，创作微电影、音乐、动漫、短视频，开发特色党团课、思政微课，形成了一批主题金课，打造了一批"明星"师生宣讲员。

六是"共建学"。强化"校地、校企合作"模式，深化"红研产业"党建联盟建设，构建多维度、多层次、多类别资源合作机制，共建多个"红色文化教育"特色研究基地，完善联盟综合运行中心、专家指导中心、研学实践中心、师资培育中心、课程开发中心、网络传播中心，汇集整合更多资源，赢得各界广泛支持。

2023 年，大中小学红色文化一体化传承联盟建设受到《人民日报》、《光明日报》、"学习强国"平台、中国教育在线等媒体深度报道百余次，成为联盟建设发展的体制机制创新之年。2024 年，联盟与各基地单位通力合作、开拓创新，不断发挥红色文化引航优势，汇集思政育人元素，通过资源联动、系统优化，构建多场域、多维度、一体化红色文化传承格局。

以全景关爱构建面向未来大学师生交流新模式

近年来，浙江工商大学坚持落实立德树人根本任务，秉承"让每一位商大学子都得到更多关爱"教育愿景，创新"诉说与倾听"师生餐叙、谈心谈话、走亲连心、朋辈相约系列活动，形成360度全景关爱机制，构建面向未来大学师生交流新模式新生态。

一是设立"关爱学生成长基金"，开展"诉说与倾听"师生餐叙活动机制，建立"餐前预约—餐中保障—餐后反馈"闭环工作链条，构建校院餐叙"双循环"体系，即学校双向预约的开放体系、学院定向预约的闭环体系，以数字化技术为育人场景赋能，活动受到了师生广泛欢迎和社会赞誉。

二是构建辅导员谈心谈话"五维"技法，细化"望闻问切化"谈心谈话工作要求，定期加强谈心谈话能力培训，落实落细辅导员关爱学生的工作载体，通过机制推动增加辅导员和学生的接触点，跟进学生阶段性的关注点，解决学生碰到的疑难点。

三是实施"走亲连心"121行动，在每个学期开学1个月和期末1个月实施"走亲连心"121学生关爱教育行动，即开学第1周完成学生寝室走访，开学前2周完成重点关爱学生当面谈话，开学前1个月完成所有学生见面，期末1个月完成所有寝室走访；建立学生工作"走

浙江工商大学"诉说与倾听"师生餐叙活动

亲连心"重点时刻表，推动辅导员、班主任走进学生寝室，深化专业教师参与思政教育工作机制，亲眼看看学生的生活状态，在更轻松的交流环境中及时发现解决学生问题。

四是发挥"朋辈导师"协同育人作用，利用数字化手段，搭建学校学生成长发展的互助平台，通过"朋辈导师"力量提供定制化咨询服务，为同学们提供考级考证、学业规划、大学适应、实习实践、课程学习、科研创新等七大类干货经验分享，充分发挥优秀学生对其他学生的榜样示范作用，多方位发挥学生朋辈引领作用。

"鸿云相约"平台数据显示：2023年，超过26000名师生参与师生餐叙，受到《光明日报》、新华网等媒体报道；全年谈心谈话48227次，辅导员每天与学生面对面谈心谈话时间是上一年度的3倍；全年辅导员开展一对一联系12214人次，走访寝室3105次，家校联系1857次，开展心理团辅868次，发现学生问题756个，化解重点关注心理问题480个，化解经济困难学生问题387个。这些数据都在逐年增长，有效地为学校平安稳定和学生健康成长奠定了扎实基础。在"2023软科中国大学生调查结果"中，浙江工商大学是唯一一所同时在"对学校总体满意度"和"被这所学校录取很幸运"两个维度进入全国前5%的浙江省属高校。

实践证明，360度全景关爱机制坚持以学生成长为中心，将"让每一位商大学子都得到更多关爱"教育愿景落到实处，强化了辅导员"从事务回归思政"的工作理念，打造了面向未来大学师生交流的新模式，搭建了师生沟通新渠道，解决了学生成长真问题，形成了高校版立德树人"枫桥经验"样板模式，已经有来自全国50多所高校到校交流学习和尝试体验。

"最美的初心——我是辅导员"寻访活动

　　高校辅导员是落实立德树人根本任务的关键力量，打造一支高质量的新时代高校辅导员队伍，是实施立德树人工程的重要支撑。2022 年，我校学工部牵头，组建"95 后"辅导员寻访团队，成立"薪火寻迹辅导员"工作室，梳理我校辅导员育人历史脉络，以口述史的形式，定期寻访、访谈温州医科大学老一辈辅导员，召开辅导员事迹分享会，通过讲述一代代辅导员的育人初心，激励广大青年辅导员汲取前进力量，从而更好地落实立德树人根本任务，承担起培育时代新人的重大责任。

温州医科大学"最美的初心——我是辅导员"寻访活动现场

初心如磐：寻访育人足迹中的使命担当

　　以口述史为载体重现育人初心，组建跨代际寻访团队，深入挖掘 30 余位老一辈辅导员（含首任辅导员鞠永佳、校原党委书记吕一军等）的思政教育实践。通过多维视角访谈、历史场景再现、珍贵影像采集，立体还原"一张毕业照叫出所有学生姓名"等鲜活案例，生动呈现"平凡岗位育人不凡"的精神图谱，彰显他们坚守育人岗位的初心与使命。

薪火相承：创新代际对话的传承模式

构建"两代辅导员成长共同体"，在"育享＋"等品牌论坛创设沉浸式分享场景。创新采用"青年主持＋前辈讲述＋全员互动"模式，围绕"职业初心""育人实践""使命传承"三大维度展开深度对话。特别设计了"老照片里的育人故事""三十年育人札记"等特色环节，实现"讲者动情、听者入心"的共情效应，让育人精神在代际间有效传递。

星火燎原：构建多维立体的传播矩阵

团队将老一辈辅导员的采访实录、照片影集、工作文字等资料收集整理成册，形成访谈录、视频等宣传材料，在校内各大平台进行展示，为青年辅导员提供参考和借鉴，帮助他们更好地坚定职业信念、履行职业使命，接续一代代温医大辅导员的育人薪火。

项目开展以来，形成"新老结对·薪火相传"培养机制，极大提升学校年轻辅导员的职业认同度。我们始终相信：每一代辅导员的育人初心，都是照亮学生成长之路的永恒星火。

打造"一站式"学生社区育人新高地

强化党建引领，统筹推进"一站式"学生社区管理模式，由浙江财经大学学生处牵头，推动"一站式"学生社区建设，形成党委统一领导、党政齐抓共管、部门各负其责、全员协同配合的"一盘棋"工作格局。持续推进网格化管理，完善网格治理，推行党团宿舍一体化建设，全面实施一站式集成、精细化服务的"纵到底、横到边"的网格化综合管理模式。夯实"德业偕行·党团融合"育人品牌项目，发挥党员先锋模范作用，持续推进"八大行动"。制定"一站式"社区管理制度，规范"一站式"社区管理。

加强队伍入驻，下沉服务力量，实现多力量协同共育

积极践行"一线规则"，构建全员参与的"一站式"学生社区建设机制，通过开展"相约星期四"、社区"微党课"、"午餐会"、"学为先，党员在身边"等活动，将校院领导力量、管理力量、思政力量、服务力量下沉到学生社区，打造校领导带头、中层干部领航、学业导师引航、辅导员导航、朋辈导师护航的全员育人模式，全体专职辅导员在学生社区有办公场所和住宿空间，与学生同吃同住同生活。校院领导干部和党员教师主动到学生宿舍联系学生 500 余人次，收集处理学生投诉反馈 200 余件，辅导员参与教育管理、谈心谈话、督促检查等 2000 余次，及时回应学生的期待和诉求，真正打通三全育人"最后一公里"。

汇聚合力，构建"一站式"社区一体化智慧思政应用

"数字"赋能内部治理，积极探索线上"一站式"师生综合服务体系，将管理前移、下沉，将服务送到学生身边，推进"寝室圈""浙财公寓系统"智慧应用迭代升级，在"一站式"网上服务大厅共设有 39 项学生服务项目，让学生足不出户实现线上"键对键"一键式办理需求，构建学生成长"一站式"育人大场景。

优化管理服务，提升管理服务水平

发挥社区管理人员作用。学校党委学工部、党委研工部、后勤中心、紫元公司、各二级学院在做好社区管理服务、安全稳定工作的同时，加强软硬件配套建设，提升后勤服务质量，做好综合保障。充分发挥社区一线管理人员的作用，落实网格化管理，促进学生社

区管理与服务的信息化、精细化、科学化水平的提升。

开展多样化社区文化建设活动

充分发挥学生自管会、学生社团、公寓督导员、公寓助管员、寝室长在社区文化建设和管理服务中的主体作用，参与偕行书院、思政活动空间运维。优化勤工助学、志愿服务岗位设置，将劳动教育与社区生活有机结合。举办了"最美公寓人"、寝室美化及特色寝室等竞赛，评选出238个先进集体和40个先进个人；围绕立德、强智、健体、育美、树劳五个维度举办党支部活动、团日活动、就业辅导、心理沙龙、学生座谈等100余场活动；开展劳育活动30余次，开展消防演练、安全知识培训、防诈宣传30余次。

打造生命教育新范式

为促进学生身心健康、全面发展，结合学校学科专业优势，学校打造以大学生"生命教育"为特色的心理健康教育新范式，积极探索"生命关怀月"和"生命花圃"等系列主题活动，将"生命教育"融入浙江传媒学院大学生心理健康教育的全过程，为健全教育教学、实践活动、咨询服务、预防干预、平台保障"五位一体"的大学生心理健康教育工作体系提供有效支撑。

树立生命意识，营造生命教育氛围

我校心理健康与生命教育中心及学校生命教育名师工作室以开展"9·10"世界自杀预防日宣传活动为契机，率先在全国倡议开展"生命关怀月"活动，提出了"就要你，活精彩"的口号，活动已成功举办三届，累计2万余名学生参加。2023年10—11月开展的第三届"生命关怀月"主题活动融入新生始业教育，覆盖全体新生和100余名班级心理委员，开展了"生命教育种子计划""生命教育主题班会""生命教育专家面对面主题讲座"，指导11个学院的二级站结合学院特点开展了"寝室熔炼活动""素质拓展大赛""剧本

浙江传媒学院"生命花圃"

剧读会""心灵绘本创作""绘制'生命与爱'画报"等主题活动十余项，创作了相关海报、动画、语音作品等，原创作品《望向你　望向我》获浙江省高校首届心理剧短视频大赛二等奖，原创心理情景剧在第六届全国高校心理情景剧优秀剧目展演中获优秀剧目奖。普及性强、形式多样、内容丰富的"生命关怀月"活动，通过始业教育、班级文化、专业学习等途径推广生命教育，营造积极校园文化氛围，具象化地践行生命教育。

创设教育情境，丰富生命教育体验

在两校区策划搭建了"生命花圃"，2023 年开展了"生命花圃"启动仪式，用心栽培花圃里的一草一木，物件摆设可爱生动，在依托"生命花圃"开展的"以劳健心"生命教育团体辅导活动中，组织学生认领苗圃绿植，学生通过与大自然亲密接触，培养热爱自然、保护环境的情怀，体悟生命的萌发与生长的意义。这一活动引导学生从自我劳动中认识生命、敬畏生命、珍爱生命。户外的"生命花圃"是心理疗愈工作的延伸，为心灵受伤的学生提供了纾解悲伤情绪和疗愈心灵的舒适环境及寻求咨询、接受辅导的渠道，成为学生们喜爱的集绿化、美化和教育于一体的生命教育实践体验区。

2023 年，我校以生命教育为特色的学生心理健康工作得到了副省长卢山、时任省委办公厅副主任方毅等领导的高度评价。我校获评"浙江省第一批高校学生心理健康教育工作标准化建设示范高校"。

青言青语，让党的创新理论入脑入心

衢州学院以"8090＋"新时代理论宣讲为载体，围绕宣传党的二十大精神、"八八战略"等主题，聚力打造思政微课大赛、talker演说大赛、大中小学生宣讲大赛，充分发挥"00后"新时代理论宣讲团的学生主体优势，以青春话语、活泼形式，累计开展宣讲200余场，听众2万余人次，12个宣讲视频登上"学习强国"平台，先后8次受到省级以上媒体报道，推动党的创新理论进课堂、进教材、进社团、进网络、进头脑。宣讲团成员获全国青年演说大赛优胜奖1项、省思政微课大赛铜奖1项、省"与时代肝胆相照"青年理论宣讲大赛"银话筒"奖1项、省科学家精神宣讲大赛铜奖2项、市"8090说"电视大赛"银话筒"奖1项。在全省10余个县（市、区），以衢州学院青春力量传播党的声音，深入开展学习贯彻习近平新时代中国特色社会主义思想主题教育，推动习近平新时代中国特色社会主义思想入脑入心。

成立衢州学院"00后"新时代理论宣讲团，重点打造青年学生宣讲队伍，深入浙、闽、赣、皖、鄂五省二十余个县（市、区），结合当地实际，用群众听得懂的语言，用青春生动的形式，宣讲600余场，受众达十万余人次，深受群众欢迎，让党的创新理论飞入寻常百姓家。宣讲实践活动相继被《光明日报》、《浙江日报》、"学习强国"平台、浙江新闻、浙江省教育厅官微等媒体报道，取得了较好的社会效应。以讲促学，以学促干，一大批优秀青年成长为担当有为的时代新人。衢州学院"00后"新时代理论团已从最初几名成员发展到六十余人，从学生骨干当主角到各年级并举、党团内外覆盖、校内校外兼顾，构建起全校覆盖、各年级、各专业融合的青年宣讲队伍体系，实现从栽"盆景"到绘"风景"成"全景"。习近平总书记说："未来属于青年，希望寄予青年。""00后"宣讲团将以系统思维进一步发挥辐射带动作用，以"星星之火，可以燎原"之势，让更多的青年学子成为党的创新理论的学习者、宣传者和践行者，用青年人的生动形式，用"小而美"的宣讲，凝聚起"重要窗口"与"共同富裕示范区"建设的磅礴力量，让更多的青年人凝聚起信仰的力量，成为勇担大任的时代新人。

借鉴"枫桥经验"，构建学生社区治理新路径

丽水学院聚焦答好"立德树人之问"，将"枫桥经验"嵌入学生社区治理中，构建"微事不出寝、小事不出院、大事不出校"的"双网格"管理机制。"双网格"纵向实行学校—学院—班级—寝室四级管理，横向实行总网格长—副总网格长—网格长—楼长—层长—寝室长六层联动，纵横协同，双线反馈，实现学生社区全天候、实时化、动态化的管理和服务。"双网格"管理注重源头防范，倡导身边解决，着力把舆情隐患、矛盾风险和心理危机化解在最小单元，持续助力学校打通服务群众的"最后一公里"。

学生社区设立军魂社，特设党支部、团支部、校园女警中队、书院自治委员会、学生楼层长和寝室长等书院网格管理的基础层级，形成纵横交错"毛细血管"网，将功能延伸至最小单位，在安全宣教、舆情排查、预警响应、志愿服务、文明监督等工作中起到"一键触发，全网联动"的作用。实现微小矛盾纠纷由学生干部调解，做到微情不出寝；小矛盾由楼层长调解，做到小事不出楼，以点连线，以线构面，织密安全稳定防护网。既有书院学生自治组织主体作用的发挥，也有"住楼辅导员"＋"干部教师联系寝室"制度的保驾护航。学生社区设立精品工作室、心理辅导站、学生书吧、谈心谈话室等，学生社团协助辅导员开展生涯规划、心理咨询、应急急救、矛盾调解等工作，组织学生以自助和互助的形式开展思想学习，在学习和生活等方面为学生答疑解惑。书院自治组织每年开展"为学生办十大实事"活动，主动解决学生急难愁盼问题，化解邻里矛盾，增强全体学生的幸福感、归属感和获得感。社区依托学校"智慧学工系统"，整合全口径学生工作"大数据"，推进"智慧学工系统"的改建升级，聚合多应用端口，形成学生从"进校"到"离校"的全周期线上服务，进一步实现学生事务"一网通办"，让学生少跑路，足不出舍便可完成日常事务办理。

2023年学校通过"5A等级平安校园"复评，高分通过心理健康教育工作标准化建设检查，及时干预处理28起心理健康危机事件，发现突发状况5起，近三年未发生学生非正常死亡事件。通过在学生社区广泛开展理论宣讲、专题培训、热点解读等形式丰富的学习活动，引领青年学子增强志气、骨气、底气，坚定信仰信念信心，让党的二十大精神融入育人全过程。《今日周报》刊发了关于丽水学院书院社区治理创新工作模式的报道。

推动"水"特色思政社会实践改革

　　浙江水利水电学院深入贯彻落实习近平总书记对学校思政课建设做出的重要指示精神，坚持立足实践教育，深入挖掘水文化思政元素，积极推动水文化融入思政课程，大力建设水文化育人阵地，持续推进"大思政课"建设改革创新、提质增效，不断完善"以水育人、以文化人"特色育人体系，引导学生小我融入大我、厚植家国情怀、练就过硬本领。

浙江水利水电学院开展"思想政治理论课社会实践"课程

擦亮思政元素"水文化"底色

　　深入挖掘"水文化"思政元素，推进水利工程遗产保护教育，组织师生科研团队为徽州堨坝—婺源石堨、汉阴凤堰梯田"申遗"提供技术支撑，助其成功入选第十一批世界灌溉工程遗产名录，国际灌溉排水委员会授予我校"世界灌溉工程遗产教育基地"称号，为思政实践教育注入源头活水。深化"水文化"传承创新，撰写《繁荣发展水利文学艺术赋能浙江水文化传播——以习近平总书记考察浙东运河文化园为背景的思考》研究报告，获省领导肯定性批示；编写的著作《水利千秋　廉润初心——浙江治水历史人物廉洁故事》，获评全省教育系统优秀读物；学校制作的动画评述片《浙水千秋》获大禹水利科学技术科普奖，进一步强化了思政教育元素的活态传播。

提升课程建设"水文化"成色

持续加强"'水分子'思政社会实践"国家级一流课程建设，辐射带动思政课内涵质量提升。"思政观澜——水文化融入思政课实践教程"获省"十四五"重点建设教材立项，"基于知识图谱的水文化融入思政课混合教学改革"获省"十四五"教改项目立项。打造《沿着总书记的足迹学思想》《梅城两道墙"出圈"背后的流量密码》等实践课程资源，推进智慧思政实践课程群建设。加强校地思政联建。以大中小学思政教育一体化为关键抓手，与杭州崇德实验学校"同上一堂治水护水思政课"，联合杭州江城中学和人民网等单位举办"武林夜讲堂"，与湖州市南浔区8所中小学共建"浔水润心"合作基地。

凸显育人阵地"水文化"本色

紧紧围绕"水"主题，积极构建实践育人"大课堂"，与属地政府共建节水宣传教育基地，共同发起巡河护河志愿服务行动，持续深化"河小二"主题实践，广泛开展3·22世界水日实践教育。与安吉余村、德清新市和省钱塘江流域中心等共建实践基地，同学同研河湖治理和社会发展的精神密码，引导学生在"行走的课堂"中悟透"有字之书"、融通"无字之书"。积极引导学生强化自我教育，组织学生到新安江水电站等重大工程现场开展实地研学，开展48场水科普宣讲，推动从"听人讲"到"自己讲"。谋划实施"上善若水·谦谦学府"水院有礼行动，引导学生积极践行社会主义核心价值观，不断深化优良学风教风校风建设，持续提升文明素养和精神风貌。

打造"城里始业教育"工作品牌

新生始业教育是大学人才培养工作的起点和大学生思想政治教育的重要环节，是大学教育的"第一粒扣子"。浙大城市学院高度重视这一关键环节，自 2003 年起便系统性地策划与实施，2020 年以来更是形成了"整体谋划、城校融合、多源协同、实践导向"的鲜明特色，倾力打造"城校融合、多源协同"的"城里始业教育"工作品牌。

立足"整体谋划"，坚持"一件事原则"

学校坚持"一件事原则"，从 2020 年起，将新生始业教育周期定为大一上学期整个学期，分为前两周集中教育期和之后的延续教育期两个阶段，将这两个阶段的所有始业教育活动整合成"始业教育一件事"，涵盖"认识城市、认识大学、认识专业、认识自我""认识"系列教育与"五育并举"启蒙教育，每年开展近百项活动。集中教育阶段，组织"三进"活动、"9＋X"思政大课（开学典礼、书记校长第一课、党史学习教育大课、国防教育大课、劳动教育大课、美育大课、朋辈教育大课、军训比武、良渚文化进校园系列大课等 9 堂大课＋每年自选的 X 课程），优化设计好校史校情教育、学科专业教育、新生班团组建等活动，撒播"家国之大、城市之大、大学之大"的种子，扣好新生入学后的第一粒扣子。在延续教育阶段，通过一个学期的"五育并举"系列活动助力新生全面适应大学生活。党委会专题研究决策整体工作方案和重大工作安排，明确牵头部门和校内外联动工作机制，每年投入 100 万元左右保障开展。

突出"城校融合"，坚持"一座城育人"

引入优质合作伙伴。学校充分利用浙江省"三地一窗口"、杭州市"中国式现代化城市范例"建设的生动实践和优势资源，引入杭州国际博览中心、杭州西站枢纽、良渚博物院、良渚古城遗址公园、杭州京杭大运河博物馆、杭州市城市规划展览馆、杭州云栖小镇、浙江省博物馆之江馆、浙江文学馆、浙江省非物质文化遗产馆、南湖脑机交叉研究院、海康威视、大华股份、浙江曙光等在浙在杭单位作为学校新生职业教育的深度合作伙伴，引导学生走进城市、了解城市、融入城市，在行走和观察中了解国家发展、社会变迁、城市蝶变、企业发展的生动案例，从而激发学生认真投入专业学习、投身社会主义现代化建设事业的深层动力。首推"城市周"。组织 3000 余名新生开展为期两天的进城市、进基地、进企业"三进"活动，让新生感受城市魅力；推进良渚文化进校园，常态化开展相关活动，增强学生文化自信。

引入"多源协同"，坚持"一群人助力"

注重政产学研联动。积极引入政府资源参与联动育人，学校与杭州城西科创大走廊管委会、拱墅区政府、云栖小镇等政府部门建立密切合作关系，为新生职业教育提供广阔的地域空间和育人平台；引入企业为学生提供宝贵的实训实践场所和机会，让学生亲身体验职场氛围，了解行业需求和前沿信息，增长实践智慧；引入政产学研各界翘楚，为新生同开一门思政大课。贯通校内深度协同。学校不断完善以学生工作部门为主体，教务、组织、宣传、人事、安保等部门紧密协同的"大学工"工作机制，形成高效的学生思想政治工作指挥体系，为开展新生始业教育工作提供坚实保障。

注重"实践导向"，坚持"真题真做"

开展行走的实践教育，签约 50 个校外"新时代党建与思政研学基地"，组织"行走的思政课"，厚植家国情怀。重视劳动实践教育，与市总工会合作，成立全国高校首个"新时代劳动教育研究中心"、全国首个新时代劳动教育研究联盟，建立 51 家校外劳动实践基地，组织新生常态化开展劳动教育进工厂、进农场、进商场、进机关的劳动实践活动，培养学生劳动意识，提升学生劳动技能。

浙大城市学院的"城里始业教育"工作，以其创新的理念、扎实的举措、显著的成效，为新生的大学生活乃至未来发展奠定了坚实基础，在大学生思想政治教育与人才培养领域走出了一条特色之路，为同类高校提供了一定的借鉴经验，也为培养担当民族复兴大任的时代新人贡献了积极力量。未来，学校将继续深化改革，不断完善职业教育体系，助力更多学子在新的征程中绽放光彩。

"十清楚、六必谈"工作制提升育人实效

在温州理工学院的辅导员群体中,一句简短而有力的工作口号——"十清楚、六必谈!"被广泛传颂与实践,它不仅凝聚了高校思想政治工作队伍建设的科学管理精髓,更深刻体现了辅导员们以学生为中心,全面细致开展工作的决心与智慧。这一工作理念,根植于辅导员九大工作职责的深厚土壤,旨在通过"回归谈心谈话,回归日常管理,回归思想引领"的三大核心工作内容,构建起一套科学、高效的学生工作体系。

"十清楚"作为该体系的基础支撑,要求每位辅导员必须全面掌握并持续关注所带学生的十项关键基本信息。这些信息涵盖了学生寝室分布、少数民族情况、宗教信仰情况、心理健康情况、经济困难情况及是否涉及校园贷等情况。这一要求确保了辅导员能够精准识别学生的不同需求与挑战,为后续的精准教育与个性化指导奠定了坚实基础。

而"六必谈"则是规定了辅导员六种必须及时进行谈心谈话的场景,包括学业异常、违纪受处分、家庭变故、受资助、出现意识形态风险以及遭遇矛盾困惑或困难。这些场景的选择,既体现了辅导员对学生心理状态的细腻关怀,也彰显了辅导员在关键时刻给予学生正确引导和情感支持的必要性。为此,学院专门设立了"谈心谈话"专项基金,从制度保障和经费支持两方面入手,确保谈心谈话工作的持续性和有效性,这一举措在全省高校辅导员队伍建设中独树一帜,展现了温州理工学院对学生心理健康与成长发展的高度重视。

温州理工学院辅导员和毕业生在一起

　　"'十清楚、六必谈'不仅是新辅导员快速融入角色、开展工作的'敲门砖'，更是每一位辅导员成长为大学生'成长引路人'的关键词。"温州理工学院学工部部长杨雄如此强调。这一理念不仅促进了辅导员队伍的专业成长，更推动了学生工作理念的创新与实践。辅导员们通过学工信息集成系统实时记录学生信息，掌握熟练的谈心谈话技巧，不仅使日常工作有了清晰的模块化指引，更便于针对每个学生的具体情况进行深度分析与个性化反馈。这一过程不仅增强了辅导员的思想自觉与行动自觉，还极大地提升了学生工作的深度与广度，确保了学生动态信息的准确把握和服务工作的扎实开展。

　　"十清楚、六必谈"工作制度的实施，不仅为温州理工学院辅导员队伍提供了科学的工作框架，更为学生工作的精细化、个性化发展开辟了新路径。它促使辅导员们围绕学生的全面发展，既要做好日常管理，又要注重思想引领，用真心、耐心与智慧，为学生的健康成长保驾护航，充分践行"围着学生转，沉到基层干"的学生工作理念，为构建和谐、健康、向上、向善的校园文化环境做出了积极贡献。

"生活化"思政育人改革取得新成效

金华职业技术大学以"一站式"学生社区建设为载体，创新构建浸润式"生活化"思政育人新生态，通过体系重构、整体牵引、品牌挖掘三维联动，将思想政治教育有机融入学生成长生活全过程，形成"制度筑基—空间赋能—文化浸润"的育人体系。

一、以"体系重构"推动机制创新，深推制度筑基

学校聚焦顶层设计优化，出台《"一站式"学生社区综合管理模式建设工作方案》，并配套相关制度，明确"一站式"学生社区建设组织架构与职责分工，为社区建设和队伍发展提供坚实保障，有力推动"一站式"社区建设。在组织领导层面，学校成立以书记、校长为双组长的社区建设工作领导小组，下设办公室和 6 个专项工作组，精准划分任务和职责。同时，出台建设工作方案，精心规划社区建设施工表、路线图。在队伍建设方面，制定辅导员职级晋升制度，实现辅导员职级与干部任职年限互认，明确职级待遇，稳定辅导员队伍。推出辅导员工作室建设办法，助力辅导员个人成长，推动队伍整体朝着职业化、专业化、专家化方向发展。分方向建设 15 个特色社区辅导员工作室，常态化开展学生"生活化"社区活动，形成充分展现"金职烙印"的建设模式。凭借依托"一站式"社区加强辅导员队伍建设的成果，"高校辅导员队伍'三升三专三化'建设模式的探索"获批 2024 年教育部思政精品项目。

二、以"整体牵引"推进环境优化，深挖空间赋能

校党委高度重视，专题研究学生社区建设，加大统筹力度，将原本被其他部门占用或闲置的公寓架空层重新打造为公共空间，用于学生活动场所建设。由学工部统筹实施"楼间悦享"系列公寓环境优化升级计划，先后完成学生公寓架空层的功能性改造，建成社区运动公园和阳光玻璃房，极大改善学生室外学习、休憩、运动场所的条件和景观环境。完成"一站式"师生服务大厅升级改造，开放 6 个功能区，设立 10 个业务窗口，为师生提供服务事项 76 项。开发"金色年华"线上服务平台，构建线上线下融合服务的模式，打造共生共育、共创共建、共享共融的师生成长空间。2023 年接待兄弟院校和各类教育来访考察团 30 多批次。

三、以品牌挖掘打造"一院一品"，深化文化浸润

二级学院结合专业特色选定核心文化思想，凸显公寓特色文化与职业特质，全力打造"一院一品"。构建特色文化管理体系制度，搭建文化学习、交流和展示平台，积极开展特色文化活动。在此过程中涌现出"红砖家园""红旅驿站""鹿田书院""尚劳苑""医路仁家""阿郎居里"等一批富有鲜明特色的社区文化品牌，形成了浓郁的特色文化氛围。2023 年"红砖家园"入选教育部高校"一站式"学生社区风采展示活动优秀案例，学校在《中国教育报》发表"一站式"学生社区建设经验推广文章 1 篇。医路仁家"一站式"学生社区和七彩艺园社区的"理想画室"美育工作室被评为金华市 2023 年"青年文明号"。

铸魂育人厚植家国情怀　助力民族学生成长成才

自 2010 年首次开启支援新疆培养少数民族人才"协作计划"，宁波职业技术大学紧紧围绕"铸魂育人厚植家国情怀，立德树人助力成长成才"的宗旨，通过打造"米娜工作室"管理育人载体，积极探索"立体帮扶引领、实践联动跟进、文化铸魂固本"的"浸润式"思政教育工作模式。

一、工作模式

1. 立足开放式培养，构建立体化协同联动机制，形成思政工作强合力

建立"党建联建"引领机制，工作室与街道及社区联手成立党支部，构建立体联动开放式培养机制。建立"文化联谊"融合机制，成立"七彩风"艺术团，参加文化联谊演出等活动。建立"服务联动"协作机制，与宁波市北仑区工商联、知识界人士联谊会协作，设立"少数民族学生就业创业指导站"，提供困难帮扶、实习就业等全方位服务。

2. 立足嵌入式培育，实施精准化分类服务帮扶，拓展思政教育新阵地

工作室创新建设线上线下常态思政阵地，举办民族政策讲座；创办"树人讲堂"，开展民族团结教育、形势政策宣讲；通过云端微课堂，推送党史国情教育及优秀典型人物事迹等励志文章。实施分层分类分时服务帮扶，对学生实施结对帮扶、谈心引导、村社家访等分层服务管理，开展帮学、帮困、帮教和骨干培养等分类服务管理，实施新生入学、学习全程、实习阶段、毕业返乡、思源反哺等全程分时段服务管理。

3. 立足体验式教学，探索社会化实践锤炼路径，打造知行合一大课堂

工作室搭建"彩虹桥"民族文体活动平台，开设风土人情讲座，组织"家乡美"故事分享会等活动，组建"追梦"宣讲队。搭建平台引导参与基层治理，组建新疆籍大学生公益团队，开展公益活动。鼓励自立自强反哺家乡社会，提供实习岗位和就业创业指导。牵头成立"石榴籽公益基金"，并将 4.5 万余元爱心义卖款全部用于开展为家庭困难学子购买冬衣、爱心书包等微公益活动。

二、育人实效

1. 助力少数民族学生成长成才

针对少数民族学生建立"内外联动"工作机制，形成"教育为先、防范在前、整体联

宁波职业技术大学"米娜工作室"系列活动

动、全程跟踪"的管理格局，搭建"学习辅导、宣传实践、文化交融、公益实践"四大平台。十余年间累计培养荣获新疆维吾尔自治区脱贫攻坚贡献奖、抗击疫情青年志愿服务先进个人等国家、省、市级荣誉的优秀毕业生197名，18名学生留在了宁波，成为推动甬疆两地经济社会发展和维护民族团结的"生力军"。

2. 获中央、省、市领导肯定并广泛推广

2018年5月，时任中央政治局委员、国务院副总理孙春兰对米娜工作室予以批示肯定。2019年10月，少数民族学生教育管理经验被中央统战部《统战工作》转发推广，并获得时任浙江省委副书记、宁波市委书记郑栅洁同志批示肯定。该工作室培育出全国高校辅导员年度人物，成为宁波市首批辅导员名师工作室、浙江省高校辅导员名师工作室、教育部高校辅导员名师工作室。

3. 成为民族学生思政育人工作典型被广泛报道

我校累计接待来自浙江省其他地区和北京、上海、河南、福建、广西等地的兄弟院校考察学习团1500余人次，被中央电视台、浙江电视台、人民网、中央统战部官网、浙江统战公众号、《宁波日报》、《宁波晚报》、《北仑新区时刊》等50多家媒体宣传报道。

打造红色赋能活力型学生社区

温州职业技术学院"一站式"学生社区采取环形辐射的方式建设，设立"一站式"学生社区服务中心，由学生处牵头联合多个部门协同开展工作，共同统筹推动学生社区内党员之家、党团活动室、校友俱乐部、心理咨询室、辅导员值班室、学生组织办公室、阅览室等功能室的工作，辐射到社区的每一个角落、每一个学生，全员联动做好社区建设、管理、服务、育人工作，打造集学习型、平安型、美丽型、活力型于一体的社区。

一、整合条线力量，层层压紧责任抓落实

自 2023 年创建为全国"一站式"学生社区综合管理模式建设试点单位以来，温州职业技术学院坚持党建领航，充分发挥依托学生社区而建的全国党建工作样板支部以及浙江省高校示范性党群服务中心的作用，打破部门壁垒，整合条线力量统一调配使用组织、宣传、学工、团委、招就、后勤等 13 个条线的党员干部，践行"一线原则"，不断提高服务育人水平。同时，充分利用罗山书房、阳光工坊、博雅小厨、大学生活动中心等师生活动基地，开拓创新党员培养教育与服务平台，涵盖党性思政教育、创新创业孵化、心理健康辅导、文体生活共享等。依托"一站式"学生社区，将原先停留于公寓楼幢的思想政治教育内容延伸到整个生活区，涵盖生活区的图书服务、心理援助、校友接待、师生有约等内容，把党群服务的触角延伸到学生身边。

二、服务师生关切，聚焦"急难愁盼"下功夫

学生社区设有"一站式"学生社区服务中心，实行"基层党支部—楼幢党小组—片区党员""辅导员—楼长—层长—寝室长"双线网格化管理；心理健康教师与各学院结对、党员教师与各寝室结对、学生党员与各学生结对，三支协同型工作队伍共同建设育人空间、链接育人资源、落实育人举措，在服务学生成长、解决学生困惑的过程中力求达到多元共治、整体智治、红色善治。中心常设固定窗口 13 个，开学和毕业季增设机动窗口 3 个，集中提供线下校务服务事项 12 余项，提供自助服务事项 60 余项，每年服务师生达 10 万人次，高标准打造、高水平投入、整体性推进、智慧化管理，聚焦"急难愁盼"，深化服务内涵。

三、做强中心载体，打造红色思政树标杆

学校新建 1500 平方米的学生幸福成长中心，校内共建国防教育暨退役军人服务站，以"思想引领、生活管理、身心服务、双创指导"四个维度，连线学生公寓楼栋、阳光书房、生活责任区、阳光工坊、创客栖息地等，打造颇具特色的师生党员志愿服务红色生活圈。积极构建"党建＋思政引领、党建＋生活管理、党建＋身心服务、党建＋双创指导"四位一体党建育人模式；联动 500 余名师生党员，发起 7000 余次师生结对交流活动，积极彰显温暖型、特色型服务中心风采；增设校警驿站，联合街道、公安等校外部门的育人力量，保障社区的稳定和谐。按照"一站式"学生社区综合管理模式，整合育人资源，精准做到"三个融合"——校院融合、师生融合和校社融合，打通思政教育"最后一公里"，引导学生自我教育、自我管理和自我服务。稳步打造共生共享生态圈，着力将服务中心打造成思政教育、协同育人、文化浸润、自我服务的"四个高地"。

构建"数治劳育"工作体系

2023 年，浙江旅游职业学院积极响应教育数字化发展趋势，以浙江省智慧思政特色应用"实践啦·劳动在线"为载体，全力构建"数治劳育"工作体系，在劳动教育领域取得显著成效，为学生全面发展提供坚实支撑。

一、深化"519"劳育模式，厚植劳育文化底蕴

学校持续推进浙江省高校思政精品项目——"519"劳动教育模式建设，将劳动教育深度融入校园文化，通过劳育数治平台常态化开展最美校园劳动日、实习实训劳动周、五月劳动文化月系列活动。在"一站式"学生社区劳动实践中，各专业学生发挥专业特长，如导游专业设计学生社区游览路线、酒店管理专业提供接待志愿服务、厨艺专业开展美食分享，全年累计开展 52 场劳育实践活动，数万人次参与。"劳模工匠进校园"专题讲座邀请了行业精英走进校园，分享他们的奋斗故事和精湛技艺，让学生近距离感受工匠精神。全年共举办 14 场讲座，吸引了众多学生参与，营造了崇尚劳动氛围。校政企地劳动教育实践基地活动充分整合各方资源，为学生提供丰富多样的实践机会。年度共新建校企地合作劳动教育实践基地 16 家，参与学生深入了解真实劳动场景，提升了实践能力，累计参与活动达 1000 余人次。

二、搭建劳育数治平台，创新劳育考核机制

浙江省智慧思政特色应用"实践啦·劳动在线"平台作为劳动教育数字化中枢，集成劳动教育线上课程、任务发布、过程管理、评价、劳动成长画像管理等功能模块，实现全流程管理。该平台根据学生专业和年级特点精准推送个性化劳动任务，涵盖劳动思想性、劳动服务性、劳动创造性和劳动习惯与品质等四个维度。学生接收任务并记录过程，教师实时查看进度并给予指导。该平台综合考量劳动参与度、任务完成质量、团队协作能力等，给予客观评价，形成精细化劳动素质评价机制。2023 年，学生通过该程序参与劳动任务达两万多人次，极大激发了学生参与劳动的积极性，推动了劳动教育高效开展。

浙江旅游职业学院劳动教育现场

三、打造一流劳育课程，扩大劳动教育辐射范围

学校持续建设劳动教育线上精品课程，创新实施"线上课全覆盖＋专题课全学段＋实践全维度"混合式教学模式，构建"理论＋实践""线上＋线下""集中＋自主""体力＋脑力"多元融合的课程体系。课程影响力持续扩大，累计有 4.18 万人次选课，选课学校 22 所，辐射学校 92 所，学生互动 10.96 万次，发挥了示范引领作用。

通过一年的创新实践，"数治劳育"体系成效显著，学生劳动素养测评优良率提升至89.7%，涌现出"全国青年岗位能手"江博、"全国技术能手"阎晗等一批学生劳动榜样。未来，学校将持续深化数字赋能，推进劳动教育提质增效，为文旅行业培养更多高素质技术技能人才。

第六篇

最难忘的事

篇首语

　　历史总在某个节点投下意味深长的注脚。当时间的长河流淌至 2024 年的渡口，浙江省高校辅导员素质能力大赛已悄然走过十届。回望这场持续十二年的长征，我们看到的不仅是技能竞赛的刻度，更是辅导员职业成长的年轮。从 2012 年济南初赛折戟的苦涩，到 2024 年杭州十届盛典的辉煌，从"妈妈天团"的旗袍风华到"智慧思政"的数字跃迁，这场持续十二年的教育叙事，在时代的褶皱里书写着"浙群"辅导员的精神图谱。

　　大赛的十二年历程，恰似一把精准的刻刀，在浙江思想政治教育的版图上雕琢出专业化的深层肌理。从首届赛事对基础技能的朴素考察，到第十届赛事对政治判断力、教育预见力的系统建构，这场专业化革命悄然重塑着辅导员的职业基因。教育者的角色已从"事务管家"升维为"人生算法工程师"。

　　站在十届大赛的历史节点回望，大赛早已超越竞技的范畴，成为浙江辅导员队伍建设的基因库。从桂尚书、程松泉"双冠"的传奇，到解码"流量密码"的智慧，从"浙群"辅导员融媒体工作室的诞生，到辅导员挂职读博的跨界探索，这些成长样本共同编织出辅导员发展的立体坐标系。正如温州市教育局高教处、职成教处处长吕信恩在跨界论坛上的洞见："辅导员的专业边界从来不是围墙，而是地平线——你走得越远，看到的风景越辽阔。"

面向未来，我们怎样在技术浪潮中传承人文薪火？这些追问在浙江金融职业学院辅导员夏佳颖送别 959 名毕业生的泪光中，在台州科技职业学院辅导员"青春渡口的同行"寄语里，获得了最诗意的回答——教育从来不是单向度的技术操演，而是生命与生命的相互照亮。

宁波大学邓美玲"带球奔跑"坚守党校结业仪式，让未出世的孩子聆听初心的跳动；浙江工商大学兰丽平与团队在凌晨三点的西子湖畔拍摄国庆献礼片，用镜头定格辅导员群体的青春宣言。这些"最难忘的事"是一个个细微且深刻的教育切片，构成了新时代思想政治工作最美的蒙太奇。

十二载春秋流转，十届大赛积淀。从济南的樱花到湘江的橘子洲，从云端赛场到元宇宙实验室，"浙群"辅导员用专业智慧破解时代命题，以人文情怀温暖迷茫的青春。当《朋友》的旋律再次在纪念活动现场响起，当新一代辅导员接过"为党育人、为国育才"的接力棒，这是书写立德树人工程最动人的浙江注脚。

大赛记忆

遇见·拾光

——浙江省高校辅导员素质能力大赛十届回眸

浙江省教育厅宣传教育与统战处　丁晓

　　在大学校园里，有一个特殊的群体：他们离学生最近，陪伴学生成长；他们站在思政教育最前沿，帮助学生拨开迷雾；他们是点燃火炬的人，更是温暖人心的人。他们拥有一个最响亮的名字：辅导员。十届辅导员大赛走过的十二年，是浙江省高校辅导员跨越式发展的十二年。因为大赛，一批批优秀辅导员不断涌现。他们中有"全国最美高校辅导员""全国高校思想政治工作中青年骨干""全国优秀教师""全国辅导员年度人物"……还有思想政治教育领域的教授、博导。他们是浙江省高校近 8000 名辅导员的杰出代表，他们不辱期待，不负使命，把"立德树人"的接力棒一届届传承下去，带领广大学生强基固本，领航筑梦，成就了一支高素质、专业化、专家化的浙江高校辅导员"铁军"。

2024 年浙江省高校辅导员大赛纪念活动现场

2012 年　从这里起航

2012 年 3 月，《教育部思想政治工作司关于举办全国高校辅导员职业技能竞赛的通知》

发出，茫然间，我们匆匆组织了第一届浙江省高校辅导员职业技能大赛，最终浙江大学张晓洁、浙江工商大学王歆玫、浙江师范大学祝伟华脱颖而出，获得了省赛一等奖，并被选送参加全国大赛。

5月，山东济南，这是他们梦开始的地方，也是让他们心碎的地方。下午2点到达济南，4点参加笔试，晚上8点止步复赛。就这样，浙江辅导员参赛队在第一阶段结束就惨遭淘汰，这是我们始料未及的。

事后，我们认真总结经验，查找原因，最关键的还是省里没有进行笔试，即基础知识测试。望着垂头丧气的他们，我笑着说："不是你们能力不够，是我没有规划好、设计好。如果有第二届，你们一定能冲上全国领奖台，你们永远是我心目中最棒的辅导员团队。"淘汰并不意味着结束，虽然第一届试水"吃螃蟹"失败，但我一直认为他们是有实力的、有水平的"梦之队"，后来事实证明，我的话一点没错。

2013 年　第一个国奖

2013 年 5 月，武汉大学的樱花开得正盛，似乎也预示着我们的辅导员大赛迎来了盛放的时节。

5 月 20 日，第二届浙江省高校辅导员职业技能大赛结束。21 日我们就组建了以浙江师范大学施佳、温州大学吕信恩、浙江大学杨峥为队员的集训队，开始为期 5 天的培训。时间虽短，但由浙江工商大学应笑妮、浙江师范大学尹浩冰、温州大学姜海燕、杭州师范大学沈威（后调岗）组成的"最强导师团"，给予了他们最有力的支持。

5 月 25 日，信心满满的"浙江队"出征武汉。

当年大赛的初试分为笔试、主题班会和自我展示。值得庆幸的是，施佳获得了笔试第二名，这也为他最终获得好成绩奠定了基础。

决赛环节有主题演讲、案例分析和谈心谈话。主题演讲可以选择即兴演讲和命题演讲。施佳为了稳妥选择了命题演讲，当拿到演讲题目"专业教师走上讲台，辅导员走进学生心里"，我们一行人集中在施佳的房间，破题立意。大家分工协作。我电话连线了浙江省内的几位高校思政专家，其中有现任中国美术学院党委书记金一斌。驻守大本营的尹浩冰也组织了浙江师范大学的智囊团。连夜写作，一直到凌晨 2 点，施佳劝我们回房休息，他自己再消化消化。

第二天比赛前，施佳说自己一夜未眠。我们鼓励他："你不是一个人在战斗，你的身后是全省辅导员。"幸运总是特别眷顾有准备的人，施佳最终获得了全国二等奖，我们终于实现了前一年的誓言，站到了全国高校辅导员大赛的领奖台上，初尝胜利的果实。

这一良好的开局，让我们开始更多地总结经验。之后，我们把省赛、国赛的优秀选手作为大赛的智囊团。根据大赛的不同类型项目，把在各个项目中得分最高的选手遴选出来，作为该项目的负责人，收集各省典型题库，再进行集中研讨。这样的分组负责、集体攻关、赛前集训的工作机制，既是对辅导员职业能力和水平的提升，又是对辅导员实际工作的复盘和反思，它有力地推动了辅导员工作的规范化和科学化。

这种培训培养机制一直延续至今。

2015 年　团体二等奖

2015 年第四届省赛在浙江师范大学举行。在主题演讲现场，我聆听了一位辅导员"中国教育不要丢了你的自信"的即兴演讲，被深深感动。之后打听到这名辅导员是浙江大学宁波理工学院（现浙大宁波理工学院）的夏文来，但是因为他在谈心谈话环节表现一般，最终只获得了二等奖。在遴选华东赛选手的时候，因为需要有一名二等奖的选手替补，我就推荐了夏文来。我感受到的是他身上那种真诚的力量。果然，他不负众望，获得了华东赛一等奖。

2015 年 4 月底，我们组织了 10 个人的集训，在常规项目训练基础上，我们还特地增加了团体辅导，给他们打气解压。28 日，正好是浙江师范大学陈海峰、浙江大学陈南非的生日，我们在紧张欢快的气氛中，为他俩点燃了生日蜡烛，后来陈海峰回忆说："当时我许的生日愿望就是我们都能冲进国赛。"5 月，华东赛在浙江大学举行，因天时地利人和，在争夺全国赛的 10 个名额中，我们占了 6 席。最终这 6 位参加国赛的选手获得了 4 个二等奖、1 个三等奖、1 个优秀奖，并获团体二等奖，又一次开创了辅导员大赛的新巅峰。

之后每年的 4 月 28 日，也成了第四届大赛选手的共同记忆。

趁着这股动力，我们在 2015 年 12 月，成立了"浙江省高校辅导员职业能力工作室"，首次选聘了 10 位导师、22 位成员。"辅导员职业能力工作室"获评 2019 年浙江省思政课名师工作室，2020 年工作室成果《辅导员专业化职业化的路径与方法》正式出版。

2015 年 12 月，"浙群"辅导员新媒体工作室成立；12 月 1 日，"浙群"辅导员微信公众号正式上线。在工作室基础上升格的"浙群"辅导员融媒体工作室，获得了 2024 年教育部辅导员名师工作室称号。

2018 年　双冠的荣耀

从 2012 年到 2017 年，辅导员大赛组织 6 年来，我们获得了 6 个国赛二等奖，却始终没有在国赛一等奖上实现突破。

6年间赛制不断改革,不断调整,从"辅导员职业技能竞赛"到"辅导员职业能力大赛",再到"辅导员素质能力大赛",虽然只是几个字的改变,却反映了教育部对辅导员岗位职责、工作职能、综合素质要求的变化。比赛项目也从最初的笔试、自我介绍、主题班会、主题演讲、案例分析、谈心谈话6个项目,变成笔试、理论宣讲、案例分析、谈心谈话等4个项目,比赛内容更加精简,突出了对辅导员辨析问题和解决问题能力的更高要求。

省赛也不断推陈出新:第六届大赛,我们首次启用了网络直播,首次推出无纸化评分系统;第七届大赛,我们推出了"观摩队员—参赛队员—陪练队员—助理教练员"培养模式,大大提高了辅导员的专业能力和水平。

第七届10位省赛一等奖选手中,给人印象最深刻的还是浙江师范大学程松泉和宁波大学桂尚书,这哥俩口才是真好,对问题的解剖分析都很到位,完全具备国赛选手的优秀品质。

2018年5月,3位省赛一等奖获得者出发去湖南。

橘子洲头,电话的那头传来了哥俩第一阶段稳定发挥的好消息,我鼓励他们要坚定信心,以平常心应对第二阶段的比赛,把自己的知识储备充分发挥出来。果然程松泉和桂尚书不负众望双双拿下了一等奖,实现了我省辅导员大赛一等奖零的突破,而且一拿就是"双冠"。

当晚,我更新了朋友圈:"什么是职业的获得感?当团队两位年轻的'90后'辅导员,双双荣获国赛一等奖的时候,你就深深感受到了。"

2020—2022年 "特殊"的战场

第八届、第九届的辅导员大赛被赋予了"特殊"两个字,许多选手直至比赛结束都未曾谋面。

虽然受疫情影响,但是大赛克服重重困难如期举行。2020年,第八届省赛是在浙江师范大学封闭举行,没有观摩者,空旷的赛场上只有选手和评委,选手们却一如既往地表现优秀。

这年5月,当我们和来自全国高校的优秀辅导员齐聚浙江大学华家池校区,紫藤花的长廊下,同样只有选手们奋力拼搏的身影。

浙江大学吴行、孙幼波,浙江师范大学叶凡代表浙江参加了国赛。在备赛期间,我经常说:"不要把比赛当作舞台去表演,不要刻意去学习其他选手的套路,要把比赛场变成办公室、寝室,想象谈话的对象就是你自己的学生,尊重自己的内心,做具有独特和专属气场的辅导员。"

因为努力，因为坚持，我们终于赢得了比赛。吴行获得了国赛一等奖，延续了第七届的辉煌。

2022年，第九届省赛，时间、地点、形式因为疫情肆虐，只能线上线下不停切换。案例分析完全是屏幕对屏幕，选手独自面对镜头侃侃而谈，评委也是同样远程评分。尽管如此，承办方浙江大学却给予了极大的技术支持，比赛环节没有出现任何技术差错，完美展现了我们辅导员面对复杂局面的应变能力。浙江大学任思丹延续了校外的稳定状态，在谈心谈话环节娓娓道来，完全是平时的工作状态。"赛场上的你，就是要还原工作中最真实的自己"，任思丹做到了。这份真实让她获得了辅导员大赛全国第一名的成绩，创造了大赛的又一辉煌。

2024年　十届完美落幕

时间轴转到了2024年。

十届大赛，12年一个轮回，在我头脑中却始终萦绕着"创新"和"实践"。辅导员大赛不能只是套路式的比赛，而是应该把实际工作真正展示在比赛场上。

2024年3月，第十届辅导员大赛，我们又大胆"改革"了一次，完美体现了"求新求变"的品质。

笔试，完全摒弃了客观题，全部采用开放式的主观题，这是一次全新的挑战，不仅是对选手，也是对评委。机房里，传来的是急急敲打键盘声，评委和选手们同时参加考试，因为全部是开放式的主观题，所以对评委的要求更高。为了准确评分，我们对每道题目进行了认真研讨，从解题思路、答题要点、得分点等几个层面进行分析，统一标准，前后花了一个多小时。

我们选用了"新辅导员100问"的两道真题，选用了"浙里"思政工作台的辅导员"四大中心"，还选用了"特殊群体关注"三级分类等作为主要内容。在最后的综合论述题上，我们一改以往死记硬背政策文件的答题模式，给出了"如何提升辅导员政治能力"的题目。对辅导员而言，"政治能力"永远是第一能力，也是保持坚定政治立场和正确政治站位的岗位要求，也顺应了"政治辅导员"的缘起。

这一次的笔试内容让我们找到了辅导员工作中的一些短板和漏洞，把一次比赛搞成了工作调研和检查，确实超出了我们的预期。事后，我们对试卷进行了翔实的分析，圈定了工作不到位的学校和辅导员。

在案例分析环节，我们把原来的"案例分析"又改了回来，废弃了不合理的比赛流程，增加了评委现场演示环节。辅导员在比赛结束后，往往不知道正确的解题思路，让评委现

2024 年浙江省高校辅导员大赛十届纪念活动合影

场破题分析可以让一次比赛成为一次培训。

在谈心谈话环节，当所有选手结束谈话后，我们又增加了一个特别的"谈心谈话"，让学工部部长与辅导员谈话。平时要求辅导员与学生谈话全覆盖的部长们，这一次成为谈话的主角，亲身体验要谈好一次话的不容易。在现场，我们听到了从未有过的掌声……

辅导员大赛，俨然成了辅导员的"盛会"。从这里走出来的辅导员，或豁达坦荡，或深邃如海，或浅白如溪，但毫无例外有德、有才、有能，更有对事业的热爱，对学生的关爱，对生活的热情，对未来的梦想。

他们不忘理想初心，赓续育人使命，始终保持坚定政治立场和正确政治站位，涵养教书育人的理想境界。站在新的历史起点，这支优秀的辅导员队伍还将不断提升新质思政工作能力，努力答好教育强国建设核心课题，奋力谱写"立德树人工程"的浙江教育新篇章。

水到渠成　破茧成蝶

温州市教育局　吕信恩

　　干了几年或十几年的辅导员，突然要换个赛道，跨界到行政岗位或者教学岗位，或跨出校门直接走上从政之路抑或经商之路，这是一项什么样的操作？需要费很大的劲吗？离开这个岗位会不舍吗？2024年3月，浙江省教育厅组织的辅导员大赛十届纪念活动专门开辟了几个分论坛，"跨界"成了这一分论坛的关键词，我有幸被指定为论坛主持人，和几位"跨界"了的优秀辅导员深入探讨此话题。

　　认真干好辅导员工作。想成为一名高校辅导员，一般都要求具备中共党员、研究生以上学历、主要学生干部任职经历等基础条件，然后在此基础上通过笔试、面试等方式精心挑选。所以，能成为高校辅导员，这些人的综合素质都是非常高的。辅导员既是教师，又是管理人员；既要能走进教室，又要能走进学生的心灵。所以，这个岗位是一个综合性相当高的岗位。优秀的人在综合性高的岗位上锻炼，可以擦出很多"火花"。更何况，当这个优秀的人还热爱这个岗位，并且一心一意扑在这个岗位上时，那产生的就不仅是"火花"，更是绚烂的"焰火"了。曾是浙江大学辅导员的陈泽星、曾是浙江师范大学辅导员的施佳等，他们都曾在全国高校辅导员素质能力大赛上大显身手。我发现他们都有一个共同的特点：热爱辅导员工作，并在这个岗位上不断积蓄力量，不断成长。

　　辅导员跨界水到渠成。从辅导员岗位跨界到其他岗位，容易吗？一般而言，有这样四种情况：一是辅导员工作没干好，跨界到别的岗位上去，这种情况通常很少出现；二是工作干得还不错，继续留在辅导员岗位，并不断职业化；三是工作干得出色，需要发挥示范引领作用，不断职业化、专家化；四是工作干得出色，调整到其他更重要的岗位。我们认为，辅导员"跨界"是水到渠成的。比如，有些高校要求辅导员在岗位上至少干满4年才能转岗，满4年后，只要工作出色，基本能进入组织部的视野，在学校需要使用干部的时候，自然而然"跨界"。曾是浙江大学辅导员的张晓洁，她在离开辅导员岗位后已跨转了4个岗位，每次跨转都是进步，目前是浙江大学人才工作办公室副主任；曾是浙江工商大学辅导员的王歆玫，她目前同时担任教务处副处长和学生处副处长，这在高校里也是不多见的。她们俩坦言，跨界转岗的时候，都是组织部门自动将她们列入考察范围。所以，"跨界"的前提是实力的"积蓄"。

　　愿永远为辅导员代言。这些优秀的辅导员，他们对这个岗位都爱得深沉，属于"干了就不想离开，而非离开了就不想再干"的类型。曾是浙江大学辅导员的陈泽星，他虽然已担任浙江大学北京研究院综合办、智库办主任,浙江大学国家制度研究院院长助理,但是他仍主动担任兼职辅导员。我是2018年离开辅导员岗位的,在这个岗位上前后工作了14年。到温州市教育局高等教育处工作后,我很用心地牵头出台了不少政策,搭建了不少平台,只为能让高校辅导员们有更多学习和成长的机会。施佳目前在省教育厅工作,他说无论在哪里都将一直为辅导员代言。我身边还有很多"跨界"了的老辅导员,每每谈及辅导员工作,他们总是眼里有光、神采飞扬。

我们很爱辅导员工作,它让我们时刻感受到满足和幸福。也许,这种感受还有一个重要的客观原因,因为省教育厅给了辅导员队伍满满的关爱。

吕信恩参加分论坛

与学生共同成长的"她"力量

浙江工业大学　林静姗

浙江工商大学　张　捷

浙江理工大学　汪　珊

深呼吸，定下神，看了看手里的小卡片，对自己说"你可以"。

音乐停，掌声起，站在台上的我自信地说出了那句"大家好，欢迎来到浙江省第十届高校辅导员能力素质大赛第二分论坛"。

时隔十年，再次站在辅导员大赛的舞台上，与当年一样的是比赛中习惯的上场步骤，不一样的是现在的我少了些许青涩和紧张，多了几分沉稳和镇定。

赛"技"忆

向内生长，向外绽放。2014 年，第三届浙江省高校辅导员职业能力大赛是我与大赛的第一次结缘，当时我已经在辅导员工作岗位上当了 7 年多的"小林姐"，自诩是一个"老"辅导员，来到赛场才发现我其实还是个"小白"。当年比赛内容包括基础知识测试、主题班会、自我介绍、主题演讲、案例分析、谈心谈话 6 个项目，是一次辅导员工作实践经验的高度浓缩，更是一堂辅导员不忘育人初心、勇担育才使命的大课。虽然准备的过程很煎熬，也"误打误撞"地进入华东赛集训营，但在备赛过程中却感受到前所未有的"本领恐慌"。正所谓越准备得久，越发现自己的短板，越发觉得"山外有山，人外有人"，越发体会到"在辅导员工作专业化、职业化的道路上还有很长的路要走"。正如浙江农林大学应莺老师（第三届浙江省高校辅导员职业能力大赛一等奖获得者）所说，集训时导师尹浩冰（浙江师范大学）与大家分享了他的工作习惯，他每天打开电脑的第一件事就是浏览教育部网站、省教育厅网站、学校网站和 OA，前辈们对辅导员工作永无止境的追求令人震撼、让人佩服。与这样的"高手过招"让我们更加深刻地体会到，这场比赛看似一场舞台上的比拼，其实更是一次台下十年功的展示，是对辅导员事业的审视和重塑，就像在感觉辅导员工作做得得心应手、游刃有余的时候，又或者在职业发展的十字路口不知何去何从的时候，发现自己还只有半桶水，又激发起了继续"过关斩将"的热情，也更明确了今后需要学习和补充的职业素养。

"她"力量

做"不被定义的自己"。当年非常巧合的是第三届浙江省高校辅导员职业能力大赛一等奖获得者是 10 位妈妈：你，我，她，我们都在以极大的热情投入工作和生活。

有的人是教学与科研路上的尖兵。如浙江师范大学王淑娉（第三届浙江省高校辅导员职业能力大赛一等奖获得者），这样一名浪漫纤柔的江南女子，更打动我们的是她的执着和勤勉。这种不满足是一种进取心。

有的人是管理与服务路上的标杆。每天往返 130 公里，是杭州电子科技大学张馨艺（第三届浙江省高校辅导员职业能力大赛一等奖获得者）的工作常态，但她脸上的神采和铿锵的语调，从不会让人失望。这种不懈怠，是一种责任心。

有的人是助人与育人路上的头雁。对浙江农林大学应莺来说，提到学生，谈得最多的是真心与热爱。每一个新问题她都有独特的解读和应对方式，即便不能马上被理解、被善待，但满腔热忱的付出从不打折。这种不放弃，是一种赤诚心。

有的人是青春与挑战路上的依靠。浙江理工大学汪期（第九届浙江省高校辅导员职业能力大赛一等奖获得者）是这样说的，也是这样做的。这种不拘泥，是一种平常心。

"破茧成蝶：凝聚'她'力量"分论坛现场

"共"成长

春华秋实，岁月更迭。使人成熟的，并不是岁月，而是经历。与学生共同成长，便是辅导员这一路上最珍贵的财富。浙江师范大学王淑娉分享了与学生一起去山区支教的经历，他们用一个假期，做了一件终生难忘的事。那段在乡村学校的教室里打地铺，每天自己煮饭烧菜、每天备课准备教案的日子，虽然苦，但每天都有收获，其中有两名男生，一开始很调皮，觉得支教很苦、没意思，后来在王老师的"言传身教"和"谈心谈话"下成长为支教骨干，回校后还一起参与各项学生活动，一直到现在还跟王老师保持着联系，时常分享各自的生活状态。"这些学生的成长，是这份职业给予我最大的价值感，也激励我在自己的职业发展中勇于跳出舒适区，不断超越自我，面对目标踔厉奋发。"

"无穷的远方，无数的人们，都与我有关。"这是鲁迅先生的时代呐喊。在这里，我想说："辅导员的诗和远方就是千千万万学子的现在和未来。"

十年坚毅，我们是匆匆的赶路人，也是默默的铺路人，用细碎的微光，用坚守的力量，照耀更多同行的人。

十年而已，清风拂明月，山海有相逢，我们回头看看曾经的自己，那样热烈地奔跑在育人的路上，我们抬头看到未来和远方，爱与希望成为我们披荆斩棘的力量。

十年而已，白云苍狗，四季枯荣，我们与学生博弈、与自己博弈，然而义无反顾、落子无悔。这是最好的时代，这是我们最好的选择，我们已经准备好再次挥鞭启程，而"路上春色正好，天上太阳正晴"。

挂职与读博：辅导员职业发展中的助推器

浙江大学国际联合学院（海宁国际校区）　吴行

当你接到通知，需要启程赴任一个完全陌生领域的新岗位，你是否会手足无措，心生惶恐？

当你忙完一天的工作，披星戴月回到家中发现还有厚厚的文献有待整理汇报，你是否会怅然若失、倍感疲惫？

3月28日，浙江省高校辅导员大赛纪念活动分论坛之"峥嵘岁月：挂职和读博的那些事儿"迎来了五位辅导员，他们分享了各自在不同岗位挂职和不同专业读博路上的经历，共同探讨了挂职和读博对辅导员职业发展的影响，让更多的辅导员从他们身上看到职业发展的深度与广度，引起了广泛关注。

"峥嵘岁月：挂职和读博的那些事儿"分论坛现场

挂职：新视角，新挑战

钱珊，杭州师范大学公共管理学院党委副书记（曾获全国"最美高校辅导员"称号），曾借调到杭州城西科创大走廊管委会，工作职能涵盖了组织部、宣传部、人事处和工会的工作，与辅导员工作截然不同。"一开始得知挂职的任务，我的内心是忐忑的。我记得当时请教了多位领导和前辈。"钱珊回忆道，"有一位前辈和我说过这样一句话，他说虽然你只做过辅导员工作，但是你要知道能把辅导员工作干好绝非易事，这需要非常强的组织协调能力、沟通表达能力、冲突处理能力等，而这些恰恰是你去挂职单位最能脱颖而出的能力素养。"带着这份鼓励和期许，她在挂职单位边学边干，以揭榜挂帅的形式主持了大走廊年度对外宣传矩阵建设工作，搭建了对外宣传的三级网络平台。这次挂职经历不仅提升了她的组织协调能力，还让她有机会走进企业、实验室和媒体，与一线的企业家、科学家、媒体人交流，极大地拓宽了她的工作视野，也助推她回校后的辅导员事业更上一个台阶。

夏文来，浙江大学宁波理工学院宣传部主管，他挂职于中央网信办，从事舆情研究和智库成果报送工作。"挂职经历极大地提升了我的信息搜索和鉴别能力。"他分享道，"这些技能对于我回到校园后调整工作、确定我读博后的研究方向起到了关键作用。"他坦言，通过挂职，了解了互联网时代知识沉淀在哪里，准确定位，鉴别真实性，构建起"宽基础知识底座"是挂职过程中最大的提升。同时，学会了分析问题，加深了对党政机关工作机制的了解，回到辅导员岗位后可以更好地帮助学生读懂中国、了解世界，更高效地做好思想政治教育工作。

王奕鉴，浙江工商大学组织部干部管理主管，有两次省委组织部干部监督室的借调、一次亚运会组委会办公室（总体策划部）的借调经历。他回顾借调经历对辅导员工作的价值时认为：从事借调工作时，看问题会更加系统。以前看到上面下来一个文件，会更多地考虑执行层面，现在会更多地站在文件出台的背景、要解决哪些问题等方面去研究它。他在这些借调岗位工作时，还始终担任辅导员一职，从实施者到策划者角色的转变，也帮助他更好地回归到育人工作中，提升育人的视野和格局。

读博：深化知识，拓宽视野

陈南非，浙江大学心理健康教育与咨询中心副主任，她在担任辅导员工作期间选择了在职攻读思想政治教育专业博士学位。当问及她为何做出读博的抉择时，她回忆道："我是杭州姑娘，在北京念的大学，读浙大是我的儿时梦想。"那年，她义无反顾地报考了马克思主义学院的思想政治教育专业，因为是语言生，有留学经历，就拜入研究比较思想政治教育的导师门下。读博期间的学习经历让她对比较思想政治教育有了更深入、更系统的理解，"为辅导员职业发展提供了更多的理论支撑和学术深度"。对于读博期间的时间管理难题，她用三个"战"来理解。第一个是"战斗"。辅导员、思政工作者日常肩负重任、工作繁杂，选择深造攻读在职博士学位，这本身就是一场战斗，每一位选择这条路的都是战士。备考岁月夜以继日、选考过程全力以赴、攻读写作殚精竭虑，需要勇气、智慧，更多的是坚韧不拔的毅力。第二个是"战友"，是家人的全力支持，是师长的点拨教导，是同学的讨论互助，是同事的深情鼓励。第三个是"战胜"。王阳明先生说："你未看此花时，此花与汝心同归于寂；你来看此花时，此花颜色一时明白起来，便知此花不在你的心外。"陈南非说："挂职或者读博，曾经于我来说，也是别人的故事。但我知这是心之所选，身在其中，定有一份希望、一种定力。"

吴行，浙江大学国际校区学生事务部部长，他选择了本校的马克思主义原理专业攻读博士，在回应为何选择这个方向时，他表示："马克思主义原理带给我更大的挑战，但同时它又是看待这个世界最根本、最透彻的理论。"对马克思主义原理的学习，投射到学生思想政治工作之中，能够实现"降维打击"，也当为未来更为长久的职业生涯规划奠定一个牢固的认识论基础。他鼓励辅导员，要把握好每一次和专家学者交流的机会，"如果有读博的机会，一定要抓住，这是你职业生涯中非常重要的一个转折点和新阶段的起点"。

夏文来则因为挂职时做智库研究的经历，选择了行政管理专业进行深造。他认为："读博不仅是学术上的追求，更是对未来职业发展的一种投资。"辅导员工作能否赶得上形势发展、科技进步、对象变化，这里有大量可以研究的问题。他在现场分享说："以科技进步为例，辅导员能否有自己的行业大模型，减少事务性的应答，同时也要考虑回复的责任边界，减少与学生沟通的潜藏疏离风险，并建立敏感信息预警机制，等等。"

辅导员的无限可能

不论是挂职还是读博，从这些辅导员的身上，皆可以一窥辅导员在职业发展道路上的无限可能。这些经历都极大地丰富了他们的职业生涯，并为他们在落实立德树人根本任务的工作中源源不断地提供助力和指引。正如他们一起分享的那样："辅导员是一盏灯，而这盏灯，也需要定期添加一点燃料，更好地照亮他人。"

辅导员的流量密码
——让快乐出圈，让灵感绽放

浙江师范大学　程松泉

　　"跟学生成为饭搭子后胖了20斤""省赛抽到1号签""曾经的学生也成了辅导员"……3月28日，在浙江省高校辅导员大赛纪念活动"流量密码"分论坛现场，5位年轻的嘉宾讲述着从事辅导员工作背后的故事，解码快乐秘籍，高能话题频频抛出，引发现场笑声不断。

"流量密码：让快乐出圈，让灵感绽放"分论坛现场

有一种快乐，来自大赛

　　回望来路，历经十二载，浙江省高校辅导员素质能力大赛已经迎来第十届。这方舞台孕育了一批又一批优秀辅导员，至今依然活跃在我省高校思政工作的最前沿。作为荣获省

赛一等奖以上的选手，5 位嘉宾因赛结缘，他们从大赛中获得了莫大的快乐。

宁波大学桂尚书在省赛的理论宣讲环节抽到了 1 号签，依然顶住压力呈现了一场精彩的宣讲，笑言"以后再也不怕抽签了"；浙江师范大学程松泉在国赛间隙前往橘子洲头接受红色洗礼。作为同届选手，他们俩为浙江省捧回了两个全国一等奖，夺得"双冠"。任思丹克服内心的恐惧，主动报名参赛，在国赛笔试之前的夜晚，孩子突然发烧，内心焦虑的她克服困难挺了过来，总成绩位列全国第一名。王康则在小红书上广发"英雄帖"，主动认识并邀请兄弟省份的参赛选手一起切磋练习，把自己比喻为守擂台的人。

人总是在不断蜕变中收获成长，参加大赛是一种蜕变，尽管过程充满艰辛，但涅槃之后的天地更加宽阔，轻舟已过万重山。

正是因为如此，浙江省教育厅宣传教育与统战处丁晓老师才多次在重要场合强调：每一名辅导员的职业生涯中，都应该经历一次大赛的洗礼。

一朵云推动另一朵云：有一种快乐，来自同频共振

谈及选择成为辅导员的职业初心，浙江工商大学李鹏飞深有感触。在大学时期，顽皮捣蛋的他经常被辅导员邀请去家里吃饭，润物无声的指导与关爱，让他感受到了极大的温暖。于是，"长大后我就成了你"变成了现实。值得一提的是，在 2024 年第十届省赛选手中，有一位辅导员便是任思丹曾经的学生，看到学生成功接过自己的接力棒，任思丹坦言："帮助学生成长，就是当下最大的快乐。"

"跟学生在一起，是保持年轻心态的最好途径。"浙江工商大学应笑妮曾经是省学联主席，留校担任辅导员后一直坚守在学工线，且多次放弃转岗的机会。"越做越开心、越来越年轻"是她与学生亲密互动的最美诠释。

教育就是一棵树摇动另一棵树，一朵云推动另一朵云，一个灵魂唤醒另一个灵魂。很多时候，学生也会成为辅导员的"老师"。只有与学生在共振中实现共鸣，才能真正领悟辅导员的快乐真谛。

累并快乐着：有一种快乐，来自双向奔赴

辅导员的工作点多线长面广，永远奔走在学生思政工作的第一线，"白加黑""五加二"成为常态，在工作量很饱满的情况下，又该如何快乐地做好学生工作？

"95 后"辅导员——浙江交通职业技术学院王康建议用好非正式场景，与学生约饭成了她的小妙招。在共享美食的轻松氛围中，尝到甜头的王康尽管身体逐渐"膨胀"，但她发现很多高质量的谈心谈话也悄然完成。李鹏飞则经常约学生一起踢足球，在创作"新辅

导员 100 问"微视频的过程中，与学生一起学习剪辑和拍摄，师生共成长。

"新辅导员 100 问"微视频自上线以来，已经成为省内辅导员催更、追捧的热点，并入选教育部精品思政工作项目。作为微视频的监制，应笑妮表示："最永恒的快乐是你付出了巨大的努力，最后得偿所愿的一瞬间。"辅导员工作亦如是。

辅导员飞盘大赛、歌唱大赛、书画公益拍卖活动……在省教育厅的指导下，新的活动和平台不断涌现，激励着辅导员快乐成长。"年轻人，累不是主要的，累并快乐着才是主要的。"丁晓期待辅导员既要学会让学生快乐，也要学会让自己快乐。

"暮春者，春服既成，冠者五六人，童子六七人，浴乎沂，风乎舞雩，咏而归。"这是《论语》中孔夫子理想的生活。希望每一名"浙群"辅导员，在平凡的岗位上，都能全情投入，享受过程，寻觅属于自己的不可替代的快乐。

我与大赛的不解之缘

浙江工商大学　应笑妮

我与大赛面对面：12 年交情

2012 年，当收到第一届浙江省高校辅导员职业技能竞赛的通知时，任学校学工部副部长的我内心非常激动，这是教育部、省教育厅对高校辅导员职业化的肯定、提升与奖励，我们一定要把握机会让辅导员好好表现，即使比赛环节很多，我们依然积极选拔、备赛、参赛，终于让我校选手王歆玫站在了省赛一等奖的领奖台上，也由此加快了她的发展步伐。王歆玫的成长让我看到了希望，原来大赛这个平台可以让优秀的辅导员得到快速发展，由此我也坚定了自己的工作目标和研究方向：以大赛为原点和平台，助力辅导员素质能力提升，开展高校辅导员队伍建设研究。于是从 2012 年到 2024 年，我追随了十届大赛，经历了大赛的赛名、赛制、赛点等各种变更，参与了省赛的组织、出题、评审等各个环节，也见证了大赛选手们的成长、发展与收获。

我与选手肩并肩：153 名佼佼者

浙江省教育厅宣传教育与统战处对我省高校辅导员的队伍建设一向很重视，每年的省赛一等奖选手都要进行集训选拔，再参加全国比赛。很荣幸，前几届的集训都是在我校举行，由此我也有机会和一等奖选手们一起备赛讨论、一起出谋划策、一起冲刺国赛，慢慢地，我也就成了国赛备赛团的集训导师。集训的时间很紧凑，共一周时间，往往从早上 8 点讨论到晚上 8 点；国赛的节奏更紧张，集体备赛到凌晨一两点是常态；但是全省 9 届 153 名佼佼者斗志昂扬，相互鼓励、相互支持，从赛友到朋友，携手共进，共创佳绩。事实证明，我们浙江军团是有战斗力的，我们曾经获得全国团体第二名、一举拿到双冠、夺得过全国第一名等优异成绩，我们用实力证明了浙江省高校辅导员的综合素质与能力。

我与未来参赛者手牵手：7000 余名种子选手

2019 年，我们成立浙江省高校辅导员素质能力提升工作室，开展全省高校辅导员队伍建设研究。2024 年，在省教育厅宣传教育与统战处丁晓老师的建议下，我们创新性地开展了第十届浙江省高校辅导员素质能力大赛的赛前集训，希望能让更多高素质选手参加高质量的竞赛。集训报名的热烈程度，远远超乎我们的想象，各个高校纷纷争取名额。为不负众望，我们工作室专门组织了三次集体备课会，精心挑选授课老师、获奖选手和心理老师，配合不同模块主题，开展详细演练，学员评价非常高。

　　为此，我们将不再局限于大赛，而是面向全省 7000 余名高校辅导员陆续开展素质能力提升培训，不仅为大赛选拔未来的种子选手，更为提升浙江省的辅导员队伍整体战斗力。

大赛视角下的辅导员素养提升

温州大学　姜海燕

比赛小窗口，思政大格局，辅导员素质能力大赛自举办以来，不仅以赛促建、以赛带练，极大地促进了辅导员队伍的成长，还为辅导员职业化、专业化和专家化的进阶之路打开了一扇窗。笔者带赛 12 年，陪伴历届选手经历了各层次大赛的形式和题目的种种变化，也不断在万变中求其宗，寻求进阶优秀的规律。

一、走近走进，一枝一叶总关情

历届高校辅导员素质能力大赛无论比赛展示的形式如何变，围绕思政教育的内容都是不变的王道，所涉及的题目都是大学生成长成才发展过程中的一些或典型或共性的问题。对于辅导员而言，熟悉学生是建立关系的前提，走近是熟悉的前置，走进是熟悉的深化。所以要秉承教无定法的理念，沉下身去，走近学生的同时，更要贴近学生、融入学生，成为他们的知心朋友，了解当代大学生的时代特征和关注点，知生情，懂生语，从而发现问题，进而帮助学生一起面对成长途中的风雨。一枝一叶总关情，练就的是职业化的常态。

二、专业专注，莫听穿林打叶声

分析最近一届省赛的题目，涉及"E 世代"大学生的专业学习、就业升学、恋爱心理、网络交往、理想信念、生活形态等，呈现的是网络新媒体新技术带给思政工作的新视角、新挑战和新冲击，以及亚文化生态对主渠道教学模式和学生个体成长中价值观及身心的影响，如何因事而新、因势而化，需要我们辅导员努力提升专业技能，积累心理助人、职业规划和就业创业、管理党团建设等专业知识，专业化的进程会让我们更专注于这份育人事业，而不会因为暂时的风雨而踯躅迷茫。莫听穿林打叶声，练就的是专业化的状态。

三、坚持坚定，守得云开见月明

浙江省赛已举办 10 届，在这练兵的大舞台上涌现出许多非常优秀、拔尖的选手，他们拥有很好的辅导员工作技能和知识素养。纵观他们的工作经历，在辅导员岗位上平均连续工作 5 年。绝知此事要躬行，对辅导员工作的坚持，让他们构建了各具风格的工作支持系统，练就了大思政的格局，而这份坚持的背后因为有着坚定的方向，要朝着辅导员专业化领域精进，成为思政工作的专家，所以可以走得风雨兼程。守得云开见月明，练就的是专家化的心态。

感受"浙群"辅导员的发展气象

浙江师范大学　尹浩冰

浙江省辅导员职业能力大赛从无到有，从第一届到第十届，时间跨度 12 年，累计参加省级比赛的辅导员千余人次、获奖辅导员几百人。当百余名历届获得一等奖的辅导员从四面八方赶到杭州，齐聚一堂共话成长、分享育人经验的时候，作为一名参赛辅导员的导师，心中禁不住感慨万千，深深感受着"浙群"辅导员蓬勃的发展气象。

点上突破，提振"浙群"辅导员的士气

由于准备不足、仓促应战，我省选出的 3 名辅导员在首届国赛中全军覆没，惨痛的教训深深刺激着我们。在省教育厅宣传教育与统战处丁晓老师的组织下，我们组建了备赛导师组，根据比赛项目分别成立"理论知识""即兴演讲""案例分析""谈心谈话"等小组，对标对表研究赛制，列出清单收集资料，集中培训逐个过关。终于在第二届国赛中取得了二等奖和"基础知识"环节全国第二名的成绩。随着备赛训练模式的不断完善，我省辅导员在参赛中多点突破、屡获佳绩，甚至在同一届国赛中获得了两个一等奖，大大提振了全省辅导员的士气。

串点成线，贯通"浙群"辅导员的培训

对于辅导员队伍建设而言，参加比赛只是一种提升能力的手段，更重要的是将备赛训练的经验和做法运用于全省辅导员职业能力培训和提升，服务更多人。在省教育厅宣传教育与统战处的统筹下，"浙群"辅导员微信公众号应运而生，全省辅导员有了交流工作、分享经验的线上平台；由参赛辅导员参与编写的辅导员培训参考资料《辅导员专业化职业化的路径与方法》一书由浙江大学出版社出版发行；新辅导员任职培训，参赛获奖的辅导员踊跃参加，担任助理班主任、培训讲师，交流心得、朋辈互促、共同进步。

以线带面，覆盖"浙群辅导员"的成长

"一花独放不是春，百花齐放春满园。"12 年来，我省辅导员群体相互竞争、朋辈互助、共同成长的氛围已经逐步形成。"辅导员工作室""名师辅导员引领计划""辅导员

心理助人培训计划""辅导员思政工作平台"等相继推出，为辅导员搭建了集工作交流、培训研修、科研提升等于一体的"立体式"能力提升平台，不断推进全省辅导员队伍职业化、专业化、专家化建设。我省辅导员除在职业能力比赛中获得奖项外，在心理健康教育、思政教学、探索研究等方面的整体水平也得到了全面提升，涌现出了一批辅导员名师、思政教学名师、博导、教授。12 年时光一瞬间，蓦然回首，在"浙群辅导员"的花园里，已是百花齐放，万紫千红。

以爱之名点亮拼搏之路
——写在第十届浙江省高校辅导员素质能力大赛落幕之际

浙江省教育宣传中心　王东　郑墨之

3 月 28 日。浙江理工大学。

绿植掩映的校园里，人们从四面八方赶来，向着那个群星荟萃的舞台聚集。说是"星"，也不是"星"，他们和所有在场的教师一样平凡、质朴与勤勉；说不是"星"，又是"星"，在第十届浙江省高校辅导员素质能力大赛的征程中，他们留下了闪光的印迹。因为他们，这趟开往春天的"拾光"号列车才有了泪和笑、悲和喜、苦和甜，才连接起了过去、现在和未来，才那么让人眷恋与憧憬。

有人说，辅导员是校园中离大学生最近的人，亦师亦友亦兄弟亦姐妹。所以，就有了一届届忙碌、精彩而又激情四射的大赛，而这个平台也见证了无数辅导员的成长与蝶变。他们相信，"与高者为伍，与德者同行，必得善果"，以赛促学、以赛促练、以赛促建，定能谱写浙江省高校辅导员队伍建设的华丽篇章。

年历不断地闪回，从 2024 回溯至初相识的 2012，"遇见"成了舞台上最撩人的那个词。

2024 年浙江省高校辅导员大赛十届纪念活动现场

照片、视频中的他们多少有些腼腆、稚嫩、青涩，但穿过十二载光阴再回首，连报错幕时的慌张与羞愧都显得那么可爱、那么好玩，所以笑声里没有一点恶意，反而多了一点"心有戚戚焉"。因为大家都知道，昨日所有的缺憾都是为了今天的惊喜铺垫，穿过荆棘才能到达更辽阔的未来。

"2012 年，山东大学，是我们梦开始的地方，也是让我们心伤的地方……"果然，第一届止步国赛复赛的失利让多年后的他们仍耿耿于怀，麦克风里的声音有些许不甘。奋斗过的人都知道咫尺之遥的痛，好在时光抹平了一切，他们已经学会了自嘲："淘汰并不意味着结束，我们甘心化作炮灰，为第二届大赛输送炮弹。"

大概正是这样的期许、这样的传承，让第二届国赛之旅犹如武大校园里的樱花一般绚丽灿烂。珞珈山下、东湖之畔，他们对着云蒸霞蔚的花树起誓，要做最好的自己；他们也在这个最美的季节里成功"出圈"，第一次把浙江省高校的名字镌刻在全国辅导员大赛的获奖名单上。

从光影里转回到舞台上的，还有第三届的"妈妈天团"。"教师"与"妈妈"，是人世间美好的两种角色，当辅导员遇上妈妈，一定会发生、激荡、倍增许多柔软而温暖的故事。岁月不老，她们穿旗袍、抖扇子、走猫步的样子依然那么美，依然有着一个清澈、葱茏与轻盈的灵魂。

还有第四届的平地惊雷，10 人出赛 6 人获奖，并拿到了团体全国二等奖；第五、第六届高职辅导员的奇峰崛起；第七届的一举夺下双冠；第八、第九届的云赛场以及第十届那些正冉冉升起的新星……

当然，也忘不了一个办公室里"战友"的相互扶持，忘不了从对手到队友再到朋友的心路历程，忘不了征战国赛前许下的全部晋级的生日愿望，忘不了带队导师申诉比分时的挺身而出……正是这些温馨的小细节支撑起最美好的回忆，让一起拼搏、一起勇敢、永不放弃有了最生动的注脚。

"我们从来都不是孤军奋战，导师、陪练一直都是我们坚强的后盾，赋予我们底气和勇气。"说得多好，有一种热爱叫陪伴，有一种得到叫付出。正因为有那么多默默奉献的人，才成就了无数个辅导员的高光时刻。所以，当导师团闪亮登场时，底下掌声雷动。当他们集体点亮 LOGO 时，当经典的歌声《朋友》响起时，好像是在为浙江近 8000 名高校辅导员助力，心中有爱，勇往直前。

确实，"拾光"是一扇门，是新的起点，所有的回顾与总结、展示与检阅都是为了更好地出发。每个人都应该带着"为党育人、为国育才"的初心上路，为奋力谱写浙江教育的新篇章而拼搏创造，再续下一个辉煌。

十届大赛，岁月如歌

浙江理工大学　巴楚洁

　　十届，十二年，一个漫长的人生跨度，足以让一颗关于梦想的种子生根发芽，枝繁叶茂。人生不会有很多个十二年。对于我来说，有幸参与这场浙江省高校辅导员大赛十届纪念活动的筹备，不仅是对辅导员职业产生更深认同的一次契机，更是关于内心情感的一场洗礼，是对未来充满无限可能的一种期待。作为一名纪念活动的幕后工作者，一个未曾有机会参加大赛的辅导员，一位感慨万千泪洒现场的观众，想用文字记录下我的心路历程。

　　紧张又漫长的二十多天，每一天都是战时状态。为办好这场纪念活动，在丁老师的牵头指导下，我们所有幕后人员精心策划着纪念活动的每一个环节，把关每一道流程，主持稿改了又写，写了又改。印象最深的是，纪念活动上播放的历届回顾视频脚本数易其稿，为了拿出最精良的视频，我们的战线从 3 月 8 日线上筹备会议开始，持续拉到 3 月 27 日彩排当天，我切实感受到了每一个人都在丁老师的工匠精神引领下，全情投入、精益求精。我们常常从天亮讨论到天黑，将视频拆解为一帧一帧的最小单元来回打磨，反复斟酌，也有好几次为了补拍一个镜头，说走就走。因为我们深知，每一次大赛的背后，都有数不清的精彩瞬间，更有讲不完的动人故事，我们想要尽可能地用视频的生动画面来记录与回忆。这不仅是一场纪念活动，更是昨日重现，展现出一幅幅关于梦想、坚持与成长的珍贵画面。

　　岁月的舞台变迁，跨越十二年的回响。这些年一起参赛的伙伴，那些年并肩作战的战友，那些年给予了无数参赛者关心与关爱的导师，此刻都汇聚于这个舞台上，共同追溯那届大赛的点点滴滴。岁月无法抹去任何人眼中那份对大赛的热爱与执着。那一刻，我被深深感动了，仿佛看见了时光的流转，也听见了岁月的回响。当全体导师、历届获奖选手全场合唱《朋友》这首歌时，那熟悉的旋律仿佛具有魔力，将所有人的心紧紧相连。歌声中，我看到了那些年他们携手并进的身影，听到了那些年他们热血沸腾的誓言。那一刻，泪水模糊了我的视线，但我分明感受到一种力量，是对全体思政工作者的深深敬意，是对历届大赛选手的羡慕和向往：不断向优秀的前辈学习，成长为更好的自己，我心驰神往。

　　"光荣的选择，自觉地承担，我们的名字叫辅导员。"一位位曾经的获奖者走上舞台，分享着他们的参赛经历和心路历程。或许他们已不在辅导员的岗位上，可他们的言语依然朴实而真诚，字里行间流露出的是对大赛的深深眷恋与感激。他们讲述着如何在大赛的磨砺中找到方向，如何在团队合作中学会包容与理解，如何在失败面前学会坚韧与乐观。每一个故事都是一段生动的人生经历。无论时光如何流转，无论世事如何变迁，这场大赛，就像一座灯塔，始终为我们"浙群"辅导员指引方向，给予我们力量。

参与这场十届大赛纪念活动筹备，我如此幸运地见证了一段关于"浙群"辅导员的成长历史。收获的不仅仅是感动，更是对人生的思考、对未来的憧憬。

下一届，我来了！

"拾光"背后的故事

浙江旅游职业学院　　颜育众

4102 人观看，1142 个喜欢，648 个转发，这就是《遇见·拾光》这部记录十届浙江省高校辅导员素质能力大赛的微电影三小时的观看数据。这部微电影凝聚了十届大赛选手的心血，有的出镜，有的隐身幕后，但他们都用自己的方式贡献着自己的力量，凝聚起"浙群"辅导员共同的印记。创作初期，我们苦于整体的呈现形式，历届大赛的环节构成几乎一样，如何将十届大赛的内容生动地呈现，成了我们急需解决的难题。丁晓老师的几个故事为我们破了题：祝伟华、王歆玫、张晓洁的国赛淘汰之旅；吕信恩、施佳的武大征途；第三届"妈妈团"的别样风采。

这些故事，不仅为我们提供了灵感思路，更改变了我们对大赛的印象，原本印象中的大赛是激烈、残酷的，现在我才了解到它是温情、让人感动的，此刻我们意识到，也许这个微电影的意义已超过我们的设想，它将改变"一群人"。

淘汰、樱花、妈妈……十个简单的词，讲述了十段不简单的故事，从第一届国赛初赛出局，到第七届国赛双冠，大赛的故事可能几天几夜也说不完，这些都只是十届大赛历程中的一些缩影。选手在不断成长，大赛也在不断"升级"，一个又一个故事将所有的画面串联在了一起，共同构成了《遇见·拾光》，见证了一届又一届辅导员的成长与荣光。

在创作过程中，我们最期待的，就是听丁老师讲述她和选手之间的故事，"大赛集训营中共度生日""妈妈选手带娃备赛"……把没有参加过大赛的我们带回了那段岁月，只有经历过大赛的辅导员才会懂得这个比赛的真正价值，他们因大赛结缘，因大赛碰撞火花，因大赛找到了新的发展之路。

一群因为大赛改变的人，又因为大赛聚在一起。夜以继日修改脚本、组织策划、拍摄剪辑，想唤醒历届大赛选手一份尘封已久的记忆，回顾曾经青涩的自己，不悔自己走过的路，也为身为"浙群"辅导员而自豪。

遇见大赛，遇见更好的你。

在青春的舞台演绎无限可能

宁波大学　龚昆朋

　　分论坛是此次浙江省高校辅导员素质能力大赛十届纪念活动的重要环节，我非常有幸参与其中，做组织协调工作。分论坛旨在提供一个平台，展示优秀辅导员成长过程中的酸甜苦辣，并就当前全省辅导员存在的共性问题答疑解惑，在朋辈引领中帮助辅导员成长成才。活动令我收获良多。

　　一次成功的活动离不开团队成员的精心设计。为了分论坛活动的精彩呈现，团队成员反复讨论，前期方案是在纪念活动后，选一些优秀辅导员做分享交流，后改为以沙龙活动的形式让参会教师自由选择话题进行交流，最后确定分四个场地、四个主题进行分享和互动交流。这些精彩主题的确定离不开丁晓老师对选手们成长轨迹的了解，离不开团队成员对历届大赛一等奖获得者的情况反复分析和归类，也离不开辅导员对于自身工作的深刻思考。

　　一次成功的活动离不开大家的鼎力支持。在活动开始两周前，我第一次联系主持人吕信恩（温州市教育局高教处、职成教处处长）并提醒其两天后交主持框架，当时觉得他很忙肯定不能按时交。但隔天晚上十点收到材料时，感叹前辈的高执行力并被其用心的设计折服。在活动举办当周，我一直很担心嘉宾有公务在身而无法出席分论坛。但令人欣喜的是，大家参与的积极性非常高，为了给全省的辅导员带来高质量的分享，陈泽星老师特意从北京赶回杭州，吕信恩老师一早就从温州出发……大家在当天上午均到场参与彩排并准时参加各项活动。

　　一次成功的活动离不开氛围的积极营造。此次分论坛除了设置开放式问题互动交流以外，还安排了同步直播，观众可以任意切换四个论坛的画面进行收看。面对直播镜头，如果现场嘉宾的分享不够活泼，台上台下的氛围也会逐渐"凝固"，这个时候就需要及时控场救场，活跃气氛。记得第四分论坛"流量密码：让快乐出圈，让灵感绽放"的主题是分享有趣、新颖、活泼的内容，但大家的话题逐渐偏移到类似为什么参加比赛，比赛时的发型设计……丁晓老师及时从其他分论坛赶到现场，分享自己和辅导员一起感动、快乐的事情，营造了一个轻松、愉快的氛围，带动在场嘉宾老师放松心情、畅所欲言。

　　提出有趣的想法，做有价值的事情。分论坛活动成功举办，总观看量超过2万人次，反响很好。未来，我将继续努力，为辅导员们提供更多有意义、有深度的活动，助力他们的成长与发展。

铭心一刻

西湖畔的逐梦曙光

中国美术学院　祁泽宇

2023 年国庆献礼视频拍摄的幕后经历，成为我职业生涯中难以磨灭的珍贵回忆。

那一次，"浙群"辅导员团队承接了拍摄国庆献礼视频的重任。其中，有一个至关重要的镜头需要在西湖边拍摄骑车飞驰的画面。为了获取人少、画面干净的理想拍摄效果，整个团队经过深思熟虑，做出了一个大胆的决定：在凌晨四点日出之际，搭载好设备开拍。

当这个决定敲定的那一刻，天南地北的辅导员们，怀着对这份事业的热爱与执着，纷纷相约赶赴同一个方向——美丽的西湖。那时的我，初入辅导员行列，宛如一个刚刚萌芽的小萌新，哪曾见过如此令人热血沸腾的场面。作为拍摄团队的一员，我深知责任重大，绝不能因为自己的迟到而影响整个拍摄进度。于是，一个略显疯狂却又十分可行的"歪点子"在我脑海中诞生——在西湖边的车里过夜。就这样，我人生中第一次以这样独特的方式睡在了西湖边。

夜晚的西湖，万籁俱寂，只有蚊虫在耳边嗡嗡作响，仿佛在演奏着一首独特的夜曲。我躺在车里，满心期待着即将到来的日出，思绪也随之飘远。半梦半醒间，《超越梦想》的歌词隐隐在耳边响起："超越梦想一起飞，你我需要真心面对，让生命回味这一刻，让

"青春，只为祖国"视频拍摄现场

岁月铭记这一回！"这激昂的旋律，就像是对我们此刻行动的生动诠释，让我心中的热情愈发高涨。

终于，天边泛起了鱼肚白，黎明的曙光渐渐照亮了西湖的湖面。此时，原本只能在推文里看到的那些优秀的高校名师辅导员，一个个活生生地出现在我面前。他们有的虽然带着昨夜赶路的疲惫，顶着熊猫眼，但眼神中却闪烁着兴奋与期待的光芒。大家聚在一起，轻声哼唱着歌曲，那温馨而又充满力量的画面，让我的脸颊微微泛起红晕。

在那一刻，我深刻地感受到，辅导员们对事业的热情，是如此的炽热而坚定。他们来自不同的地方，有着不同的背景，因为对学生的关爱、对教育事业的使命感，相聚于此。他们用实际行动诠释着这份职业的担当与奉献，也让我更加坚定了自己选择这份人生事业的初心。

西湖边的这次拍摄经历，不仅是一次工作任务的完成，更是一次心灵的洗礼和梦想的升华。它让我明白，在辅导员这条道路上，有无数志同道合的伙伴，我们一起超越梦想，向着更美好的未来奋力前行。

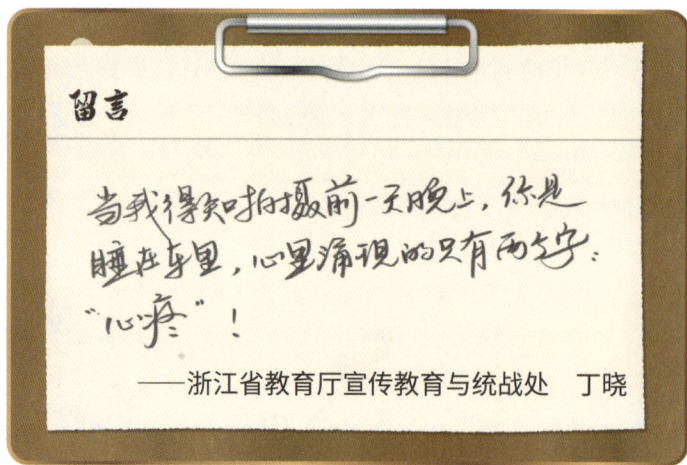

留言

当我得知叮拍摄前一天晚上，你是睡在车里，心里涌现的只有两个字："心疼"！

——浙江省教育厅宣传教育与统战处　丁晓

缓行成长　急盼相逢

宁波大学　邓美玲

一、步履不停：做带"球"奔跑的思政坚守者

2023 年 5 月，即将迎来我的第二个宝贝，"带球跑"的日子虽辛苦，却让我感受到双重生命律动的意义——一边是腹中宝贝的日渐成长，一边是青年学子思想的拔节孕穗。

5 月 10 日，在学校真诚图书馆的报告厅里，我挺着孕肚主持分党校结业仪式。看着台下 200 余名学生赤诚的面容，耳边回荡着他们铿锵的誓言，腹中的孩子仿佛也感受到了这份庄重，轻轻踢动着与我呼应。我想，这或许是最好的胎教——让未出世的孩子在红色故事中聆听初心的跳动。

邓美玲与学生合影

二、润物无声：让青春与信仰双向奔赴

作为思政工作者，我始终相信教育不是单向灌输，而是点燃心火的旅程。在党校培训中，我们创新设计了"先锋领航"故事汇、"寻访红色印迹"社会实践等活动。当学生们重走

一个个红色景点，倾听一场场感人至深的先锋故事，并记录下用青春的语言讲述给更多青年时，我亲眼见证理论讲述化作情感共鸣的瞬间。有位学生在思想汇报中写道："原来信仰不是虚无的口号，是前辈用生命丈量出的精神坐标。"

三、生命礼赞：两场"分娩"的信仰接力

结束了一天的工作，充实踏实，凌晨宝宝就发动了。这个在党校结业的日子迫不及待降临的小生命，仿佛带着某种隐喻：思政育人也如同孕育新生命，需要以心血浇灌，用信仰滋养。从校园里的谆谆教诲到产床上的血脉相连，我愈发懂得立德树人的真谛——我们既要当好学生成长的摆渡人，更要成为红色基因的传承者。

辅导员的工作，是见证青春拔节的麦田守望，更是守护精神火种的薪火相传。在这场不急不缓的育人长征中，每个思想碰撞的火花、每次心灵共振的悸动，都在续写着红色基因的生命密码。而当新的生命带着信仰的印记降临时，我更加确信：立德树人的事业，永远在生生不息的传承中焕发永恒生机。

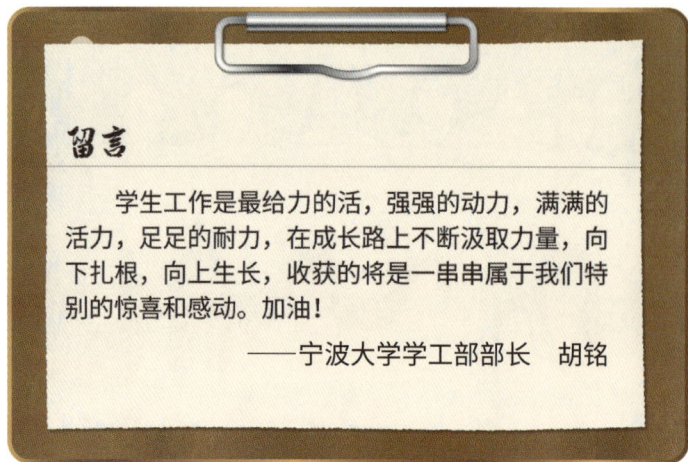

留言

学生工作是最给力的活，强强的动力，满满的活力，足足的耐力，在成长路上不断汲取力量，向下扎根，向上生长，收获的将是一串串属于我们特别的惊喜和感动。加油！

——宁波大学学工部部长　胡铭

再见！我带的第一届本科同学们

浙江工业大学　方啸虎

　　东流逝水，昨日的时光依稀浮现眼前。故事的开头是在 2020 年的夏天，一个刚刚毕业的研究生，带着行李来到浙江工业大学屏峰校区，开启自己的辅导员职业生涯。故事里的另外一群主角是外国语学院 2019 级的同学。时光流转，此时的报告厅里，我带的第一届学生，结束了本科学业，即将拥抱崭新的生活。

　　告别我带的第一届本科生，是这一年里最令我难忘的事。毕业典礼上的所有画面，时常萦绕在我的心里。每每想起同学们穿着鲜艳的学士服走上舞台，我的内心波澜壮阔，大家带着笑容和美好的大学生活做最后的告别。我看着一个个生动可爱的脸庞，仿佛和大家一次次的谈心谈话、一遍遍的寝室细聊、一局局的桌游都在昨日……

　　"方哥，麻烦帮我看看领带位置正不正。"上台前那一刻机灵的小 D 还不忘和我"皮"一下，这位曾经因为高考失利有段时间一蹶不振的他，现在已经拿到了心仪公司的 offer，眼神里满是自信的光芒。每个同学从我眼前走过，带着属于青春、属于成长的片段，形成

方啸虎与毕业生合影

一部漫长的告别电影，触动我内心深处的柔软。

回到办公室，读起抽屉里同学们留下的一张张明信片："方哥，感谢在大学里遇到您，您不仅是我的辅导员，更是我的好朋友和人生的引路人。""愿您桃李满天下，我们江湖再见！""感谢方哥在我上次犯错的时候，把上头的我劝回来，很幸运遇见您"……看着一个个熟悉的名字，我内心波涛汹涌。

暮色渐浓，我轻轻关上办公室的门。走廊尽头的晚风应和着光点，格外温暖，办公楼下的喷绘画板前，还有一些合影的同学没有离开。"方哥，我们想再和您拍张照！"几位同学向我招手，每个人的笑容都那么灿烂。快门按下的瞬间，我忽然明白，这就是我选择这份职业的意义。我知道，这些跃动的生命串联成璀璨的星轨，而曾经照亮过他们某段夜路的微光，此刻正温暖地栖息在我的眼角。

这，就是我最难忘的毕业季！作为一名辅导员，有幸和2019级的同学们一起在漫漫人生路上，走上一段，是我生命中珍贵的注脚。我感恩且珍惜所有的相遇，真挚地祝愿我的所有学生，祝每一个人在未来更加闪耀！我会时常想念大家的！

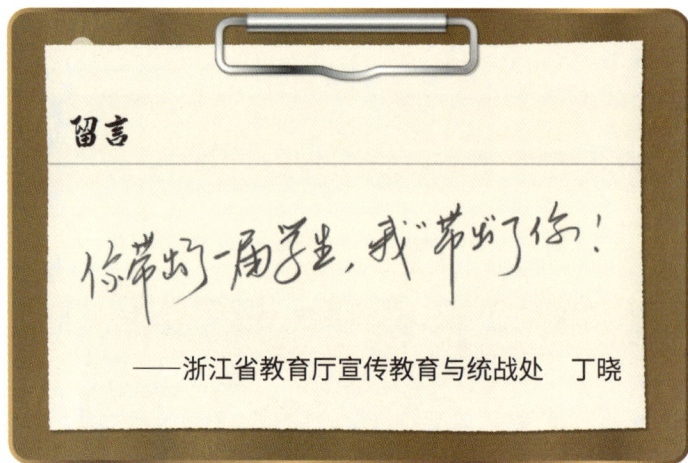

留言

你带的一届学生，我带出了你！

——浙江省教育厅宣传教育与统战处　丁晓

"我是一名毕业班辅导员"

浙江理工大学　巴楚洁

　　"我是一名毕业班辅导员"，这句话既是一份责任，更是一份承诺。当同学们站在考研和就业抉择的人生路口，我能做些什么？

　　3月，我召开了考研动员会，教室里坐满了学生，我和同学们分享我的读研经历，畅谈人生理想，我看到许多学生抬起头，眼神变得坚定。从考研倒计时100天开始，"研途温暖语录"成了年级群里的每日必修课。"今天的你，比昨天更接近梦想""灯下奋笔的你，是青春最美的样子""心有所期，全力以赴，定有所成"……考研鸡汤常常在深夜为大家奉上，有时发得晚了还会被同学们提醒："巴姐，今天怎么断更了？"那一刻，我眼眶发热。原来，那些简单的文字早已成为学生们的精神食粮。

　　一手抓考研，一手抓就业。从秋招到春招，学生的就业方案更新了数十版，企业名录里画满了标记，简历诊断表摞了厚厚一沓。当毕业季的风吹散焦虑，看着同学们带着量身定制的职业规划走向未来，那些被岁月揉皱又抚平的A4纸上，正生长出属于他们的春天。

巴楚洁与学生合影

翻开毕业相册，321 张笑脸都是故事的注脚：那个总泡实验室、回复消息不及时的班长小赵，成了浙江大学的直博生；曾加入校国旗护卫队、一身正气的文哥，毕业后毅然选择参军入伍；我的得力学生干部、雷厉风行的乐天派小欣，攥着研究生支教团的录取通知，背起行囊踏进了四川乐山的山谷深处；那个见到人就笑，不善言辞的技术宅小周，成立了自己的科技公司……努力终有收获，2023 年，我以真情与陪伴交出了学生高质量就业的答卷。

"我是一名毕业班辅导员"——这句话的背后，是半夜一点的消息回复，是简历上密密麻麻的批注，是招聘会上的来回奔走，是无数个与学生并肩作战的日夜。教育的温度，从来不在宏大的叙事中，而在那些"被记得"的瞬间：记得生日时你们为我唱的那首歌，记得每逢佳节的一句问候，记得一起外出社会实践的时光，记得我偶尔脆弱时你们的那句"没事，巴姐，有我们在"。

即将迎来做辅导员的第五个年头，我仍愿做一座桥，连接青春的迷茫与远方的光。

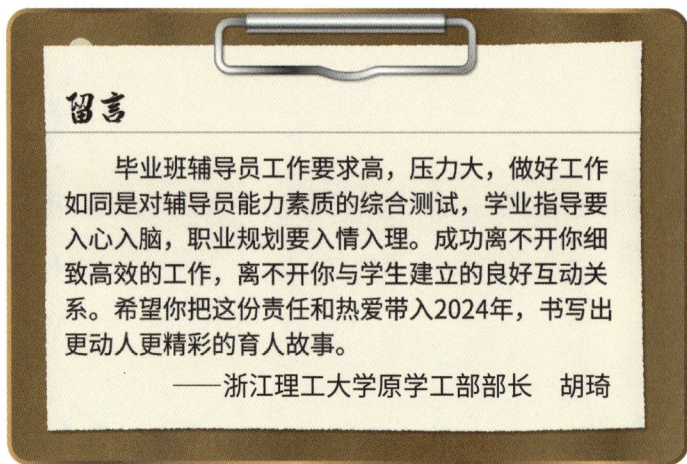

留言

毕业班辅导员工作要求高，压力大，做好工作如同是对辅导员能力素质的综合测试，学业指导要入心入脑，职业规划要入情入理。成功离不开你细致高效的工作，离不开你与学生建立的良好互动关系。希望你把这份责任和热爱带入2024年，书写出更动人更精彩的育人故事。

——浙江理工大学原学工部部长　胡琦

重拾热爱

杭州电子科技大学　郦剑英

　　七载辅导员，七年教学秘书，步履未停，热爱未减。2019 年我重回辅导员岗位，恍若推开时光之门，岁月尘封的初心如春潮奔涌。见证生命的破茧成蝶，原本就是世间最动人的风景。

郦剑英与毕业生合影

萤火映长夜，星河照归途

　　学生如跃动的萤火，用微光点亮我的前行之路。那个扎马尾的女孩，从怯生生的新生成长为我的"左膀右臂"，毕业后仍会在深夜发来一句："老师，能和您聊聊吗？"她说："您是我青春的树洞，更是人生的引路星。"另一位毕业多年的男生，跨越千里赶来校友活动现场，只为说一句："老师，您需要我，我就在。"这些细碎的光，让"师生"二字跨越时空的羁绊。

　　最揪心的是那个在长椅上崩溃痛哭的女孩，考研压力、家庭矛盾将她逼至悬崖边缘。我陪她从星光寥落坐到晨光熹微，倾听伤痛、制订计划、联系进行心理辅导。半年后，她手持名校录取通知书含泪道："没有您拉我那一把，我可能已经坠下去了。"那一刻我明白：

辅导员的手，不仅要传递知识，更要托住摇摇欲坠的灵魂。

爱舟渡迷津，心桥通山海

疫情寒冬，一位学生用压岁钱从重庆购来3000只口罩捐给学校："老师，您总说我们是被保护的一代，这次，换我们保护老师。"曾被贴上"自我"标签的"00后"，用行动诠释了何谓责任与担当。

另一个男孩因专业选择与父母僵持，我与他母亲不断沟通，从争执到共鸣，母子相拥而泣的画面，成了他留学行囊中最珍贵的礼物："您是我青春的见证者，更是亲情的翻译官。"

那些"佛系"班级的逆袭更让我动容。从大一时的懒散，到全员挑灯备考、为团日活动拼尽全力，四年间他们将"不可能"淬炼成勋章——校优良学风班、省五四红旗团支部、全国活力团支部。领奖时班长哽咽："老师，是您让我们相信，一群人真的可以走得更远。"

灯火守长路，微光映苍穹

十三年光阴，我何其有幸，以辅导员身份参与千百个青春的悲欢。当毕业多年的学生仍愿与我分享喜忧，当迷茫的孩子说"看见您办公室的灯亮着就安心"，当家长紧握我的手说"孩子交给您，我们放心"……这些瞬间如春雨沁心，让我懂得：被需要，是世间最珍贵的幸福。

重拾热爱的路上，学生们用成长与蜕变，让平凡的岗位生长出生命的根系。未来长路，我愿继续做那盏不灭的灯，以热爱为芯，以初心为焰，照亮更多年轻的生命奔赴山海，逐梦远方。

留言

一棵树摇动另一棵树，一朵云推动另一朵云，一个灵魂唤醒另一个灵魂，用爱陪伴和见证学生的成长，你是最幸福的！

——杭州电子科技大学党委副书记　戚明钧

青春，只为祖国

浙江工商大学　兰丽平

　　5 个城市，20 多天，25 所高校，100 多位辅导员。从精心策划、撰写脚本，到认真录音、用心拍摄，再到反复剪辑，直至最终发布，一部以"浙群"辅导员为主角的国庆献礼专题片——《青春，只为祖国》震撼登场！仅仅发布 24 小时，阅读量突破 10 万，而这，就是"浙群"辅导员的速度。

　　作为主创团队的一员，我沉浸式体验了时间被无限拉长、分秒必争的紧张状态。犹记得，为了拍摄辅导员在西湖骑行的一个镜头，力求呈现出最完美的画面状态，我们选择了凌晨五点游人稀少的时段拍摄。因为住的地方离西湖较远，所以凌晨三点，整个城市还在沉睡，闹钟便如战斗的号角般将我从睡梦中唤醒。我轻手轻脚地走出家门，虽然困意未消，但我的心中充满了期待。因为我知道，这将是一场与时间赛跑的旅程。当我们抵达西湖时，天边才刚刚泛起一丝微光。我们架好设备，静静等待着太阳升起的那一刻。当第一缕阳光洒在湖面上时，辅导员们骑着自行车缓缓驶过，镜头捕捉到了他们青春洋溢的笑容和坚定

《青春，只为祖国》主创团队合影

的眼神。那一刻，所有的疲惫都烟消云散，取而代之的是满满的成就感和自豪感。也正是在那一刻，我仿佛看到了青春的光芒，也找到了专题片的灵魂——青春，只为祖国。

而这只是我们拍摄过程中的一个缩影。清晨6点的车上，大家虽然疲惫，但仍在讨论着当天的拍摄计划；中午12点的烈日下，我们汗流浃背却毫无怨言；下午3点的烟雨中，镜头捕捉到了别样的江南意境；傍晚6点的工作室里，大家围坐在一起，对当天的素材进行筛选和整理；夜晚11点的讨论群里，消息不断，为了专题片的每一个细节争论不休。

这次拍摄，是我参与大型专题片制作的初体验：第一次统筹全省5个地市25所高校拍摄，第一次完成拍摄脚本初稿撰写，第一次进录音棚，第一次全程盯剪辑……这些"第一次"让我成长，也让我更加珍惜这段与团队并肩作战的时光。

我想，我会永远铭记2023年的9月，我们为了一个共同的目标全力以赴奔跑的样子。那是青春的热血，是为祖国献礼的赤诚，这段经历也将永远铭刻在我的心中。青春，只为祖国，我们用镜头记录下了辅导员们的青春风采，也用汗水和努力书写了属于自己的青春篇章。

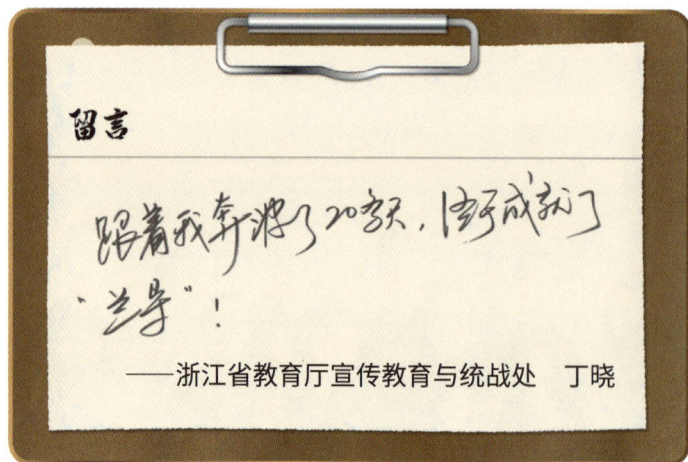

留言

跟着我奔跑了20多天，辛苦啦，"老导"！

——浙江省教育厅宣传教育与统战处　丁晓

一位"95后"辅导员的成就感

浙江海洋大学　盛剑

我的抽屉里珍藏着一个铁皮盒，里面整整齐齐地放着一些便笺纸。每张泛黄的纸片边缘都微微卷起，却没有一道折痕，右下角工工整整地写着"邢雨欣"（化名）。

第一次见到小邢是在开学报到那天。九月的阳光穿过香樟树叶，把她的影子拉得又细又长。她独自拖着两个旧行李箱，不时抬起头礼让他人。当其他新生围在一起叽叽喳喳时，她像只谨慎的蜗牛，始终与人群保持着三米的距离。

"邢同学，需要帮忙吗？"我接过她手中鼓鼓囊囊的电脑包，她突然退后半步："不、不用了，老师。"那天傍晚的迎新晚会上，她悄悄塞给我一张纸条："老师，谢谢你，我自己能行。"

一天清晨，我照例在办公室工作，忽然从本子里掉出一张浅蓝色的便笺。"老师，我

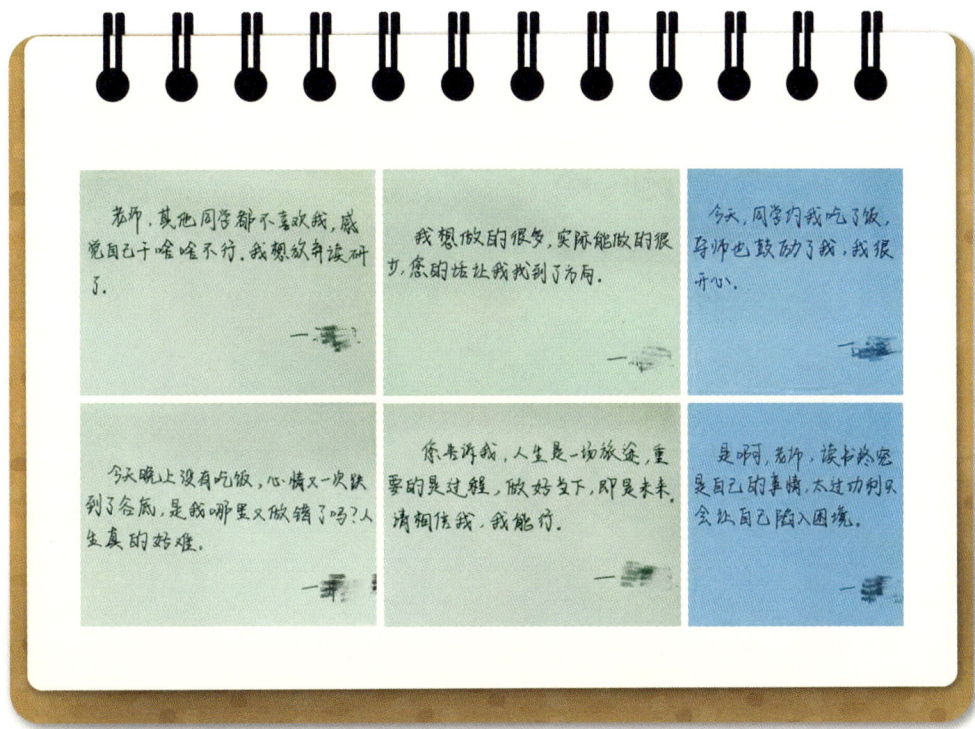

"邢雨欣"的部分便笺

好像永远融不进课题组。做实验总是手抖，组会发言会胃疼。我想退学了。"字迹末尾洇开一小片水痕，像落在雪地上的雨点。

那天傍晚，我特意绕到实验楼，正遇上她抱着试剂箱下楼。纸箱突然倾斜的瞬间，我冲上前托住箱底。"我帮你搬。"她慌忙摇头，刘海儿被汗水粘在额头上。"邢雨欣，"我第一次叫她的全名，"你知道为什么游戏里要有主线任务和支线任务吗？"她愣在原地，试剂瓶在箱子里叮当作响。

我们坐在台阶上，杉树的影子斜斜切过水泥地。"读研就是你的主线任务，就像游戏角色要升级打怪。至于人际关系这些支线任务……"我摸出兜里的润喉糖，剥开糖纸递给她，"偶尔卡关了也没关系，只要主线还在推进。"她捏着糖纸的手终于不再发抖。

几天后，我的办公桌上又多了一张小纸条："老师，昨天我主动帮师兄整理了数据。虽然说话时还是不敢看他的眼睛，但他说谢谢的时候，仪器室的日光灯好像没那么刺眼了。"我把这张便签和之前那张并排收进铁皮盒。

春天来临时，她的导师拉住我说："小邢最近主动申请了课题组汇报，虽然讲的时候一直攥着激光笔，但 PPT 最后写着'感谢师兄师姐的包容'。她变得勇敢、积极，再也没有提及放弃学业。"

这些便笺纸不仅记录了小邢的成长，也见证了我作为一名辅导员的成就感。每当打开铁皮盒，看到这些泛黄的纸片，我都会想起那些与学生共同度过的时光，感受到这份工作的意义与价值。

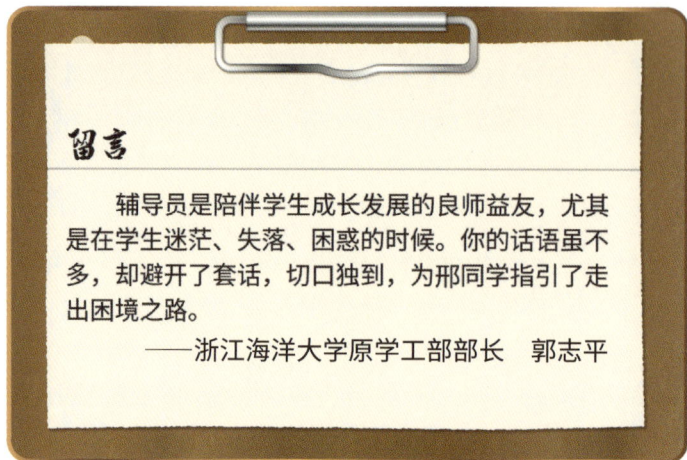

留言

辅导员是陪伴学生成长发展的良师益友，尤其是在学生迷茫、失落、困惑的时候。你的话语虽不多，却避开了套话，切口独到，为邢同学指引了走出困境之路。

——浙江海洋大学原学工部部长　郭志平

从候场到上场

——看"浙群"辅导员音律荡漾

杭州师范大学　　周佳儿

　　"请杭州师范大学准备候场……"广播里传来的声音，如同一声激昂的号角，在空气中回荡。我的指尖不自觉攥紧了节目单，纸张边缘立刻泛起细密的褶皱。侧目望向身后的团队，10 位伙伴正在做最后的声部确认，黑色西装在候场区暖黄的灯光下流转着绸缎般的光泽。我和团队成员们相视一眼，眼神中满是紧张与期待。为了这场演出，我们已经整整奋斗了 48 天，这 48 个日夜，每一分每一秒都承载着我们的梦想与坚持。

　　"没有那么多捷径，有的只是无数次的推敲打磨。"这句话，是我内心深处的呐喊，也是我们整个团队始终坚守的信念。12 月的杭城还裹挟着料峭寒意，仓前校区和下沙校区间往返的大巴成了移动的排练室。记得车上循环播放着《光亮》伴奏，队长王老师举着音响站在过道里："第二声部要像春风拂过柳梢那般自然。"话音未落，一个急刹车让所有人东倒西歪，不知谁怀里的乐谱雪花般散落，却意外收获满车笑声。这样的场景每周都在上演，有时是堵车时突然响起的即兴和声，有时是捧着盒饭讨论队形变换。从创意构思，

浙江省高校辅导员歌唱大赛现场

到镜头选取、画面转场、服装搭配和主题呈现，每个细节都历经无数次头脑风暴。

当舞台灯光如星河倾泻而下，前奏响起时，能清晰听见左侧同伴的呼吸与自己的心跳共振。唱到"光亮你自己"时，眼前忽然浮现出学生们在观众席举起的应援灯牌，那些平日里或调皮或腼腆的面孔，此刻在暗处汇成流动的星海。当四声部在最高音完美交融，当杭star队踏上舞台的那一刻，所有的努力都得到了升华。台下的观众随着旋律轻轻摇摆，掌声和欢呼声此起彼伏。那一刻，我知道，我们做到了。

捧起奖杯时，我忽然想起初建团队时的忐忑，如今那些熬红的眼睛、嘶哑的声线、磨破的琴谱，都化作聚光灯下晶莹的汗珠。后台涌来的学生们举着花束，有个常来谈心的小伙子说："原来老师们的和声比晨读铃声还好听。"我们相视而笑，突然懂得教育的诗意不止在讲台——当《光亮》旋律再起，这何尝不是最生动的育人画卷？

在聚光灯下，我们不仅是辅导员，更是学生们心中的光亮。我们用歌声传递着教育的力量，希望成为他们生活中的一抹暖阳。我们深知，教育不仅仅是知识的传授，更是心灵的沟通与陪伴。这场演出，是我们的一次成长，也是我们对教育事业的一次深情告白。从候场到上场，我们用汗水和努力书写了属于自己的篇章。未来，我们将继续前行，带着这份热爱与执着，在教育的舞台上，绽放更加绚烂的光彩。

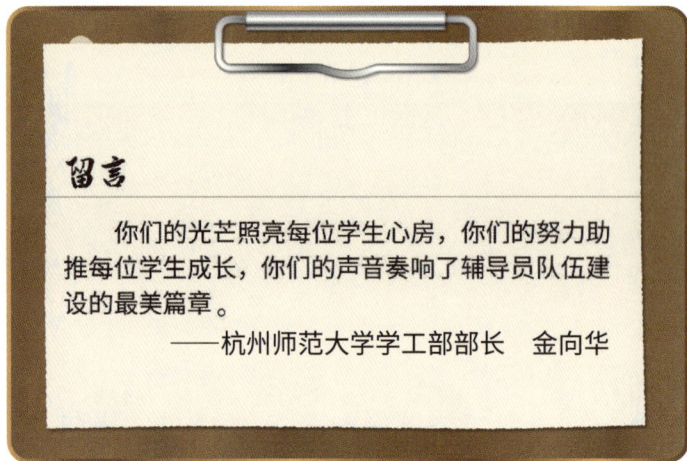

> **留言**
>
> 　　你们的光芒照亮每位学生心房，你们的努力助推每位学生成长，你们的声音奏响了辅导员队伍建设的最美篇章。
>
> ——杭州师范大学学工部部长　金向华

专业评估　思政添光

绍兴文理学院　张希

　　2023 年，绍兴文理学院兰亭书法艺术学院书法学（师范）专业迎来了一个历史性时刻——通过了教育部师范类专业认证，成为全国首个通过师范类专业认证的书法学专业。作为全程参与认证的辅导员，我深刻体会到这不仅是对专业的检验，更是一场关于"大思政"育人的创新实践。

书法学专业活动现场

把握契机：育人新生态的诞生

　　"认证不仅是专业的事，更是育人的事。"动员会上的话深深触动了我，我们团队开始思考如何让思政教育与专业培养同向同行，让学生在认证过程中不仅能提升专业技能，更能在思想上得到升华。为了打破学工与教学"各自为战"的局面，我们建立了"三位一体"

协同机制：纵向贯通校、院、班三级联动，横向聚合学院领导、专业教师、实践基地和校友资源。这一机制不仅破解了学工与教学"疲于应对"的困境，还让思政教育从"说教"走向"体验"，学生的参与度和体验感显著提升。

场域重构：书法与心灵的碰撞

"永和九年，岁在癸丑……"这是学生在右军祠吟诵《兰亭序》的场景，是我们在兰亭风景区开展的沉浸式书法实践课程，也是突破传统教学场域设计的"三维立体"育人场景之一。在兰亭山水间，学生们挥毫泼墨，感受着王羲之笔下的"曲水流觞"。那一刻，书法不仅是单调的技法，更是心灵的熏陶。我们还创设了毛笔工作坊，让学生亲手制作毛笔，体验匠人匠心。一位学生感慨："一支毛笔竟然需要 72 道工序……书法不仅是艺术，更是一种精神的传承。"

传承创新：从学习者到传承者的蜕变

"老师，我做到了！"讲解团成员在讲解结束后兴奋地说。为了让思政教育更具品牌化，我们打造了"行走的兰亭"志愿讲解团，通过"师生共备—接力讲解—动态优化"的模式，学生们不仅掌握了书法文脉知识，还习得了演讲技巧。团队不仅在认证期间承担了讲解任务，还在兰亭书法节等重大活动中大放异彩，将书法课堂延伸至社会舞台。我们还实施了"校友导师计划"，组织学生与 100 余位校友结对，通过提炼 15 个育人案例，学生们不仅充实了认证材料，更实现了从"学习者"到"传承者"的身份跃迁。

成果转化：师生共同体的形成

428 天的认证历程，我们收获了多维成果：签订了 4 个共建合作协议，开发了 3 个课程思政案例，完善了志愿服务学时认定体系。这些成果不仅是专业认证成效的彰显，更是思政育人实效的立体呈现。当认证专家给予肯定点评时，我感到思政工作不仅是教育的"软实力"，更是专业建设的"硬支撑"。学生工作通过机制创新、平台搭建与资源整合，突破了传统的辅助角色，书写了新时代书法教育"教"与"学"同频共振的精彩答卷。

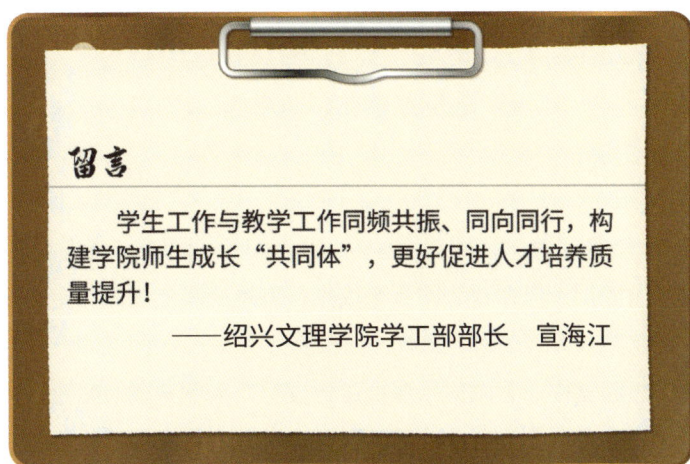

留言

　　学生工作与教学工作同频共振、同向同行，构建学院师生成长"共同体"，更好促进人才培养质量提升！

　　　　　　　——绍兴文理学院学工部部长　宣海江

给学生心里的路点盏灯

杭州医学院　胡中远

读大学的年龄该是最恣意的。说起大学生，总是让我们想起"青春绽放""肆意飞扬"这些充满希望与活力的词。但在这个刚从未成年状态蜕变成熟的道路上，因原生家庭的影响，有一些学生还在一条昏暗小路上踟蹰，无法前行。

我脑海里总回想起这样一个画面：那天走访寝室，上到 3 楼一转弯，迎面碰到她穿着一件宽大的绿色 T 恤，齐耳头发有些许不清爽，神情有些许呆滞，手里抱着一本书，是巴金的《家》，拖着拖鞋，低头慢腾腾地往公共阅读区挪去。

学生拍摄的照片

　　我心中一紧，随即笑着唤了她一声。她看到我，眼睛聚了神，脸上微微现出一丝笑，缓缓和我招了招手。我带她到无人处，细语轻声，了解她最近的情绪波动、吃药复诊情况，了解她对家里亲人的担忧，了解她对在学校读书的向往、坚持、安心。我和她说"心灵上的感冒"会好的，我和她说别担心还有老师和学校在，我和她说家长也是第一次做家长但又比我们想象的要坚强。这一刻，我感觉学校的支持是她能接触到的向外求助的最主要途径，过往的谈心补助、回访咨询、家校沟通好像起了一些作用……

　　后来，她说要给我一个信封，看着她送给我的几十张她在日常生活中拍摄又精心打印出来的照片，我惊叹于她拍摄的每一张照片都好美，她捕捉到了生活中那么多静谧温暖的瞬间，或是一缕透过树叶的阳光，或是一朵悄然绽放的花朵，或是一盏橘黄微亮的路灯，或是夜晚宁静的杭医一角。我心疼她，如果不被阴霾束缚，如果路上不那么昏暗，是不是会更好？答案一定是会的。

　　我想，心理育人工作或许就是给学生心里的路点盏灯，一盏、两盏……照亮一段路，留下一颗火种，用言语、用行动，以各种方式和他们说别怕，迈出去！

　　新的一年，我决心依托心理工作站去点这一盏、两盏灯，点亮科学认知之灯、正确引导之灯、暖心安抚之灯、理想信念之灯，在学校强有力的指导和支持下，在学生工作中投入更多的时间和精力，精准创新，在"杭医心晴"的守护下去点亮更多这样的明灯。我相信，只要我们不放弃，每一盏灯都能成为学生心中的希望之光，带着他们走出黑暗，走向充满阳光的未来。

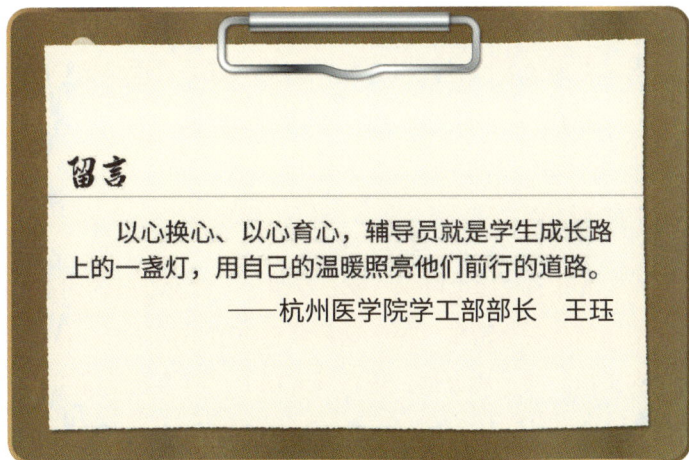

留言

　　以心换心、以心育心，辅导员就是学生成长路上的一盏灯，用自己的温暖照亮他们前行的道路。

　　　　　　　　——杭州医学院学工部部长　王珏

"这个学校来对了"

温州理工学院　张锖锖

2023 年 9 月的初秋，浙南大地的暑气尚未褪去，蝉鸣声裹挟着热浪在翻涌。清晨 7 点，我站在迎新点校门口，准备迎接 3499 名新生。看着学生工作群里一则特殊通知思绪万千——来自衢州的徐建威同学，将带着 10 位家人共同赴这场青春之约。

烈日下的四世同堂

白发苍苍的 89 岁爷爷挂着龙头拐杖颤巍巍下车，4 岁的小外甥抓着彩色气球蹦跳着喊"舅舅上大学啦"。这个跨越四代的"亲友团"，像一幅徐徐展开的亲情画卷。年长的大姐拉着我的手，眼角泛着泪光："建威是家里三代人中第一个大学生，爷爷听说孙子考上大学，硬是让全家都来见证……"话音未落，后勤处送来的冰镇酸梅汤已递到每位家人手中，让燥热的空气里沁入丝丝清凉。

行走的育人课堂

摸着放满图书的书架，徐爷爷对图书的珍惜之情溢于言表。当听到可通过"预约系统"随时预定自习位、借阅书本时，老人家转身对徐建威郑重地说道："书里淌着祖宗千年的智慧，你要像树根吸水那样拼命学啊。"在瓯江红党群服务中心，智能党建沙盘投射出的红色光影中，小外甥兴奋地追着交互投影奔跑，姑父举着手机边录像边感慨："现在上学的条件比我们当年好太多了！"

细节里的教育温度

后勤师傅特意为老人开通校园电瓶车"爱心专线"，食堂准备的四道衢州风味家乡菜，宿管阿姨手写的"衢州新生关怀清单"……这些藏在细节里的用心，让徐爸爸在家长座谈会上数次哽咽："本来担心孩子离家远，现在看着墙上'有事找辅导员'的承诺牌，心里踏实得很。"

夜幕降临时，我整理着当日的《新生关怀记录本》，想起日间院长在迎新会上说的话："教育不是流水线，而是用真心焐热每颗种子的过程。"此刻我终于懂得，所谓"全员育人"，不仅是制度文件上的铅字，更是爷爷抚摸书架时颤抖的手，是小外甥对红色沙盘投影的兴

张锖锖和徐建威同学一家合影

奋追逐，是 10 双眼睛里闪烁的期待与托付。

辅导员的工作就像校园里那些默默生长的爬山虎——没有惊天动地的壮举，却能用千万片绿叶织就爱的阴凉。这个滚烫的初秋，温州理工学院用 3499 份定制关怀诠释着"以生为本"的誓言，而我们正在书写的，是一部关于守护与成长的温暖史诗。

留言

对于绝大部分家庭来说，学习是改变人生的主要途径。请你用心去感悟，用情去感动，用力去感召，做他们的知心朋友，为他们发展谋划，请带着他们一起前行，一同成长，一起向未来。

——温州理工学院学工部部长　杨雄

让学生一辈子铭记是辅导员最大的成就

浙江工商大学杭州商学院　穆一帆

2023 年，我所带的 173 名 2024 届毕业生迈入了自己的最后一个学年。12 月 23 日下午，我正在逐一给班级中 61 名即将参加研究生考试的学生发考前注意事项，看着一条条学生的回复，着实有一种老父亲送孩子出嫁的感觉，突然我收到了一条坏消息，一个学生发信息说："老师，进火车站才发现身份证忘带了，用电子临时乘车证明进站了，但是考试该咋办？"我说："好好备考，最后这 80 公里我帮你跑一趟。"随后我从学生宿舍拿到学生的身份证，下班后便驱车将身份证从桐庐送到了下沙，当我在下沙的一家民宿楼下见到这个孩子的时候，他正在冷风中背着英语作文，当时的我并不知道他是否能顺利上岸，就像我的其他 60 名学生一样，但是我知道，我将永远出现在他的人生故事里。

这名同学来自计科 2021 级，两年前，这个班级经过两次易手，迎来了自己的第三位辅导员，当时班级的情况很不乐观。在我接手两年后，这个班级的考研率是 41.3%，并荣获校级"优良学风班"称号，就像我在接手这个班级的第一天时我就告诉他们的一样，"我会一直陪着你们所有人走上学位授予仪式的舞台"。

有人说平凡是辅导员最亮的底色，对于学生而言，平凡的我们每一个微小的举动都可能会贯穿他们的人生，送一张身份证是一件小事，开展一次谈心谈话是一件小事，我们努力做好和学生相处中的每一件小事，这对于每一个学生来说也许就是他们人生中的一件大事。后来，在那个紧张万分考研初试出分的日子，这名同学给我发来了消息，不是想象中的喜报，他略带歉意地说："老师，不好意思，让你白送了一趟，我准备'二战'了。"我告诉他明年还要跟我报信，于是，我依然在等待，等待这个故事的结局。

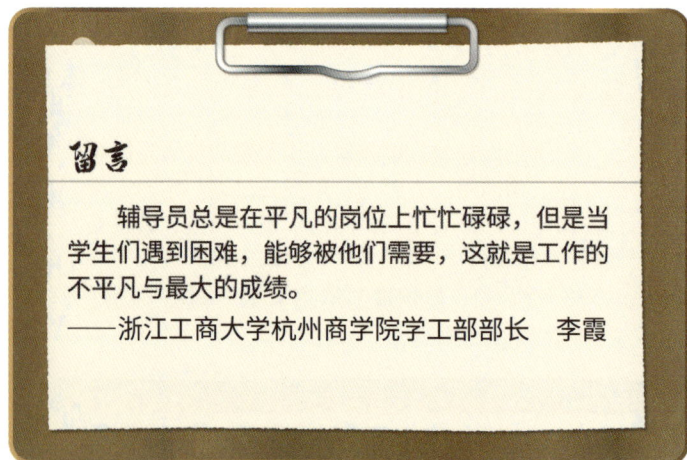

留言

　　辅导员总是在平凡的岗位上忙忙碌碌，但是当学生们遇到困难，能够被他们需要，这就是工作的不平凡与最大的成绩。

——浙江工商大学杭州商学院学工部部长　李霞

教育无他，唯爱与榜样

浙江交通职业技术学院　王康

　　教育是一场心心相印的活动，只有直击心底最深处的教育，才能感染人。过去一年，最难忘、感受最深刻的一个词当数"双向奔赴"。

　　为了和学生姜立松一起打磨好浙江省大学生职业规划大赛的作品，我们一起熬了无数个夜，稿子打磨了七八十遍，见证了学校凌晨3点、4点、5点的样子，键盘的敲击声和反复答辩讨论的声音在寂静的夜空中显得格外清晰；为了珍惜每一刻的训练时间，我们一起点过无数次外卖，我换着口味给学生做好保障工作，学生开玩笑说这是他读大学后吃得最丰富、最饱的一阵子；我自驾带学生拜访目标企业中国商飞上海飞机制造公司，往返400公里、7小时的车程，只为让他能够了解到行业的第一手消息和国产大飞机的最新动态。看到学生在C919总装车间里兴奋地与行业前辈们交流，眼神中充满了对大飞机事业的憧憬和坚定，那一刻，我知道，所有的奔波和辛苦都是值得的。在我们拿到浙江省高职院校成长赛道金奖第一名顺利进入国赛时，学生说："老师，这个奖杯我送给您！如果国赛还有，我也送给您！"我想，那时的他应该还有很多话想说，无须多言，我也已经感受到。

王康和获奖学生合影

在上海参加教育部首届全国大学生职业规划大赛决赛时，我们再次实现突破，以高职院校成长赛道最高分荣获金奖。学生也有幸作为浙江省唯一代表，受邀参加由中央广播电视总台、教育部、上海市人民政府、复旦大学联合录制的电视节目《青春的方向——首届全国大学生职业规划大赛风采展示》，与来自全国各地本专科院校的 8 名金奖代表一同登上 CCTV—10 进行展演。节目播出的那一天，我守在电视前，一旁的手机弹来了他的微信消息："老师，是您让我坚定了自己的职业方向，找准了人生轨迹。感恩您的悉心指导，让我能够在不同的舞台上闪闪发光，这辈子都没想过自己能上央视，此刻我和家人们一起在看节目，脑海中全是我们日日夜夜奋斗的场景。老师，我一定会继续努力，谢谢您！"我回复了三个流泪的表情，心中百感交集。我想，无须多言，他也已经感受到。

教育无他，唯爱与榜样！作为辅导员，我深知自己的责任不仅是做好管理服务工作，更是用爱与榜样去点燃学生的梦想，帮助他们找到属于自己的方向。教育的意义，正在于这种心与心的共鸣，在于师生之间的"双向奔赴"。

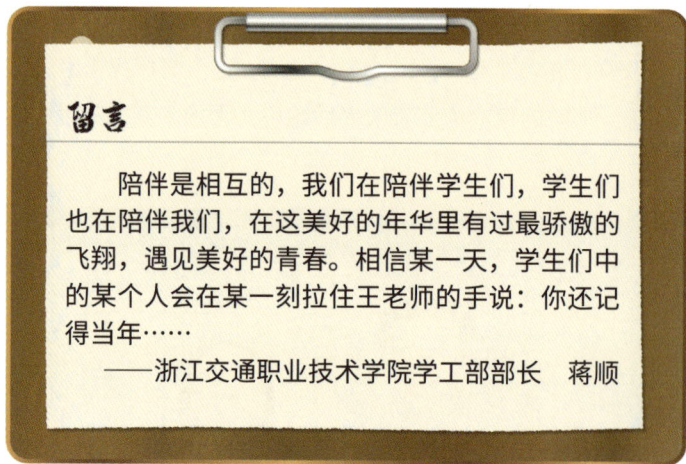

留言

　　陪伴是相互的，我们在陪伴学生们，学生们也在陪伴我们，在这美好的年华里有过最骄傲的飞翔，遇见美好的青春。相信某一天，学生们中的某个人会在某一刻拉住王老师的手说：你还记得当年……

——浙江交通职业技术学院学工部部长　蒋顺

翻过了博士的"浪浪山"

宁波职业技术大学　刘利峰

得益于教育部开展的思政骨干在职攻读博士学位专项计划，我在不惑之年有机会重回校园，终于翻过了这座博士"浪浪山"。在辅导员与学生两个身份间不断切换，在繁忙的工作与繁重的学业中寻找平衡，在家庭责任与个人追求间努力兼顾……那些攀登时的汗水与泪水，此刻都化作最美的风景，成为我人生中最难忘的篇章。

作为辅导员，学生的一切始终牵动着我的心。记得那是一个深秋的夜晚，我正在图书馆查阅资料，突然接到电话，得知分院有学生暴发水痘。那一刻，焦虑与不安瞬间涌上心头。我恨不得立即赶回学校，守护在学生身边。但课程不能中断，我只能通过远程指导，安抚同学们情绪，指导他们做好隔离和疫苗接种，这种分身乏术的无力感让我深刻体会到双重身份带来的挑战。

为了兼顾工作与学业，我开始了每周两次的"双城记"。常常是下课后即奔赴火车站，列车飞驰，窗外的风景不断变换，我的思绪也在工作与学业间来回切换。这种奔波让我疲惫，却也让我感受到追逐梦想的充实。每当看到学生们求知若渴的眼神，听到导师们深入浅出的讲解，所有的疲惫都化作了前进的动力。

前几年，这段求学之路更加特别。无法外出的日子里，我通过线上平台参加各种学术讲座。书房成了我的课堂，屏幕连接着知识的海洋。这种特殊的学习方式，让我深刻体会到教育形式的变革与创新。与此同时，女儿对我外出学习的不舍与泪水，也让我感受到家庭责任的重担。但正是这份责任，激励着我更加努力，用实际行动诠释终身学习的意义。

幸运总是眷恋努力的人。这段难忘的求学经历，让我深刻体会到教育的真谛。作为辅导员，我不仅是学生的引路人，更是终身学习的践行者。这段经历不仅丰富了我的知识储备，更让我对辅导员工作有了新的认识。它让我明白，教育不仅是知识的传授，更是精神的传承；不仅是职业的选择，更是生命的追求。这段难忘的经历，将永远激励我在教育的道路上坚定前行。

如今回首，那些焦虑、奔波、坚持与感动的瞬间，都已化作人生最宝贵的财富。这段不惑之年的校园重逢，不仅是一次学术的深造，更是一次生命的升华。它让我深刻体会到：教育的力量，在于它让人在困惑中能找到前进的方向；生命的精彩，在于它在任何阶段都能绽放新的光芒。

留言

　　心中有信仰，脚下有力量。在通往育人的路上，您一直怀揣信仰，提升自身的能力，舍"小家"为"大家"，履行着一名优秀的学生思政工作者的光荣使命。
　　　　　——宁波职业技术大学学工部部长　陈之顺

流逝　忙碌　前行

温州职业技术学院　余爽

回看2023流逝的时光：

琐碎无尽的事务性工作有之，迎新报到、请假审批、奖助学贷、评奖评优、招生就业、谈心谈话、寝室走访、家校联系、矛盾调解、活动组织、数据统计、总结汇报、学风检查、学业帮扶、危机处理……你能想到的方方面面，都有辅导员忙碌工作的身影。

半夜"惊魂"的电话有之，工作时间之外，来电的铃声、微信上的一句"老师，在吗"、手机上显示的未接来电或语音通话，往往都意味着工作此时此刻开始了，医院、派出所、学校的单选题或多选题开始了，从最初的忙乱到如今的忙而不乱和有序处置，在工作的苦与乐中，我们是学生成长的陪伴者。

步步惊心的"事故"有之，军训身体不适晕倒的、操场低头刷手机被撞晕的、晚上查寝未归没有请假且联系不上的、寒暑假未返家且没有和家长及学校报备联系的、外出发生交通事故送医抢救的、网络购票轻信他人被诈骗的……从处理一个个"事故"到整理一个个"故事"，我们和学生共同进步成长。

学生获奖的喜讯有之，班级篮球赛、红五月班歌比赛、校级运动会集体项目、优秀学生组织、职业生涯规划大赛、"挑战杯"、省级和国家级职业技能竞赛等，各类大大小小的奖项，都是对日常工作的肯定，也是对辅导员工作的最好回馈。

学生毕业的不舍有之，从"一二一"军训开始，到"三二一"毕业照结束，2023年6月温州职业技术学院永嘉学院第一届毕业生告别母校步入社会，我们记得每一个毕业生的名字，我们在这里送学生再出发，也在这里期待学生的凯旋。

学生成长的欣慰有之，看到学生从入学的青涩成长为敢于担当的学生干部，看到学生从混乱地排练到完美地上台演出，看到学生从情绪的困境到勇敢地走出困境，看到学生从学业困惑到顺利毕业，在学生的成长中能分享他们的喜悦和成功，我们从这一份份"平常事"中收获满满的幸福。

在"5＋2""白＋黑"的忙碌中历练了许多，笑过、哭过、累过，途中遇见的人和事都是难忘的经历，助我成长、蜕变、前行。未来，愿继续与学生相伴，将我的学生故事进行到底。

留言

　　回看 2023 流逝的时光，我们每一位辅导员都是这样"笑过、哭过、累过"。大学坚守着育人初心，继续着我们和学生的故事。
　　　　——温州职业技术学院原学工部部长　杨晶晶

从文艺女青年到烦人"催债鬼"

浙江旅游职业学院　姚镭栓

2023 年是我在辅导员岗位上工作的第十年，成为学生的人生导师和知心朋友的理想依旧，但现实却一次次给我更多的考验。又一年结束了，望着已经更换到第十本的工作笔记上面密密麻麻记录着的工作提醒，我陷入沉思。

初入职时，我笃信"春风化雨"的力量。笔记本里记满每个学生的经历、特长和兴趣爱好，用心准备每一个重要节点的主题班会，给每一个学生写专属的寄语，以为用心就能走进学生内心，就能唤醒自觉。可当旷课名单上重复出现熟悉的名字，当深夜去寝室查问不知去向的学生，当学业警示一次次发布而学生却熟视无睹，那些精心讲述的励志故事突然变得苍白无力。我才意识到，温柔守望未必能浇灌出向上的勇气，并非所有学生都能在苦口婆心的促膝长谈后立志发奋图强，他们需要有人推着才能前进。

终于，我选择了一条简单但不容易的工作道路，成为学生们讨厌的"催债鬼"，曾经整洁的工作日志上开始出现越来越多学生的名字。我用表格替代抒情散文，将"人生理想"拆解成每日打卡：每周检查和曾经沉迷于游戏的学生约定的读书计划，每周三次突击掌握总是逃学夜不归宿的学生的动态动向，每天催促体育挂科的学生参加阳光跑打卡……每周、

姚镭栓和学生一起读书

每天、每人，虽然写起来都只有两个字，说起来都只有一句话，却需要坚持不懈、长年累月地付出，需要牺牲掉本就不多的宝贵业余时间。

这些笨办法起初让我陷入更深的焦虑，学生们背地里抱怨这个老师"管得比高中班主任还宽"。连我的父母都忍不住念叨："你都三十多岁了，天天围着学生转，自己的事一点不上心。"但当年底看到这些个孩子确实顺利完成了任务，通过了课程考试，读完了一本好书，虽然"烦"我，但也真心实意地感谢我，那些被嫌弃的"催债短信"，突然显出了棱角分明的价值。

十年前，我想要做照亮青春的光。如今，我逐渐褪去教育者的浪漫主义想象。不再期待几次谈话就能点燃人生理想，而是学会把关怀编织成具体的约束；不再迷信"无为而治"的豁达，而是甘愿充当那个扫兴的监督者。但始终未变的，是作为老师的"良心"，是哪怕被称作"催债鬼"也要把学生拽回正途的执拗，用带着温度的阻力提醒他们：有人在认真地、笨拙地在意着你的未来。每当在朋友圈看到长大后的少年过得很好，成长为可以独当一面的大人，我便觉得，我这份"催债鬼"的工作，或许就是我对青春最长情的告白。

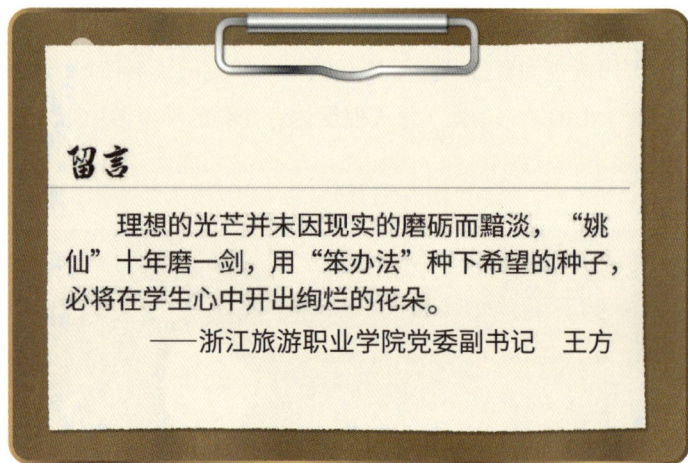

留言

理想的光芒并未因现实的磨砺而黯淡，"姚仙"十年磨一剑，用"笨办法"种下希望的种子，必将在学生心中开出绚烂的花朵。

——浙江旅游职业学院党委副书记　王方

959！和"辅导员 1.0 版"说再见

浙江金融职业学院　夏佳颖

　　2023 年的夏天，我送走了第一届毕业生，一共 959 位！离别之际，我与 21 个毕业班分别拍了合照，每一张照片都定格了一段无法替代的青春记忆。而当最后拍摄全体毕业生大合照的相机缓缓举起，一刹那，离别的氛围如同夏日的热浪一般汹涌而来，我终于忍不住热泪盈眶。

　　从学生时代走来，毕业季总会给我们留下珍贵的回忆。我清晰地记得，在毕业晚会上，我的辅导员在台下深情地看着我们，偷偷地拭去眼泪。那一刻，我觉得心中五味杂陈，却无法完全理解那种复杂的情感。如今，站在同样的位置，看着一起成长的学生们即将各奔前程，我理解了辅导员当时的心情——那是百感交集的泪水，是对青春的眷恋，更是对未来的期许！

　　959，于我而言已不仅仅是一个数字——它是我的辅导员生涯中第一枚来自学生的"奖

2023 届毕业生毕业照拍摄现场

章"，见证了我的辅导员生涯的起点，记录了我与 959 个青春故事的相遇与别离。离别，是为了更好地再见。站在这个告别的十字路口，和第一届毕业生说再见，也是在和"辅导员 1.0 版"的自己说再见。

回首与学生们相处的日子，我看到了他们的成长与蜕变——从青涩懵懂到成熟稳重，从迷茫困惑到坚定自信。他们的每一次进步，都是我生命中的一次小确幸，让我深感欣慰与自豪。当然，这一路上也有泪水、失败和遗憾。我想对每一位毕业生道一声感谢：第一次做辅导员，感谢你们对我的包容与支持！是你们教会了我如何成为一名真正的"老师"，也是你们给予我无限的动力，让我在辅导员的道路上不断前行、不断升级。

未来的日子里，我会带着这份珍贵的回忆和宝贵的经验，继续陪伴更多的学生走过他们的大学时光。再见了，我的 959 位毕业生！愿你们前程似锦，未来可期！再见了，"辅导员 1.0 版"的自己！愿我在未来的日子里继续以梦为马，不负韶华！愿我们都能在各自的人生道路上勇敢追梦，书写属于自己的精彩篇章！

留言

读了你的文字，深刻感受到"1.0 版"的你所有的付出与情感。你的泪水，是对学生的祝福，也是自己成长的见证。愿你带着这份经历，为学生的成长贡献更多力量，成就更有味道的辅导员生涯。

——浙江金融职业学院学工部部长　王懂礼

郁云散尽星光赋

嘉兴职业技术学院　曹杰

禾城三载，一线辅生。团学引领，思想沉淀。初遇新生，甚重拔擢，择善言者掘其能，与生共长以增进。三秋累培十余生，望之台上怡然讲授，心悦无以言表。年终顾思，尤难忘一郁疾之才成其转型来路。

初见该生，未及弱冠却擅文，言励登台，然常垂首默然，若负千钧。小酌深聊，自述曾患抑郁之症，春衫空瘦，独行时惊鹊起；夜烛长明，伏案每见泪痕。心内有意，未敢尝试台上功夫，自述惑人前胆怯。双亲亦窃语曰："此子郁疾深矣。"

唯闻木蠹于内，必形槁色；人郁于中，难发清音。遂彻夜长谈以解忧，顺意建言以宽心，力劝积春秋以锻炼，行讲演以提能。几经辗转，终应之，共赴思政赛事以温习。

越明年，值黉门演辩之会，为导员者推之为材，然其惶惧欲辞。余开解语："昔程门立雪者，非为显达；伯牙碎琴者，岂惧人言？子若有鲲鹏志，当借风云振翼！"既而亲为擘画，尤白夜交替伴读四月，积跬步，燃氛围，练肌表，吐文字。备赛之焦虑亟，其自怨曰："此心若涸井，安能涌清泉？"为导员观之，不置一词，但择晴日携其往实地勘寻启思。多行鼓劲励志："昔张旭观公孙舞剑，怀素看夏云奇峰，皆取法天地。今子胸中丘壑，

辅导员曹杰和获奖学生合影

正可化入笔锋。"乃令其闭目，忆钱江潮涌之势，听灵隐松涛之声，复挥毫书以撰文。

及登台日，吾生青衫磊落，目若晨星初启。始言声微颤，如新笋破土；继而辞气纵横，似涌潮摧竹。诵至"郁云散尽处，犹见少年游"，满座寂然，俄而掌声雷动。历经坎坷以后，不负四月之能，终跃居三甲之列。

郁疾如渊，心光不灭者，借喻墨破执障，教化真谛非药石而唯真情，虽临绝壑，终能筑虹桥而渡。艰辛不忘，感动常在，年终叹曰："世上无不可辅之徒，优选方法以导之，终圆梦成才，导人以文脉，疗心以真情，岂非承杏林仁术，续稷下薪火乎？"抑或曰："无人永恒十八载，却永恒十八岁。"

留言

　　为你点赞！高校辅导员注定不是一项轻松的职业，责任重大，使命在肩。唯有初心不改，步履不停，"焚膏油以继晷，恒兀兀以穷年"，坚定走好专业化、职业化道路，方能与学生携手成长，共同成就更好的自己！

　　——嘉兴职业技术学院原学工部（保卫部、人武部）部长　胡小锐

青春渡口的同行

台州科技职业学院　邵婉

六月，总是带着一种别样的情愫。六月的雨在这个专属毕业季困住了又一个摆渡人，悄然结束了又一届的陪伴。这并非时间的慷慨馈赠，而是那些与他们一起度过的岁岁年年给予的独一份青睐。

还记得那些挑灯夜战的日子，灯光扎眼，映照着一张张疲惫却又坚定的脸庞。为了赶报告，一个会议室，一堆电脑和摊开的笔记本，大家围坐在一起，喝着奶茶激烈地讨论，笔尖在纸上摩挲，沙沙作响。那一次次的熬夜，是为了共同的目标而奋斗，每一个字都是努力的印记。

操场上，同样洒满了我们的汗水。一次次的奔跑，一声声的呐喊，操碎了心的不仅是辛苦的训练，更是对彼此成长的殷切期盼。我们奔走在跑道上，相互鼓励、相互扶持，共同向着终点迈进。竞技场上的同心同向，有着更深切的战友情谊，我们永远会为彼此的收获呐喊祝福。

穿梭于每一场会议、每一个晚会的身影，是我们忙碌而充实的见证。从会议中的严肃讨论，到晚会筹备时的齐心协力，每一个环节都凝聚着大家的智慧与付出。吵吵闹闹是日

学生在操场上的合影

常的小插曲，而满怀希望才是我们前行的主旋律。

看着少年们从最初的小心翼翼记笔记，一步一步跟随学习，到如今能够大刀阔斧地指点江山，其中的变化，是时间在一次次启程中带来的成长。每一次的蜕变，都伴随着汗水与泪水，也承载着满满的收获。你们也教会了我：青春的意义在于不断探索，在于勇敢前行。即使前路未知，也要满怀希望，勇往直前。

在这分别的时刻，满心都是祝福。愿我的少年们，即使见过大雨滂沱，也依然能够坚定地相信好景将至。人生的道路上，风雪荆棘不可避免，但希望你们能始终保持不卑不亢的姿态，勇敢地走下去。愿你们满怀壮志，每一次远航都恰逢良日。既有停下脚步观一蓑烟雨的淡然，也有一日看尽长安花的自信。

允许一切如其所是，也允许自己只是自己。"且视他人之疑目如盏盏鬼火，大胆地去走你的夜路。"这一程，就送到这儿了。青春大概就是这样，在不断的远行中，成为自己的参天模样。你们的未来该有多酷！

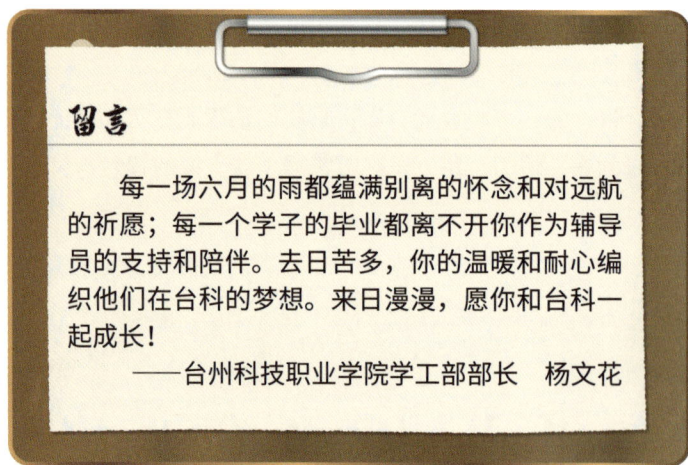

留言

　　每一场六月的雨都蕴满别离的怀念和对远航的祈愿；每一个学子的毕业都离不开你作为辅导员的支持和陪伴。去日苦多，你的温暖和耐心编织他们在台科的梦想。来日漫漫，愿你和台科一起成长！

　　　　　　——台州科技职业学院学工部部长　杨文花

第七篇

韶华

光影簿

篇首语

在数字时代的浪潮中，人们总以为记忆会因信息的碎片化而褪色。浙江高校的师生们却用另一种方式让记忆永恒——他们将情感注入月饼的纹路，将理想镌刻于通知书的扉页，将奋斗写进图书馆深夜的灯火，将助学的种子播撒在4600公里外的阿克苏，将赤诚化作对祖国的凝视。这些具象的"物"与"景"，成为青春最鲜活的注脚，串联起浙江高校网络思想政治教育的温度与深度。

我们相信，真正的教育不止于课堂。一枚月饼承载"家"的归属感，一张通知书点燃"学"的使命感，一场考研见证"志"的坚韧感，一棵苹果树筑梦"爱"的延续，一次表白升华"国"的崇高感。当这些瞬间被镜头定格、被文字凝练，便构成了浙江高校独有的文化基因图谱——它让抽象的思想政治教育可触可感，让育人的力量在细微处生长蔓延。

翻开这一章，您将看到浙江高校如何以文化为舟、以创意为桨，在思想政治教育的江河里破浪前行。您或许会好奇，在这个"快时代"，将照片放置在最后一章，成为一本实体纪念册是否过于"笨拙"？但正是这种"笨拙"，让我们得以重新审视那些容易被算法冲散的美好：一枚月饼的模具雕刻要经历15道工序，一张录取通知书的设计图稿可能需要30次修改，一次国庆快闪活动的排练要协调数百人……这些数字背后，是高校对育人初心的坚守——在这个追求即时反馈的时代，我们依然相信"慢工出细活"的力量，相信"仪式感"对心灵的唤醒。

"韶华光影簿"的珍贵之处，恰恰在于它的"不完美"：照片里学生蹭到月饼馅的指尖，通知书开箱视频中颤抖的惊呼声，考研标语上被雨水洇开的字迹……这些未被修饰的细节，构成了最真实的青春史诗，也提醒我们：教育的最高境界，是让每个人都能在集体记忆中找到自己的坐标，在时代浪潮中书写独一无二的答案。

此刻您手中的这份集锦，是浙江高校献给时代的一封"情书"。我们期待，当您翻动这些书页时，不仅能看见创意与美学的碰撞，更能触摸到一群教育者的良苦用心——他们用月饼的温度融化隔阂，用通知书的厚度承载理想，用考研灯的亮度指引方向，用月历的刻度丈量时光的匠心，用阿克苏苹果的甜度托举求学的希望，用中国红的纯度锚定信仰。

2024年的故事即将合上扉页，但文化的长河永远奔流。愿这份集锦成为一枚时空胶囊，让未来的浙江学子听见这个年代的青春心跳：那是月饼模具敲打的笃定，是拆开录取通知书时的怦然，是考研笔尖划过的铿锵，是千山万水挡不住的希望，更是对祖国告白时热血沸腾的共鸣！

岁月更替里的家国情怀

接力！"浙里"高校共庆新中国 75 周年华诞！

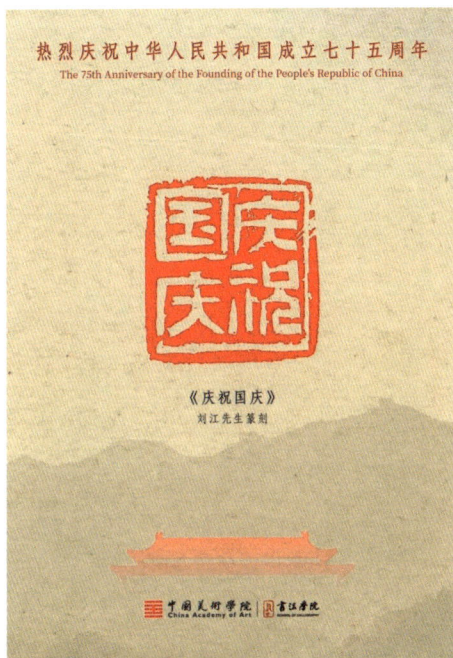

中国美术学院书法学院学生优秀作品展

浙江中医药大学迎国庆系列活动

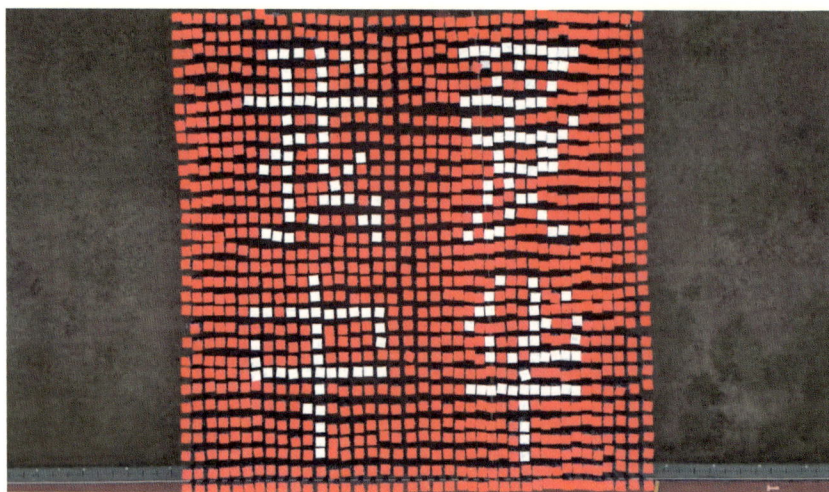

浙江机电职业技术大学迎国庆系列活动

解锁新 Fun 式！我们"浙 Young"过"十一"

杭州医学院新生红歌会演

浙江水利水电学院"行走的红色课堂"

报告！"考研加油包"已送达

浙江传媒学院

浙江工商大学杭州商学院

四季流转中的校园美学

"浙里"中秋"新风尚"，你说"city 不 city"？

浙江理工大学"军营过中秋"活动

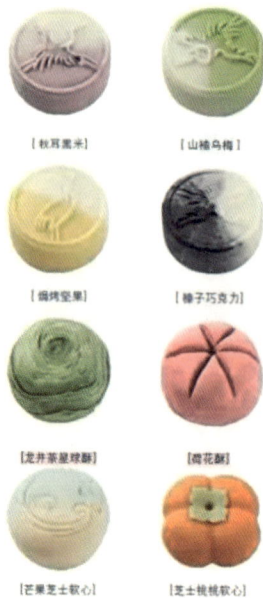

浙江科技大学"和风雅乐"月饼礼盒

绍兴文理学院"书法绘中秋"活动

高校专属月历上新，"浙么"有心意！

2月

日	一	二	三	四	五	六
28	29	30	31	1	2	3
4	5	6	7	8	9	10
11	12	13	14	15	16	17
18	19	20	21	22	23	24
25	26	27	28	29	1	2

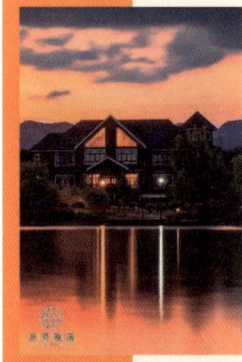

2024

5月

日	一	二	三	四	五	六
28	29	30	1	2	3	4
5	6	7	8	9	10	11
12	13	14	15	16	17	18
19	20	21	22	23	24	25
26	27	28	29	30	31	1

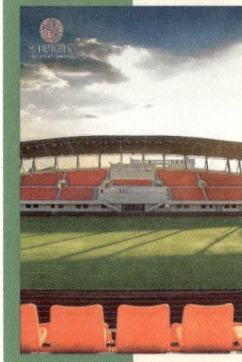

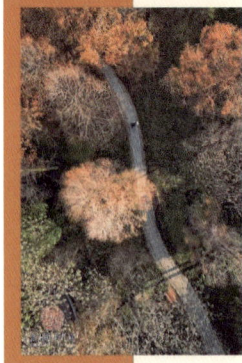

2024

8月

日	一	二	三	四	五	六
28	29	30	31	1	2	3
4	5	6	7	8	9	10
11	12	13	14	15	16	17
18	19	20	21	22	23	24
25	26	27	28	29	30	31

2024

11月

日	一	二	三	四	五	六
27	28	29	30	31	1	2
3	4	5	6	7	8	9
10	11	12	13	14	15	16
17	18	19	20	21	22	23
24	25	26	27	28	29	30

2024

浙江师范大学

浙江工商大学

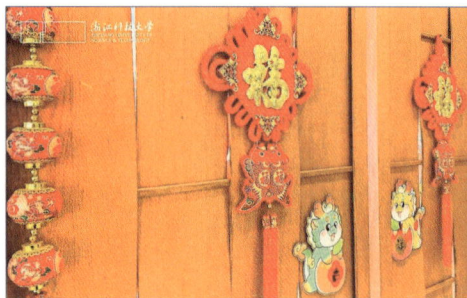

February 2月

一	二	三	四	五	六	日
			1 廿二	2 廿三	3 廿四	4 立春
5 廿六	6 廿七	7 廿八	8 廿九	9 除夕	10 春节	11 初二
12 初三	13 初四	14 初五	15 初六	16 初七	17 初八	18 初九
19 雨水	20 十一	21 十二	22 十三	23 十四	24 元宵节	25 十六
26 十七	27 十八	28 十九	29 二十			

May 5月

一	二	三	四	五	六	日
		1 劳动节	2 廿四	3 廿五	4 青年节	5 立夏
6 廿八	7 廿九	8 四月	9 初二	10 初三	11 初四	12 初五
13 初六	14 初七	15 初八	16 初九	17 初十	18 十一	19 十二
20 小满	21 十四	22 十五	23 十六	24 十七	25 十八	26 十九
27 二十	28 廿一	29 廿二	30 廿三	31 廿四		

August 8月

一	二	三	四	五	六	日
			1 建军节	2 廿八	3 廿九	4 七月
5 初二	6 初三	7 立秋	8 初五	9 初六	10 七夕节	11 初八
12 初九	13 初十	14 十一	15 十二	16 十三	17 十四	18 十五
19 十六	20 十七	21 十八	22 处暑	23 二十	24 出伏	25 廿二
26 廿三	27 廿四	28 廿五	29 廿六	30 廿七	31 廿八	

November 11月

一	二	三	四	五	六	日
				1 十月	2 初二	3 初三
4 初四	5 初五	6 初六	7 立冬	8 初八	9 初九	10 初十
11 十一	12 十二	13 十三	14 十四	15 十五	16 十六	17 十七
18 十八	19 十九	20 二十	21 廿一	22 小雪	23 廿三	24 廿四
25 廿五	26 廿六	27 廿七	28 廿八	29 廿九	30 三十	

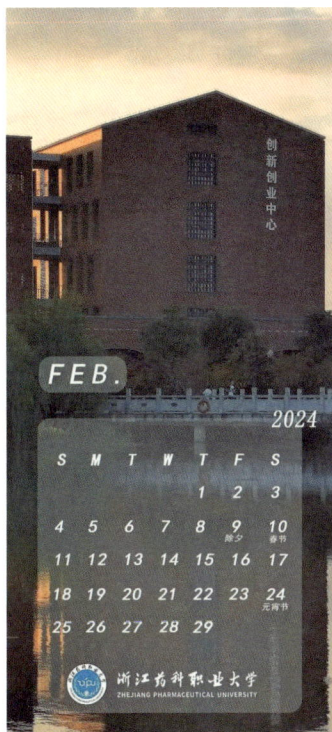

浙江药科职业大学

仪式感拉满，"浙里"录取通知书来啦！

浙江大学

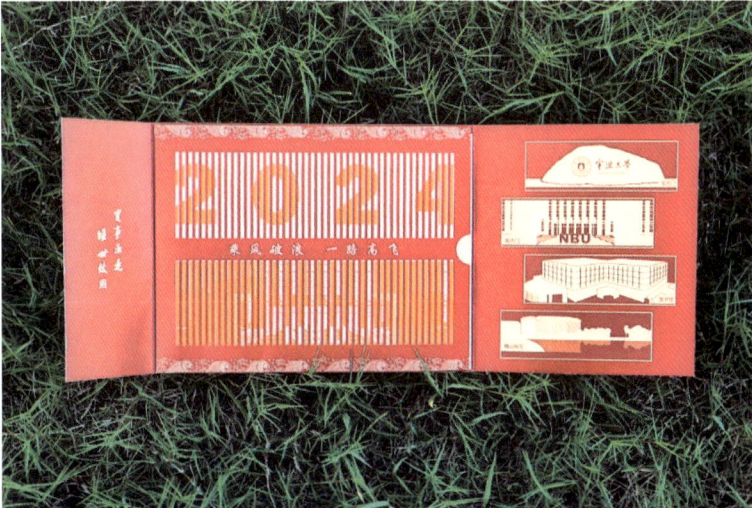

宁波大学

数字再造"宋锦织造技艺"

新生姓名以"苏绣"绣之

运用"书画装裱"技艺

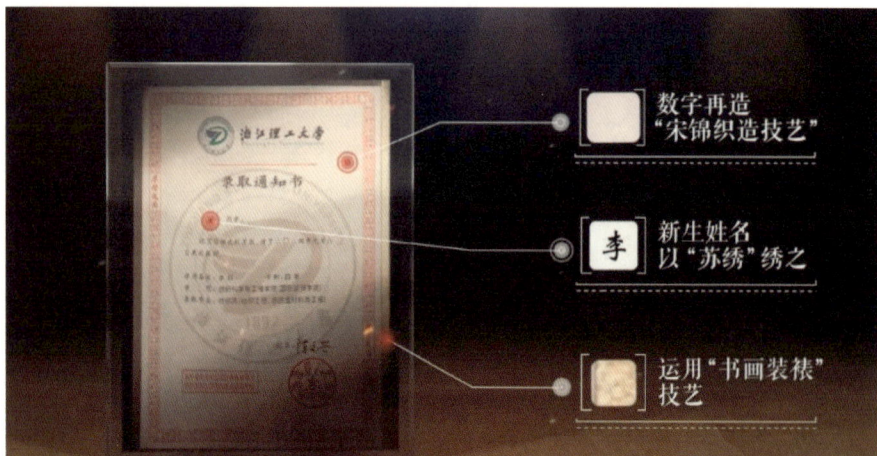

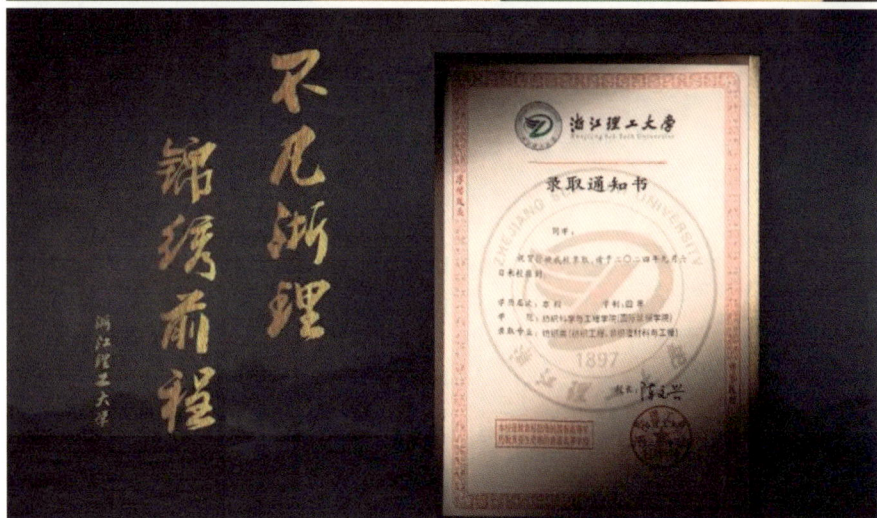

浙江理工大学

浙江农林大学

——青春进行时的仪式现场——

爱是万水千山的近
——"浙群"辅导员家访手记

约 定

整墙的荣誉奖状，我认真地数了数，优秀班干部，数学第一名，运动健将……这个阿曼古丽果然是老师口中的好学生。

小姑娘一点也不怕生，一来二去就跟我熟悉了，拉着我给我介绍起了自家后院的果园，她的爸爸有心脏病，去北京动手术后就干不了重活，所以这块果园就是阿曼古丽的自留地，每天她都得干了农活再去上学，她指着果园里正在结果的葡萄，笑嘻嘻地问我，如果以后我做电商直播，能不能把这地里的果卖出去。

我忍不住告诉她，世界电商看中国，电商中国看浙江。可别小看直播电商，这也是技术活，浙江有很多学校都开办了电子商务专业，还有很多实训基地和模拟直播间，欢迎她来杭州义乌，我们可以带她亲身感受，以浙江辅导员"托举她的电商梦想。

这是我跟14岁的阿曼古丽的约定。

——杭州师范大学辅导员张诗起

"浙群"辅导员的家访手记

骄 傲

走在去古丽别热·阿合民亚政家的路上，蔡校长跟我们介绍起学校里孩子的情况。学校里大部分的孩子都住校，吃住都免费，有些家里新半年的可能一周只有5块零花钱，"浙群"辅导员"奖助学金可以给孩子们解决些"精神食粮"。

正说着，校长热情地跟路边的一个女孩打起了招呼，原来就是古丽别热。校长介绍说："古丽别热可是学校里的文娱积极分子，刚才表演的健美操就是小姑娘带着同学们排练的，只练了两天就跳得有模有样了。"

"这里的孩子有些虽然成绩有偏科，但每个人都有自己的特长，也都淳朴，暑假里都帮家里干农活，

"浙群"辅导员的家访手记

跟城里的孩子可不一样。"

古丽则凑在一旁插话道："我跟着姐姐一起摘核桃，一天能赚一百块钱呢。"大家都忍不住笑。

这些孩子就是蔡校长最大的"骄傲"。

—— 浙江旅游职业学院辅导员
顾育红

"浙群"辅导员的家访手记

"浙群"辅导员的家访手记

今天，我的朋友圈亮了！

第 34 期浙江省高校新任辅导员岗前培训班团建活动（一）

第 34 期浙江省高校新任辅导员岗前培训班团建活动（二）

第 34 期浙江省高校新任辅导员岗前培训班团建活动（三）

第 34 期浙江省高校新任辅导员岗前培训班团建活动（四）

杭州师范大学 张子涵
8天很快就过去了
但不是结束 是新的开始!

和小伙伴们做了好多事～
又学习📖又研讨📒
又唱歌🎤又跳舞💃
又飞盘🥏又篮球🏀又游泳🏊

对于岗位有了新的认知
掌握了很多实用的技巧方法
有泪有汗有欢笑
未来 我们各自努力⛰️顶峰再相见👋

王阁
新手村指引结束，即将开启主线任务🎈

31分钟前 ··

♡ 倪雷坤,刘嘉欣,🐼、郑思聪

占思愉
培训结束啦!
这世界那么多人，很开心遇见你们。
喜欢第六小组的"松弛感"
喜欢A班的班主任和助班
喜欢合唱团的小伙伴儿
我们以后再见啦··💜💜💜
收起

昨天 ··

浙工大-徐燕
#辅导员岗前培训除了开心还是开心#🍀
🍀☘️

💗又体验了一把回归校园生活的感觉🌈，
分小组，有同桌，要讨论，要汇报～和小
美女、小帅哥们的交流总能以哈哈哈哈哈
......结尾，很享受和大家在一起学习的经
历;

💗培训8天，每天的安排满满当当，上
课、活动、参观、文艺展示......让我们在短
短8天里建立友谊，加深交流，约好要去
彼此的学校看看～～

💕每天规律生活，按时上课，积极干饭，
但还是瘦了三四斤😂😂😂，体重⬇️⬇️知
识🆙🆙，还有这么多人一起过生日，幸
福嘞～～🥹🥹

在浙里，收获友谊与温暖，感知职业技能
与方法，学习一直在路上，我将带着坚毅
和勇气，勇敢 追风去!

高宇 浙江越秀外国语
保持热爱，奔赴山海，期待再见👋
【收获满满丨"浙群辅导员真的很幸福"】
❤️

昨天 13:51 ··

♡

💬 周华平 浙江金华科贸职业技术学 昨天 14:05
葫芦娃团队可以打板了🎬

李小娟 浙师大 昨天 14:08
美女宝宝，我要盗图喽🤭

高宇 浙江越秀外国语 昨天 14:10
回复周华平 浙江金华科贸职业技术学:哈哈
哈 人生第一次😊

许燕媛

在"浙"里遇见一群志同道合的小伙伴
是Aa阿锕呵嘎的A班
是有爱的浙师大家庭
培训的八天里，增长知识、收获快乐
岗前培训结业 ✅ 等待上岗 🧑

昨天　　　　　　　　　　　　　‥

王凤双

以为是乏味的培训
却遇见彩色的梦和许多美好 🍻

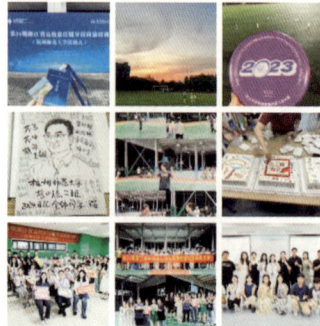

昨天 14:17　　　　　　　　　　　‥

♡ 🧑🧑🧑🧑

宁大科院肖蕾

8.16-8.23 为期八天的培训落幕～
-充实的学习补充满了我的"武器库"
-每天都沉浸于各种有趣的活动和游戏
🎮
-认识了许多可爱的同学朋友们 很爱！
"学无止境
永远奔跑在热爱的路上"
←
END

收起

5小时前　　　　　　　　　　　‥

　♡ 宁波大学科学技术学院-钱京钰，宁波财
经黄丹霞，宁大科院张源鹭，宁波大学王晶
晶，宁波大学-郑家豪，宁波财经学院童心磊
，浙江海洋大学 顾家铭
宁波大学科学技术学院-钱京钰：美女贴贴
宁大科院肖蕾回复宁波大学科学技术学院-
钱京钰：🤭🤭🤭
宁波大学王晶晶：你们来宁大记得找我！

杭州电子科技大学 张涵

培训太开心啦啦啦啦啦～
开心 1：每天都很喜欢去上
课，各式各样的小美女和小
帅哥😍，还有知心姐姐们一
起聊天，每天聊得喉咙疼😂
开心 2：培训 8 天，规律生活
按时吃饭，瘦了两三斤，体
重⬇⬇，知识⬆⬆
分享一些上课笔记：
每个学生都需要被看见、被
听见；
每一个难题都是机会；
坚持长期主义才是捷径。
在浙里，带着一些情怀、一
些鼓励、一些夸奖与肯定，
涵涵要重新出发啦🌷🌷🌷
收起

岗前培训班学员朋友圈截图

后　记

时间，总在不经意间悄然流逝。当 2024 年的日历轻轻合上最后一页，回望这一年，心头涌动的，是沉甸甸的收获与深深的感念。

这一年，对于浙江高校网络思政中心来说，是一段交织着探索、实践与共同成长的旅程。我们以一方小小的公众号屏幕为园地，努力耕耘思想的种子。那些跨越时空的对话，那些分享青春感悟的文字，那些试图传递思想温度的篇章……正是在这方寸之地，我们与万千"浙里"师生相遇、相知、共鸣。

如今，我们将这些承载着心血与思考的公众号精华，悉心梳理，汇聚成册，便有了您手中的这本《思享家的星辰笔记：浙江高校网络思想教育的"七色光"》。它们像一颗颗散落的星子，终于被拾起，串联成一片小小的星河。

这本书的诞生，首先要感谢浙江省教育厅宣传教育与统战处始终如一的悉心指导，为我们点亮前行的灯塔。感谢浙江高校网络思政中心对每一篇推文的精心编排，以图文并茂的形式精准推送给广大读者。更要由衷致敬每一位为此书付出智慧与汗水的同仁！是你们——字斟句酌的撰写者、精益求精的编辑、匠心独运的设计师、一丝不苟的审核者——用指尖的温度，将无形的思考化作了有形的文字。从灵感的微光到纸墨的芬芳，每一步都凝聚着大家的心力。

在这里，特别感谢 2024 年度的 12 所轮值高校——浙江师范大学、宁波大学、浙江理工大学、浙江中医药大学、浙江财经大学、浙江树人学院、杭州师范大学、温州大学、浙大城市学院、金华职业技术大学、浙江机电职业技术大学、浙江旅游职业学院的积极配合，是你们让这片"星辰"更加璀璨。感谢杭州电子科技大学作为浙江高校网络思政中心的运营单位给予的大力支持；感谢浙江工商大学为本书的顺利出版提供了坚实保障；感谢中国美术学院为本书的整体风格设计注入了灵魂与美感。

感谢参与编写的各位老师——浙江树人学院陆莹、浙江理工大学巴楚洁、浙江旅游职业学院颜育众、杭州电子科技大学黄颖、浙江工商大学林雪豪、温州理工学院田益奋、杭州医学院颜彬、中国计量大学章超、丽水学院封红艳、浙大城市学院余华勇，你们的宝贵智慧融入了字里行间。

最不能忘怀的，是屏幕那端所有关注、支持我们的读者朋友！你们每一次的点开阅读，每一次真心的点赞，每一次温暖的分享，都如同暗夜里的星火，给了我们莫大的鼓舞和前行的力量。是你们，让这场思想的对话有了回响，有了意义。

愿这本《思享家的星辰笔记：浙江高校网络思想教育的"七色光"》，能像一颗投入心湖的石子，在更多思政同仁的心中漾开涟漪，带来一丝触动或启发。更愿我们所有人，无论身处何方，都能继续以爱为笔，以心为弦，在这片充满生机的网络思政教育园地里，共同书写下一段段温暖而有力的篇章。前路漫漫，星辰做伴，愿我们心中有光，步履不停。

浙江高校网络思政中心

2025 年 8 月